Hillbilly Elegy

a memoir of a family and culture in crisis

絕望者之歌

一個美國白人家族的悲劇與重生

傑德・凡斯（J. D. Vance）——著
葉佳怡——譯

獻給我的姥爺、姥姥，與永遠守護我的鄉巴佬終結者。

【目錄】

推薦序一

下港人的力爭上游

沈政男
草屯療養院精神科醫師

看完《絕望者之歌》，闔上書稿，腦海不禁浮現〈孤女的願望〉這首台語歌：「請借問種田的農村阿伯，繁華台北怎麼去？請問路邊的賣菸阿姐，對面那間工廠是不是要用人？」當本書作者凡斯的外婆，那位影響他性格形塑最為關鍵的長輩，與外公從肯塔基鄉下小鎮搬遷到三百公里外的俄亥俄工業鎮，去尋求更好的工作與未來，不就是以行動譜出一首美國版的「孤女的願望」？

《絕望者之歌》雖然描寫的是美國白人勞工家庭的故事，對台灣讀者來說，卻很容易產生共鳴。幾十年前，台灣也有許多青年男女，拎著皮箱坐上台鐵，從中南部農村北上，落腳在大台北的三重、新莊一代，他們租住窄小套房，白天在工廠邊聽鳳飛飛的歌邊工作，晚上與三、五同鄉在路邊攤吃飯喝酒，蓄積繼續打拚的勇氣，然後上床就寢，在夢境裡看見自己買房購車，衣錦還鄉。

那些到台北打拚的「下港人」，有人後來成家立業，脫離了做工的日子，也有人禁不起五光十色的誘惑，陷溺在酒精與毒品的深淵裡。他們的兒女、兒孫女，有人接受良好教育，晉升更高社經階級，也有人繼續在城市的底層付出勞力，不得翻身，而共通點就是，他們漸漸融入了城市生活，因為「下港」已更加蕭條，想回也回不去了。

《絕望者之歌》的英文書名「Hillbilly Elegy」取得太好，中文直譯應該就是「下港人的悼詩」——在甩掉了貧困與辛酸的下港人身分以後，用著滿足與感謝的筆觸，追憶一路走來的苦澀與甜美。

作者凡斯雖是第一次出書，文筆流暢老練，敘述輕鬆自然，既回溯家族的成長故事，又論述美國政經結構的變遷，可說有趣又有意義，難怪在去年成為美國暢銷書。

凡斯在本書縱筆橫跨幾十年、幾百里時空，追索一個白人勞動家族的興衰，甚至一整個白人勞動族群的文化變遷，而這些書寫都沿著這條主軸來發展：他如何從一個做工人的孫子、吸毒者的兒子，衝破宛如流刺網的種種橫逆，鯉魚躍龍門，躋身上流社會？

關於這個問題，凡斯有自己的答案，所有讀者也會有自己的看法。筆者在這裡嘗試從心理學角度提出一個解釋。

每個人在成長過程裡都需要一個重要他者，在我們還不會照顧、鼓勵、安撫自己時，供給心理養分，讓我們消化以後逐漸長出內在自我，而這個重要他者如果角色不明、功能不彰，就會阻礙與扭曲一個人的性格形塑。凡斯的生父、繼父，宛如走馬燈一樣在他眼前替換，再加上母親是吸毒累犯，又性格陰晴不定，何以他沒有誤入歧途？因為他的外婆代替他的父母，成為了他的重要他者。

凡斯的外婆有著「下港人」的粗獷、生猛與堅毅，她既要在工廠做工，負擔家計，又要應付酗酒的丈夫與吸毒的女兒種種失控的行為，還得拉拔孫子長大，可說一個人撐起了一個家族的命脈。她讀書不多，但她用溫暖的懷抱讓凡斯知道，他是一個有人愛的孩子，她也鼓勵凡斯不要怕出身低，應該去勇敢追夢。讀到這裡不免想起，台灣也有許多宛如「媽祖婆」的阿嬤，在年輕爸媽缺席的時候，負起孫子孫女的教養工作，成了他們的重要他者。不少阿嬤帶大的小孩，永遠記得阿嬤身上的味道。

然而很多時候，這類破碎家庭光靠阿嬤一人，無法阻止叛逆期的青少年走向黑暗，這時，教育與社福體系的角色便得出現，在懸崖邊將人拉住。在這本書裡，這兩個角色比較少見，原因是凡斯在學校表現很好，而他受到外婆的影響，也不喜歡讓家醜外揚。

凡斯很會念書，這是另一個讓他能夠脫離勞動階級的重要因素。凡斯的媽媽在吸毒前曾是名列前茅的高中生，而凡斯遺傳了這方面的能力，使得他可以憑自己的力量在中學與升大學學測獲得好成績。在台灣也是如此，工農階級最快的翻身管道，就是念好書，考上好校系。只是，如果凡斯不擅長念書呢？在美國，應該還有運動、演藝、歌唱等發揮才華的出路，但在台灣，許多在學校得不到肯定，回到家又沒人鼓勵的青少年，就只能提早往五光十色的社會染缸尋求認同了。

凡斯的姐姐，以及堂兄弟、表姐妹們，為什麼都無法考上常春藤名校？顯然凡斯得天獨厚，這或許也可以解釋他對那個不像母親的母親，何以能寬容看待了。母親反覆吸毒，情緒失控，甚至差點載著凡斯撞車，但他不只原諒母親，後來還伸出援手，幫她回歸正常生活，好像他才是她的家長，這是全書最令人動容的章節。

凡斯的另一項優勢是他的韌性。一般來說，心理韌性奠基於平穩的情緒、衝動的自控、良好的自我效能（相信自己處理事情的能力），以及撐過考驗的毅力，凡斯除了具備以上特質，最難得的是內省能力。他是一個能夠省思自己的內在世界，也能同理他人處境的人，這使得他能以更開闊、柔軟與寬容的態度看待自己與他人。

就因自省以後發覺不足，因此他在大學畢業後，先去當兵四年，一來可以想清楚職涯方向，再者也能減輕未來的學費負擔。退伍以後，他到法學院應考；當一個勞工出身，又當過兵的人，與一堆來自優渥家庭的年輕人一起面試，教授們應該很容易看出他的秀異之處。他能獨自做出這樣的生涯充電規劃，顯見他有顆早熟的心靈。

這本書的譯者葉佳怡也從事創作，曾獲數項文學獎，文筆普獲肯定。凡斯的原文值得一讀，如果不方便，那麼這本中譯本是最好的替代品，將給讀者帶來極大的閱讀樂趣。

推薦序二

從美國勞工階級的掙扎反思台灣的困境

林立青
工地監工、《做工的人》作者

過去我們在談到美國時，很少聽到「階級」這個詞，對於美國的想像也非常粗淺，似乎除了白人外就是黑人，偶爾趕流行的時候就加入西裔、亞裔或是華裔，其餘的內容我們似乎漠不關心。

但事實上社會的分類不僅僅只是透過血統，有更多種分類方式來自於所在的環境，這可能是外在的表現：膚色、職業、機會、所得、社會保障、社交。或者是內在的表現：信仰、價值觀、習慣、情緒的處理能力、溝通能力、表達自己的方式。

《絕望者之歌》透過一個出身於肯塔基地區的蘇格蘭—愛爾蘭裔白人，說出了所謂「鐵鏽區」的故事，可以讓我們理解一個在美國的勞工階級，甚至清楚寫出這些人的思緒和價值觀。這些觀念包含美國夢，有對於後代的期許，有些甚至與台灣驚人的相似，譬如作者傑德．凡斯提到外祖父母時如此描述「體力勞動工作確實值得敬重，但屬於他們那一代，我們得做些不一樣的大事，而所謂進步就是往上層階級流動。那也代表一定得進大學」。這使得他們希望後代子孫不要只是個工人，儘管實際上卻沒有辦法給予他們改善環境的幫助。

在書裡也隱約可見職業和傳統價值觀對於人的影響，在書裡的祖父母輩仍有穩定的工作，外公在「阿姆科公司」可以做到退休並且有退休金，姥姥則是一直靠著外公的退休金保障終老。主角的母親則是在不斷的「換男友」，增加孩子的繼兄弟姐妹。他們並沒有良好的理財習慣，也甚至不知道比較銀行利率。傳統舊有文化也使他們不擅長用現代文明方式解決生活問題，裡面有一段描述他從母親身上學到的婚姻衝突，讀來令人哀傷：「如果尖叫可以解決問題，就不要用正常音量說話；如果情勢升高，只要男人不要先動手，揍人或是搧巴掌都沒問題；絕對要用最汙辱人、最傷人的方式表達感受；如果以上都無效，就帶著小孩到當地汽車旅館躲起來，而且絕對不要讓對方知道地點」。這樣的家庭曾經上法庭，最後孩子必須反過頭來說謊以保住母親。

書中其實清楚寫出了白人勞工階級的困境：面對國際競爭，過去美國傳統製造業及工業的競爭力下降，也幾乎無法再提供過去的工會福利，大量的就業機會逐漸流失，作者的外公仍有穩定的工作，但接著由於無法順利融入社會，他們的工作失去保障，並且逐漸失去對於社會的重要性，他們陷入徬徨並且無所適從。

傳統的價值觀不僅僅體現在「阿姆科公司」，更體現在教會上，作者的親生父親有虔誠的信仰，這些美國人依舊認為自己是基督徒，但並沒有時常去教會，這讓他們得不到基督教會提供的社會資源。這原因有二，第一是基督教具有對人的期待性，當你的人生一團亂時，踏入這些人之中將會更為羞愧痛苦。第二是教會並沒有辦法隨著時代變遷而彈性的對待世俗文化。這在第二代及第三代身上顯得更為明顯，美國人愈來愈不相信教堂，即使他們自認為自己依舊是個基督徒。而他也將教會族群的問題點出：思想保守，不願意接受新知並且頑固，對於新興事物抱持著排斥，對於社會議題擁有既定立場，例如墮胎及同志。

我們將書中的狀況對照當今的台灣，可以看到幾乎相同的狀況：台灣的勞工待遇及實質薪資紛紛下滑甚至停滯，許多的工作無法給人希望及尊嚴，年輕人不願投入，中年人也無法適時轉業，逐漸崩壞的社會傳統價值觀也因此受到打擊，許多中壯年人口逐漸與年輕世代產生嚴重代溝。

針對美國的狀況，傑德．凡斯提到幾個癥結，這些憤怒的白人依舊抱持著愛國主義，依舊認為自己對社會有貢獻，認定自己應該享有更好的生活，但他們表現出來的行為卻是抹黑新移民，反對所有的政策，認定自己無論如何都難有所改變，不停地將問題歸咎於社會及政府。最糟的是毫不信任所有向上流動的途徑並且對於改善自己的生活毫無作為。所以恨透了歐巴馬及其夫人對自己的生活方式發表意見——不是因為說錯，而是因為他們說的一點也沒錯。

以書為鑑，我們也可以套用在台灣的社會議題上，各種操弄族群的口號紛紛出籠，少有真正的觀點交換或者意見溝通，而只是用簡單的刻板印象以偏概全，例如許多的本省／外省族群在面對原住民、新住民時總是簡化了他們的專業和努力，改而用「他們都有加分」或者「他們都有輔助」這類的話來曲解政府或是社會的協助，或是用「我愛中華民國，但政客都是垃圾」或者「我愛台灣，但都是殖民政權」來簡化。這點台灣並不比美國高明多少。

傑德．凡斯也在書末寫道：「我們究竟可以做什麼來解決這個社群的問題。我知道他們想得到什麼答案：一個神奇的公共政策或一項創新的政府計畫。但這些信仰與文化的問題並不是魔術方塊，我不認為有大家心目中期待的那種解藥存在。」

但作者做到了，他本人是透過從軍，透過進入耶魯法學院改善了他的生活，他也承認「沒有人能光靠自己變得那麼棒」。因此他告訴我們，解決的方式很可能就是從身邊的人開始做起：每一個人要求自己保持清醒，並且認真努力的活，善待身邊的每一個人，盡力多一點付出。如果是基督徒，或許可以得到教會的資源並且懂得基督對於愛及人生的教誨，隨而堅強起來。

我認為這本書的內容值得我們思考。因此我推薦這本書給所有對於社會階級有關注的人閱讀。

推薦序三

幫孩子面對內心的怪獸

劉安婷
「為台灣而教」基金會共同創辦人

大概三個月前，我有機會回到大學母校普林斯頓大學參加年度校友團聚慶典（Reunions），這是我畢業後第一次回去。普大的團聚慶典是出名的盛大與浮誇：整整三天，校園完全封閉，超過四萬名校友每年專程回來，從二十三到一百歲都有，不眠不休的狂歡：白天是諾貝爾得主或美國總統等級的各式講座、郎朗或馬友友等輩的藝術活動、配上麗池酒店供應的餐敘；晚上，則是各樣酒品無限暢飲，邦喬飛或雷哈娜的演唱會，以及超過半小時的豪華煙火秀，據說比華府花在國慶煙火的錢還多。

其中一天晚上，我想吃點宵夜，因此找到在路旁的披薩攤，想拍拍我前面的人，問他是否要排很久。一伸手，竟發現是亞馬遜創辦人傑夫．貝佐斯拿著一瓶啤酒、若無其事的轉身與我四目相接。（在那之前，我才剛在排隊上廁所時撞見微醺的曾在Google擔任CEO的埃里克．施密特和知名女星布魯克．雪德絲。）在我頭腦舌頭完全打結之際，我已完全不知道要用什麼詞彙描述這我既熟悉又陌生的地方——其實，本書作者J．D．凡斯描述得最貼切：「這根本是書呆子的好萊塢！」

普林斯頓大學，跟J．D．凡斯描繪的耶魯大學一樣，是菁英世界的極致縮影。在我眼中，一靠近這群人，總可立刻感受到撲鼻的自信，彷彿世界掌握在他們手中（或許事實也相差不遠），尤其在這慶典期間，毫無一絲掛慮。不過，今年的慶典，有種跟過往很不同的氛圍。在同樣無憂的外衣下，似乎有一股不安的暗流竄流其中。而暗流「爆發」的時刻，出現在一場名為「民粹主義」（Populism）的講座。

在過去，這麼「硬」的講座，還辦在慶典期間，大概只有小貓兩三隻參加。但是今年，我提早十分鐘抵達，人潮已經多到校方出動警力來控管秩序，整間大教室被擠得水洩不通。正當觀眾焦躁地等待時，一位坐在教室前方的老先生、身穿印著「70」的亮橘西裝（代表是畢業七十年以上的校友），顫抖的、拄著枴杖站起來、轉向大家。全場好奇的看著他。

老先生用沙啞的聲音開口說：「我在這裡讀書時，碰到二次世界大戰。我與許多我的好同學都滿腔熱血地暫停學業、投入戰場。但，等到仗打完了，我卻是隻身回來學校的。」老先生激動得流下眼淚。「我以為，沒有人會忘記納粹的恐怖，至少我此生沒有人會允許同樣的事情發生。」「但是，我現在怎麼想也想不透，為什麼我心目中最偉大的國家，現在會選出一個像希特勒的總統？我們有這麼無知嗎？我們的世界要崩解了嗎？」

讓我意外的，我身旁的許多人，都流下了無助跟恐懼的淚水。主講的安．瑪莉．史勞特教授（**Anne-Marie Slaughter**，普林斯頓大學政治系教授、知名公共政策專家）溫柔的拿起麥克風，先請老先生就座，然後說：「我可以出作業嗎？所有人，回去讀一本書，叫做《絕望者之歌》。」

當然，除了史勞特教授，許多人，包括比爾．蓋茲、《紐約時報》等，早已將《絕望者之歌》這本書列為理解現代民粹主義最重要的一本書之一，正因J．D．凡斯獨特的「雙重身分」，提供了前所未有卻極為必要的觀點，尤其對於認為「川普選民」或「支持脫英者」不可理喻、甚至無知愚蠢的眾多高等知識分子們，這本書是超越恐懼、促成理解的一座關鍵橋樑。

不過，身為教育工作者，我認為這本書的價值不止於解釋民粹主義，更在於幫助我們理解與幫助像J．D．凡斯這樣的孩子成長。

我的成長過程比起J．D．凡斯安穩許多，不過，進入普大後，我才知道我父母親的公務人員收入，在學校的評估中也算是「低收入戶」，也因此獲得學校慷慨的近全額補助金。原本，我天真的以為有了學校當我的「富爸爸」，我跟其他同學就沒有差異了。當我一開始遇到歧視的言語，我也以為只要我更努力、表現更好就可以解決了。但即使當我成績開始超越其他人，我仍被大多數同學老師視為「異類」：從穿著、餐桌禮儀、什麼叫幽默感，到選課的潛規則、如何讓知名教授為你寫推薦函、到什麼時候要開始申請實習或工作，我始終困惑著：「難道沒有人要教我們這些事情嗎？那你們是怎麼知道的？」在我周遭運行的世界，就像書中描述的，彷彿有個「黑盒子」，而我永遠找不到鑰匙。

就在我寫文章的今天早上，才看到有篇新聞說，二〇一七年的哈佛新生，有三分之一是校友子女（legacy）。當年的普大也是類似的光景。後來，我才知道，即使我已經有全額獎學金，「黑盒子」的鑰匙不在錢，而是無所不在的「社會資本」。凡斯提到，若不是女友雅莎、或是教授蔡美兒（也就是知名的「虎媽」）在關鍵時刻出手相助，即使他進入了這般菁英的學校，他恐怕也終究無法因此獲得幸福。

這也是為什麼過去幾年，許多服務弱勢學生的教育工作者（如美國的KIPP學校）深刻地意識到，孩子需要的不是只有學科知識或考上名校，還必須有強大的關係支持網絡

（學習榜樣、情感陪伴、品格建立、文化刺激等），他們才有機會透過教育，真實翻轉自己的人生。

不過，除了社會資本，還有另一個書中提到的關鍵，叫「負面童年經驗」（Adverse Childhood Experiences，簡稱「ＡＣＥ」，中文或譯為「早期逆境經驗」）*。

我個人第一次體會到ＡＣＥ的影響，其實是因為我在大三時交了個頗像凡斯的男友，姑且叫他B吧。他從小成長在一個父親過度酗酒、吸毒、關係混亂的家庭，母親則是喜歡透過花錢解除壓力，他時常活在破產或父母會彼此傷害的恐懼中。從外表看起來，他的故事非常的「勵志」，因為即使在這樣的背景裡，他努力讀書、考上普林斯頓大學，而且因為他「豐富」的人生經驗，他的身邊總是圍了一群喜歡聽他說故事的人們。

或許因為我們都覺得在普大是個「異類」，所以彼此吸引。但開始交往後，慢慢出現許多不對勁的徵兆，尤其是在衝突時，他似乎只有兩種選項：大吼大叫，或者完全封閉自己。雖然他自己也清楚這些反應的無濟於事，卻時常無法克制。在一次激烈的爭執中，剛好烤箱裡的食物烤焦、觸發警鈴，他不管我的阻止，激動的拿起菜刀要把警鈴的電線砍斷，砍斷瞬

---

* 若讀者有興趣進一步了解ＡＣＥ，非常建議閱讀保羅・塔夫《孩子如何成功》一書。

間有一個劇烈的爆炸聲響，他也因強烈的後座力跌了下來。等到回過神，看到菜刀凹了一個洞，有一片金屬被「炸」到地上。如果當時飛到人身上，後果不堪設想。

這次的衝突，終究讓我們不得不結束這段關係。但那時的他跌坐在地上，痛哭失聲說：**「我跟我裡面的怪獸搏鬥得好累。」**這句話，跟凡斯在書裡說的幾乎一模一樣。

從事教育工作後，我才開始體會B在說的是什麼。我發現，即使我的家庭在學校被列為「低收入戶」，或許缺少某些社會資本，但從「ACE」的角度，我絕對是個「富二代」。書中第十四章所提到的包含家暴、家人酗酒、父母離異、缺乏生活照料與情緒關懷……等負面童年經驗，「得分」愈高，非但不利於孩子的大腦神經發展，更長期讓孩子處於壓力賀爾蒙的作用之下，例如作者與B所經歷的「戰鬥或逃跑反應」（fight or flight response），便是其中一種典型結果。它可導致關係、學業與工作的不穩，且若成為父母，也容易再進入下一個惡性的ACE循環。

為什麼這樣的理解至關緊要呢？在台灣，我們常用「偏鄉」泛指「辛苦的地方」，而基於「成就每個孩子」的理念，政府、民間都投注大量的資源在「偏鄉教育」，這是件美事。不過，要成就每個孩子，不能只靠滿腔的愛心。我們必須充分理解「偏鄉孩子」所面對的挑戰，所提供的幫助才不會事倍功半。

因為產業不發達、工作機會少、隔代教養、單親、家暴、酗酒、缺乏醫療資源等問題，導致「負面童年經驗」在許多偏鄉孩子身上屢見不鮮。所幸從這幾年腦神經科學的發展，發現「早期逆境經驗」對身心的傷害可以透過提供孩子身心照護而獲得改善*，這無疑是偏鄉教育的一線希望，也更體現「好老師」的重要。

這幾年，在偏鄉教室現場，我們真實看見許多「負面童年經驗」所造成對學習的影響：包括專注力不足、閱讀理解能力不佳、自信心不足、無法延遲滿足等。因為理解，才更能同理、進而嘗試找到好方法。因為理解，我們才不會一味責怪偏鄉老師說：「你們才教幾個學生，怎麼都教不好？」因為理解，老師也能體會孩子的「不受教」，許多時候不是故意，而是他也在與內心的怪獸搏鬥。而更重要的，如同作者所說：「因為理解，才知道不是無藥可救，才能懷抱著希望與勇氣面對藏在內心的惡魔。」

我認同作者說的，家庭才是改變的關鍵。但是，當我們無力完全改變許多家庭正在面對的困境，學校就像是孩子的另一個家，是社會公平正義的最後一道防線。當我們理解我們眼前的孩子，且如同作者的姥爺所做的，教導他們面對壓力時，不用逃跑、也不用覺得自己

*讀者可以從「哈佛成長中孩童研究中心」找到許多可供參考的短片，http://developingchild.harvard.edu/

「笨」，耐心陪伴他們建立自主學習的能力、為他們找尋所有學習的資源——用作者自己的話說，這會是「足以挽救一生的訊息」。

如此，這些孩子才有機會斷絕ＡＣＥ的惡性循環，像凡斯一樣，終究建立一個健康的家庭，回到原點，從家庭開始創造更美好的未來。

凡斯與布蘭頓家族人物關係圖

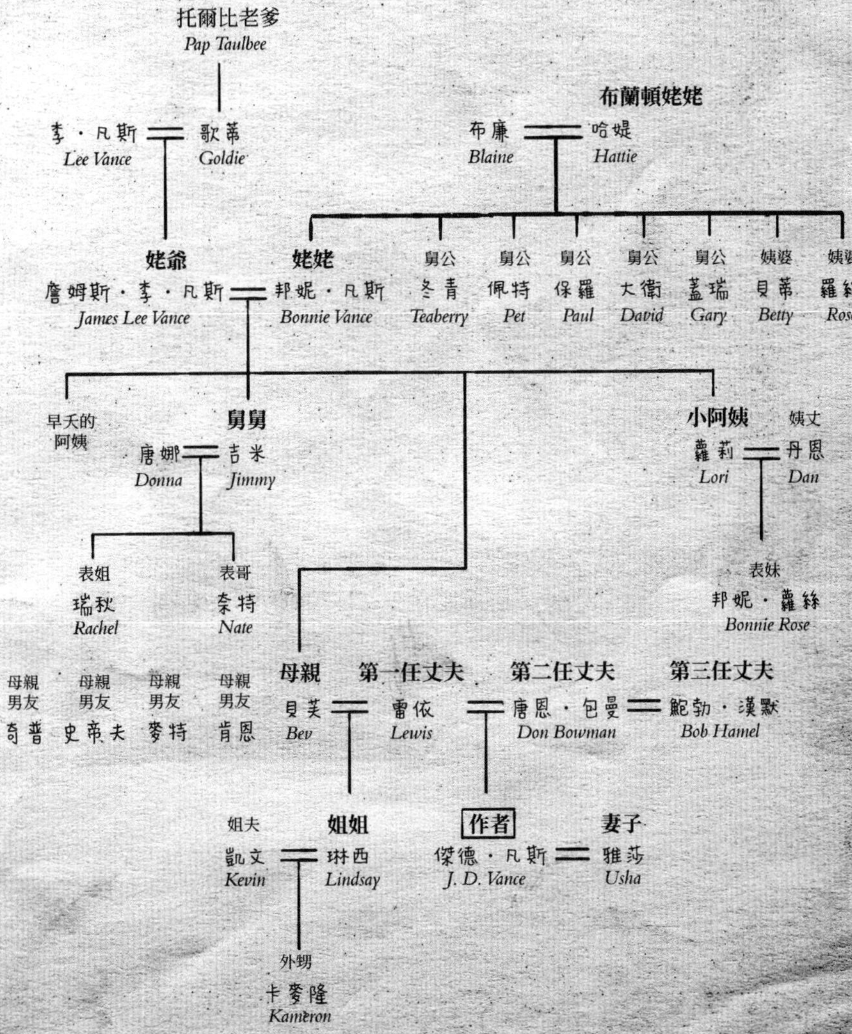

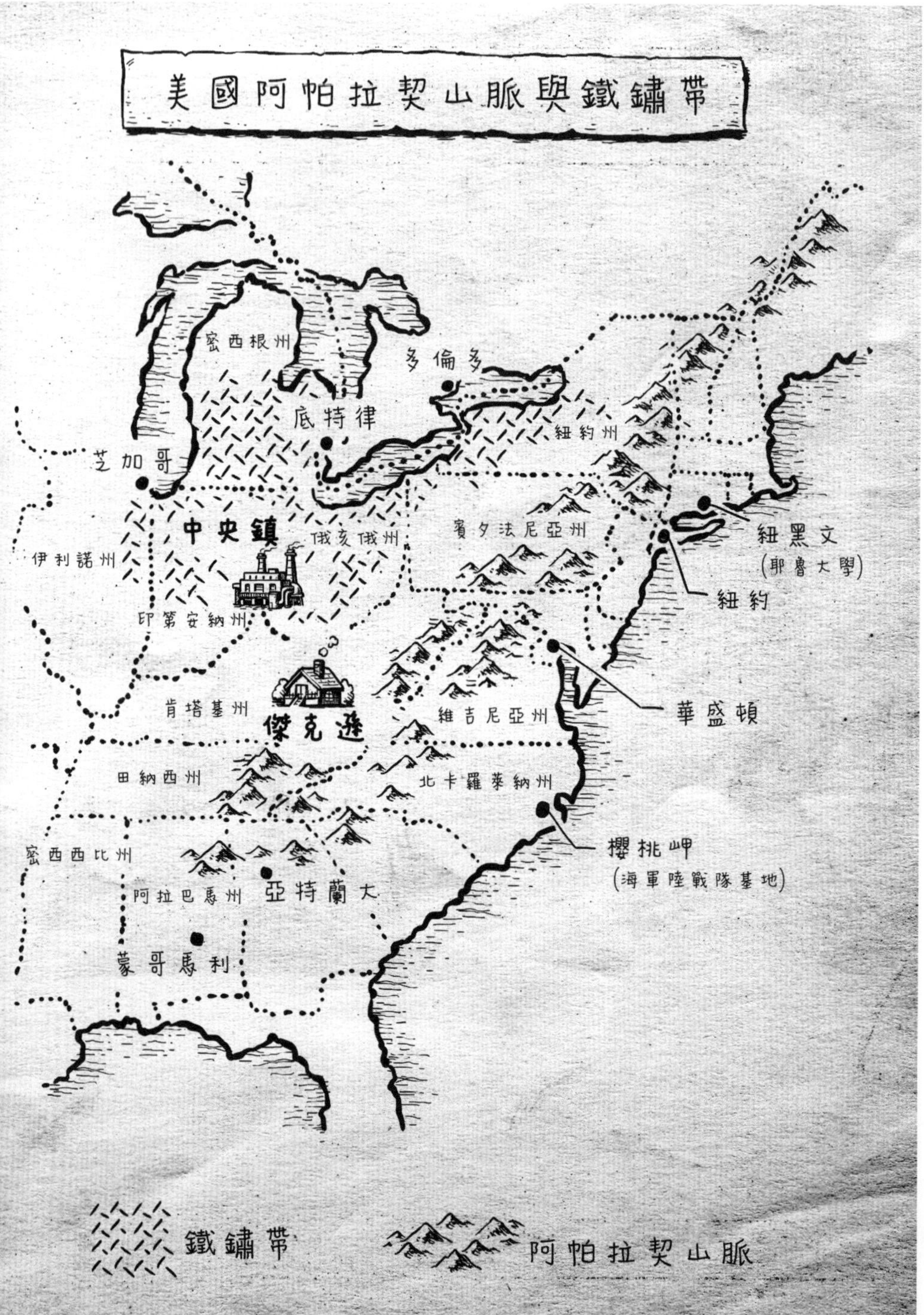
美國阿帕拉契山脈與鐵鏽帶
密西根州
多倫多
底特律
紐約州
芝加哥
中央鎮
俄亥俄州
賓夕法尼亞州
紐黑文
(耶魯大學)
伊利諾州
紐約
印第安納州
華盛頓
肯塔基州
傑克遜
維吉尼亞州
田納西州
北卡羅萊納州
櫻桃岬
(海軍陸戰隊基地)
密西西比州
阿拉巴馬州
亞特蘭大
蒙哥馬利
鐵鏽帶
阿帕拉契山脈

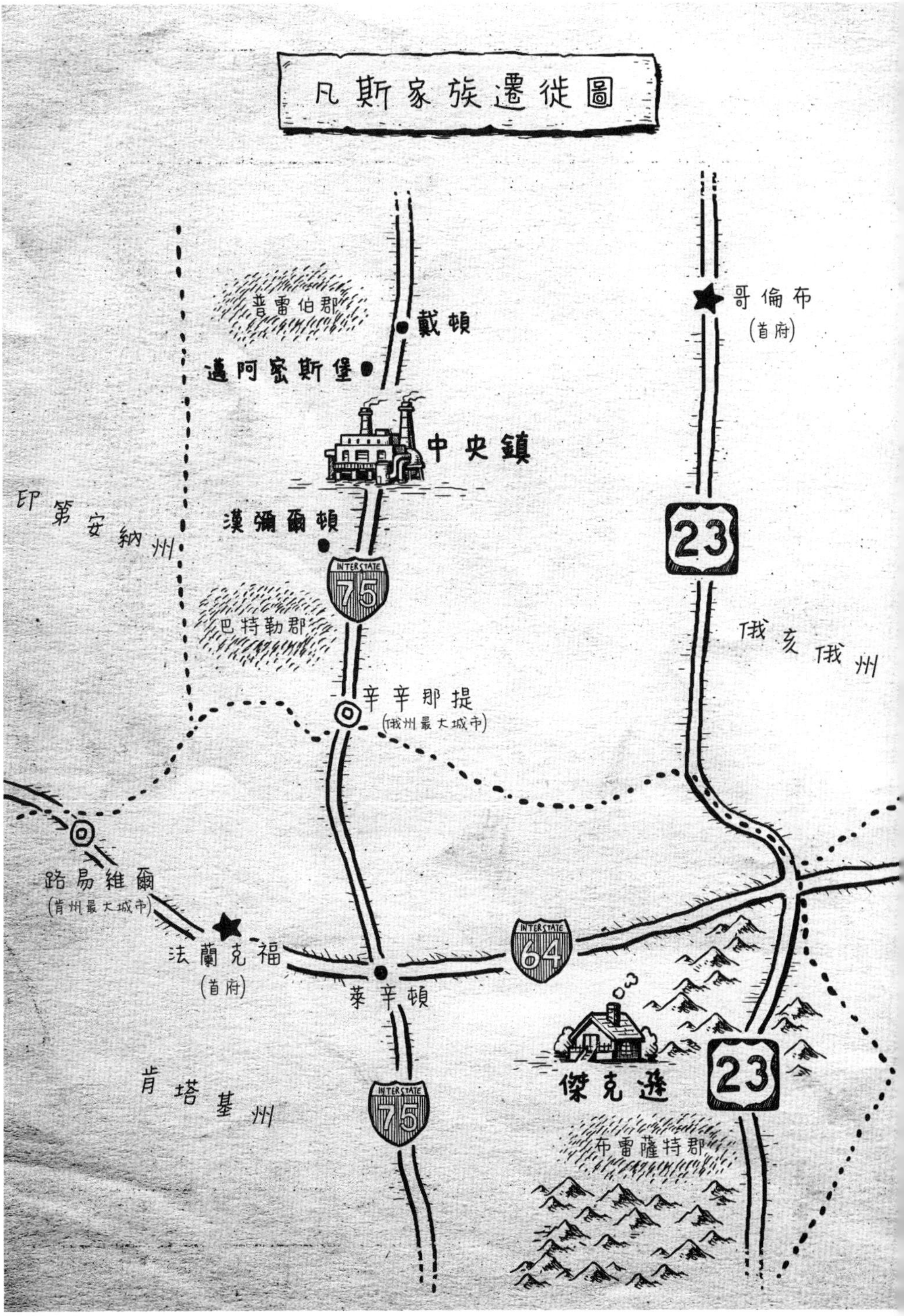
凡斯家族遷徙圖
哥倫布
(首府)
普雷伯郡
戴頓
邁阿密斯堡
中央鎮
漢彌爾頓
印第安納州
INTERSTATE
75
23
巴特勒郡
俄亥俄州
辛辛那提
(俄州最大城市)
路易維爾
(肯州最大城市)
法蘭克福
(首府)
INTERSTATE
64
萊辛頓
傑克遜
23
肯塔基州
INTERSTATE
75
布雷薩特郡

序言

一部荒謬的自傳

我的名字是J・D・凡斯，但在書的一開頭，我就得向各位讀者坦白：我認為你拿在手中的這本書有點荒謬。封面明示這是本回憶錄，但我才三十一歲，大概也是史上第一位自承一事無成的回憶錄作者——至少沒幹出什麼值得讓陌生人掏錢買書來讀的大事。我做過最酷的事，至少就履歷而言，就是從耶魯法學院畢業，而那是十三歲的J・D・凡斯作夢也想不到的天方夜譚。不過每年都有大約兩百人從耶魯法學院畢業，請相信我，他們之中大部分的人生都很無趣。我不是參議員，不是政府首長，沒當過內閣首長，也沒創辦過資產上百億的公司或足以改變世界的非營利組織。我有的就是一份好工作，一段幸福的婚姻，一個令人舒心的家，還有兩隻活潑的狗。

所以，我不是因為什麼偉大成就寫下這本書，只是因為完成一件非常平凡的事，但跟我在同樣環境生長的孩子卻往往沒有跟我一樣的好運。是這樣的，我在俄亥俄州一座鋼鐵小鎮長大，小鎮位於貧窮的鐵鏽地帶（Rust Belt），打我有記憶以來，那就是個工作機會不斷流失、希望渺茫的地方。委婉地說，我跟父母之間的關係很「複雜」，其中一位幾乎在我出生後就一直在跟毒癮搏鬥，而負責將我養大的外祖父母都沒有從高中畢業。事實上，我的親戚幾乎沒幾個人讀過大學。各項數據都告訴你，像我這樣的孩子幾乎注定命運乖舛。如果運氣好一點，他們還能接受社福系統幫助，如果運氣差一點呢，就會因為海洛因吸食過量而死。

畢竟光是去年，我所成長的小鎮就因此死了幾十個人。

我就是那種前途黯淡且差點無法高中畢業的孩子，還差點被身邊所有心懷怨憤之人的負面情緒壓垮。現在大家看到我的工作和常春藤學歷，立刻會假定我是某種天才，畢竟只有真正傑出的人才能擁有這類成就。我沒有不敬的意思，但我認為這種想法根本狗屁。無論我擁有多少才華，如果沒幾位慈愛的人出手拯救，我早就被摧毀了。

這本書是我的真實人生故事，也是我決定寫作的原因。我想讓大家知道什麼樣的人會對自身絕望，以及背後的可能原因。我想讓大家知道窮人到底經歷了什麼，以及精神及物質上的貧窮可以如何影響孩子的心理狀態。我想讓大家明白我的家族究竟經歷了什麼樣的「美國夢」。我想讓大家明白階級向上流動是什麼感覺。我也想讓大家知道我最近認清的一件事：即便像我們這些有幸實踐美國夢的人，你以為早已逃離的陰影也從未真正消失。

此外，我的故事還蘊藏一個重要的族群議題。我們的社會對種族分類非常敏感，常用與膚色相關的簡單詞彙指稱一個人或一種現象，比如「黑人」、「亞洲人」、「白人特權」。這些廣泛的分類詞彙有時確實好用，但如果想理解我的故事，就得進一步深入其他細節。我雖是白人，但完全不把自己當作是東北部那些白人盎格魯—撒克遜新教徒（White Anglo-Saxon Protestant，通常簡稱WASP）的一分子。我屬於美國數百萬蘇格蘭—愛爾蘭裔的勞工階級，而且是拿不到大學文憑的那一群。對於這些傢伙而言，貧窮是家族傳統，他們的祖先是南方奴隸經濟體系中的臨時工，之後成為佃農，再成為煤礦工，近年來又成為工廠黑手和磨坊工人。美國人稱他們為鄉巴佬（hillbilly）、紅脖子老粗（redneck）及白人垃圾（white trash），但我稱他們為鄰居、朋友及家人。

蘇格蘭—愛爾蘭裔的美國人是最特別的次族群之一。曾有觀察家表示，「走遍全美之後，我才發現蘇格蘭—愛爾蘭裔美國人擁有我所見過最根深蒂固的區域次文化。無論是家庭結構、宗教信仰、政治傾向還是社交生活，都不像其他地方早已幾乎全面性揚棄傳統。」[1]這種擁抱文化傳統的特性帶來不少好處，例如對家庭與國家都極度忠誠、全心奉獻，但也有壞處隨之而來。比如說，我們不喜歡外來者，或者是長相或行為跟我們不同的人，尤其介意跟我們說話方式不一樣的人。如果想了解我，就得先記住我的內心是個蘇格蘭—愛爾蘭裔的鄉巴佬。

如果這枚故事硬幣的一面談的是種族，另一面就是地理位置。十八世紀，當第一批蘇格蘭—愛爾蘭移民來到美國這個新世界，就深受阿帕拉契山脈的吸引。這個區域確實很大，從南部的阿拉巴馬州一路延伸到喬治亞州，再往北直到俄亥俄州及紐約部分地區，但大阿帕拉契山區的文化可說相當一致。我的家族來自東肯塔基州的山區，他們自稱鄉巴佬，不過出生於路易斯安那州、後定居阿拉巴馬州的歌手小漢克．威廉斯（Hank Williams, Jr.）在他的〈堅強的鄉村男孩〉（*A Country Boy Can Survive*）中也把自己當作是鄉巴佬，而這首歌可是鄉村白人的國歌呢。值得注意的是，大阿帕拉契山區的政治傾向從民主黨轉為共和黨，重新定義了尼克森總統以降的美國政治景觀。同樣也是在此地，白人工人階級的命運似乎最為慘澹，社會流動力低落、貧窮、離婚、藥物上癮……我家簡直就是這類慘劇的生產公司。*

至此讀者應該很容易想像：我們是一群悲觀至極的傢伙。不過更令人驚訝的是，根據數據顯示，白人工人階級正是美國最悲觀的一群人，不但比許多窮到令人難以想像的拉丁美洲移民更悲觀，甚至也比物質條件比他們落後更多的美國黑人悲觀。即便現實仍允許鄉巴佬有些許憤世嫉俗的餘裕，許多其他族群過的生活也比鄉巴佬貧乏很多，我們對未來的期望確實比許多其他族群來得低。這其中一定有哪裡出了問題。

確實，我們在社會中感到前所未有的孤立無援，還把此絕望感世世代代遺傳給子孫。我們的信仰內涵也出現改變——動人煽情的話說得很好聽，但輕忽真正能幫助孩子擺脫貧困的社會支持。我們之中許多人不但放棄工作，還不願另尋更好的機會；所有男人都深受某種男子氣概的危機所苦，因為文化所灌輸的特質使他們難以適應現今快速變動的世界。

每當我提起這個社群的苦難，總會有人向我解釋：「白人工人階級的前景確實堪憂，

JD，但你把因果關係搞錯了。他們之所以離婚率高、結婚率低，幸福感也降低，是因為經濟層面的機會變少。只要擁有更多好的工作機會，整體生活自然會隨之改善。」

我之前也認同這個想法，在青少年時期更迫切地想這麼相信。畢竟這說法很合理：沒有工作讓人壓力很大，沒有足夠的錢過生活更是如此。隨著中西部工業製造中心逐漸沒落，白人工人階級逐漸失去經濟安全感、穩定住所及隨之而來的家庭生活。

不過現實的真相更複雜。後來我逐漸意識到，這種有關社會底層經濟困境的分析實在不夠完備。還記得幾年前，就在我進入耶魯法學院就讀之前的夏天，我為了搬去康乃狄克州紐黑文郡（New Haven）的費用想找份全職工作。一名家族友人建議我去老家附近一間地板磁磚經銷公司，那是一間中小企業。地板磁磚非常重，每一片幾乎都是三公斤到六磅之間，每一箱內裝有八到十二片，而我的工作基本上就是把磁磚抬上棧板以利運送。那實在不是份好做的工作，但時薪有十三美金，我又需要錢，所以還是上工了，並盡可能多輪值幾班或加班

---

*譯註：就地理上而言，阿帕拉契山脈北自加拿大的紐芬蘭與拉布拉多省起始，沿著美國東部向南延伸，經過紐約州、賓州、維吉尼亞州、田納西州、南、北卡羅萊州，一直到阿拉巴馬州。但文化上的大阿帕拉契只涵蓋地理上中部、南部的區域。雖然自然資源豐富，此地的經濟始終不振，在產業上只有礦業與伐木。十九世紀晚期之後，此區域的居民被美國大眾賦予一種陌生、粗野、莽撞的刻板印象。

好多賺一些。

那間磁磚公司的十多位員工大多在此工作多年。其中一位員工有兩份全職工作，但不是為生活所迫，而是靠第二份工作的薪水追求成為飛機駕駛的夢想。對於一名在我家鄉生活的單身男子而言，時薪十三美金實在很不錯（一間過得去的公寓月租大約五百美金），而且這間磁磚公司還會替員工穩定加薪。即便經濟情況逐年衰退，只要在此工作幾年，員工的時薪都會增加到十六美金，年薪總共能有三萬兩千美金，可說能以遠高於貧窮門檻的餘裕養活一個家庭。然而，即便提供的待遇不錯，我的經理還是很難在倉庫找到穩定工作的長期員工。因此在我離職時，二十六歲的我在包括我的四名倉庫員工中年紀竟然最大。

有名男子，我就稱為鮑勃吧，他比我早幾個月進倉庫工作。因為鮑勃女友懷孕，經理還非常好心地請她做一份專門接電話的辦公室工作，但兩人的工作態度都很差。那名女友每隔兩、三天就曠職，從不事先通知，反覆被經理告誡後也無法改善，最後只做了幾個月就離職。鮑勃則每週曠職一次，平常也老是遲到。此外每天還會去上三、四次廁所，每次都超過半小時。因為情況實在太嚴重，我離職前還和另一名員工拿這件事來打賭：每次只要他去上廁所，我們就會開始計時，只要打破紀錄就會以整間倉庫都能聽見的音量大吼「三十五分鐘！」「四十五分鐘！」「一小時！」

鮑勃終究也丟了工作，被解雇時還對經理大發脾氣。「你怎麼能這樣對我？是不知道我女友懷孕了嗎？」但出現類似狀況的不只他：我在磁磚公司才待了短短一段時間，就至少看到另外兩人都因此被解雇或主動離職，其中還包括鮑勃的表親。

如果要談就業機會，不應該忽略類似這樣的故事。得了諾貝爾獎的經濟學家擔心中西部工業中心的沒落，以及白人工人階級賴以生存的產業的瓦解。他們談的是製造業的外移，談的是沒有大學學歷的中產階級更難找到工作。這都是深奧的學理問題，我也很關切。但本書談的是其他議題：當製造經濟南移，真實世界中那些無依無靠的人後來究竟怎麼了？本書談的是人們在生活走投無路時荒腔走板的反應。本書談的是一種不但無法挽救，還持續導致生活環境愈來愈惡劣的文化。

我在那間磁磚公司看到的問題，遠比巨觀經濟潮流與政策來得更深層。太多年輕人失去勤奮工作的能力，就算得到好工作也難持久。即便是亟需工作的男人，比如擁有一名即將生產的妻子，也可能漫不經心地搞丟一份健保制度良好的工作。更令人憂心的是，他被解雇時還會覺得是**別人對不起他**。這些人的問題是缺乏「能動力」（agency），以心理學觀點而言，這代表的是因為覺得難以掌控人生而習慣怪罪他人的傾向。這與當代美國經濟的巨觀光景是兩回事。

值得一提的是，雖然我把焦點放在熟悉的人身上，也就是那些與大阿帕拉契山區有關聯的白人工人階級，但並非強調我們比其他族群更值得同情。這本書不是在談白人比黑人或其他族群更弱勢。然而，我確實希望我的讀者能在閱讀此書之後，進一步理解階級與家庭如何影響窮人，且過程中不要透過種族光譜篩選掉屬於他們的真實觀點。許多分析家只要談到「福利女王」（welfare queen）就會聯想到靠福利金生活的懶散黑人母親，但本書讀者很快就會發現，那類想像與我的故事彼此衝突：我認識許多福利女王，其中有些人甚至是我的鄰居，但都是白人。

另外要強調，本書不是學術研究專書。過去幾年來，威廉・朱利亞斯・威爾森（William Julius Wilson）、查爾斯・穆瑞（Charles Murray）、羅伯特・普南（Robert Putnam）和拉傑・杰帝（Raj Chetty）等傑出學者邀集眾多作者進行深度研究，發現社會的向上流動自從一九七〇年代開始下降後始終沒有重新上揚，另有部分地區情況更為嚴重，無庸贅述，大阿帕拉契山區和鐵鏽地帶表現極差！也就是說，我人生到目前為止所目睹的現象其實出現於全國各地。我或許不完全同意他們做出的結論，但其中令人信服的數據確實點出美國面臨重大問題。之後我會在書中引用數據資料，偶爾也會利用學術研究來支持我的論點，但我主要目的並非說服你相信一個已經有相關研究報告的問題，而是要訴說一個真實故事：當這個問題打你一出生就緊緊鎖在你喉嚨上讓你幾乎窒息是什麼感覺？

既然要說這個故事，就不能略過那些參與我人生的其他角色，所以本書不只是私人傳記，還是家族紀錄。整體而言，就是透過阿帕拉契山區一群鄉巴佬的觀點，去看所謂就業機會與向上流動的歷史流變：就在兩個世代之前，我窮到脫褲的外祖父母陷入愛河，婚後往北遷徙，希望遠離身邊駭人的貧窮處境，而他們的外孫（就是我）最近剛從世界頂尖學府畢業。這就是最簡略的故事大綱。欲知詳情，請往後閱讀。

有時為了保護個人隱私，我會更動某些真實人物的姓名，但在盡力回憶所有細節之後，我敢說我為從小目睹的世界做了翔實紀錄。其中沒有拼湊的人物，也沒有省略任何敘事情節。此外，我還盡可能將各式文件融入其中，包括成績單、手寫信和照片上的註記。但在此同時，我也相信本書跟所有人的回憶同樣充滿謬誤。比如說，之前我要求姐姐閱讀初稿，兩人就為了某事件的發生順序爭論了三十分鐘。我後來選擇留下最初版本，倒不是認定姐姐記憶錯誤（其實我覺得她的版本可能性比較高），而是認為我在腦中組織時序的緣由值得進一步探究。

我不是完全不受偏見影響的觀察者。你在書中讀到的所有人幾乎充滿缺陷。許多人試圖殺害他人，其中還真有幾人成功。有些人虐待孩子的身體或心靈。另外還有許多人濫用藥物，甚至直至今日。我為了過平靜的生活而不得不選擇避開其中一些人，但仍深愛他們。如果讀者看完本書後覺得我生命中幾乎全是壞人，那我得對你及故事中所有人物致歉。因為這個故事裡沒有壞人，只有一整群由鄉巴佬組成的烏合之眾，他們不但為了自己努力求生，也為了我奮鬥不息。感謝上帝恩典。

第一章

傑克遜老家鄉

這些人或許極端，但不是無事生非，他們不過是想保護妹妹的名聲，又或者是確定壞人受到應有的懲罰。布蘭頓家的男人跟我那漢子般的姥姥一樣是鄉巴佬中的正義使者，而且是頂尖的正義使者。

為了在迷路時告訴大人把我帶回哪裡，我跟許多孩子一樣從小就被要求背下住家地址。所以幼稚園時，每次老師問我住在哪裡，我都能快速背出地址，一字不差。我媽那時常換地址，身為孩子的我始終搞不懂箇中緣由，但總之把「住處」和「家」分得很清楚。所謂「住處」就是和媽媽及姐姐一起生活的地方，地址常換。「家」則始終在同一個地方：位於肯塔基州山間小丘陵的傑克遜（Jackson），我外曾祖母就住在那裡。

傑克遜是一座煤礦小鎮，位於肯塔基州的煤礦王國中心，人口大約六千。要說它是小鎮實在有點勉強，畢竟它有的就是一座法院、幾間餐廳（幾乎都是速食連鎖店），另外還有幾家商店。大多居民住在肯塔基15號高速公路兩側山區的拖車公園、政府補助屋、小農舍，以及總在我的童年回憶中扮演背景的那些山區家屋。

傑克遜人見到彼此一定打招呼，為了幫陌生人把車子從積雪中挖出來，他們可以立刻丟下手邊最愛的娛樂活動。而且無一例外的是，只要有靈車經過，他們一定會停車、下車後立正站在路旁致意。最後這項習慣讓我意識到，傑克遜這地方的人都有一種特質。為什麼呢？我問外婆——在南方我們叫「姥姥」（Mamaw）——為什麼大家見到靈車都會停下來？「小親親，因為我們是山裡人，我們尊敬死者。」

我的外祖父母在一九四〇年代末離開傑克遜，跑到俄亥俄州中央鎮（Middletown）結婚生子。之後我就在這裡長大，不過十二歲之前幾乎都在傑克遜生活，包括暑假，長大後也會跟姥姥一起回傑克遜拜訪親友。不過隨著時光流逝，姥姥在當地喜愛的人愈來愈少，到了後來，我們回去傑克遜的原因只剩下一個：照顧姥姥的母親布蘭頓姥姥（為了區分她和姥姥，我決定這麼稱呼，雖然還是有點容易令人混淆）。我們造訪時都會住在布蘭頓姥姥家，她在丈夫上太平洋戰場對抗日本人之前就住在那裡了。

布蘭頓姥姥的房子不大，也稱不上豪華，卻是全世界我最喜歡的地方。房內有三間臥室，屋前的小簷廊有座盪鞦韆。一片廣大的庭院分別往山脈與丘陵邊緣延伸。布蘭頓姥姥擁有的土地不少，但其中大部分都是無法居住的樹林。房子後方沒有後院可言，但卻能在山坡上看到不少美麗的岩石與樹木。更何況，丘陵永遠都在，穿梭其中的小溪也在，整片大自然都是我的後院。家中所有孩子都擠在樓上的同一個房間內，場面看起來就像排了十幾張床的陸戰隊臥鋪房。我和表兄弟姐妹常在房內玩到深夜，直到姥姥大發雷霆才嚇得趕快上床睡覺。

環繞四周的山區對孩子而言簡直是天堂，而我就一天到晚都在摧殘阿帕拉契大山谷的動植物：烏龜、蛇、青蛙、魚或松鼠都逃不過我的魔掌。我和家族其他孩子在山裡到處亂跑，根本沒意識到長期貧窮對布蘭頓姥姥的健康造成什麼影響。

傑克遜對我、我的姐姐和姥姥來說，就是深存於心靈深處的原鄉。我愛俄亥俄州，但那裡有太多痛苦回憶。身處傑克遜時，我是鎮民口中「史上最強悍奶奶」的孫子——她還是鎮上最棒的修車工人呢。但在俄亥俄州，我根本不知道父親是誰，甚至寧可身邊那個女人不是我的母親。除了年度家庭聚會和葬禮，我媽不太回肯塔基州，就算回去了，姥姥也得用盡全力才能避免她又鬧出什麼事來。傑克遜不會有人大吼大叫、爭執不休，也不會有人打我的姐姐，尤其如同姥姥所說，「這裡沒有男人」。姥姥痛恨我媽那些男朋友，從來不讓那些男人跟來肯塔基州。

我在俄亥俄州時開始學會在各個「父親們」之間周旋求生。面對經歷中年危機又戴著耳環的史帝夫時，我假裝覺得耳環很酷，裝到最後他直接替我打了耳洞也不覺絲毫不妥。酗酒的警察奇普覺得我的耳環太「女孩子氣」，我因此學會把所有批評當作耳邊風，並開始表示對警車的熱愛。肯恩很怪，才和我媽交往三天就求婚，所以我扮演的是他兩個孩子的親切大哥哥。不過這一切都是演戲。我恨耳環、我恨警車，我也知道肯恩的兩個孩子隔年就會離開我的生活。如果是在肯塔基州，我不用假裝成別人的樣子，因為存在於我生活中的男人（也就是姥姥的兄弟跟其他男性姻親）早就認識我了。我希望他們以我為傲嗎？當然，但是因為我真心愛著他們，不是因為必須假裝喜歡他們。

布蘭頓姥姥的兒子中年紀最大、個性最差的傢伙就是冬青舅公了。「冬青」這暱稱取自他最愛的口香糖口味。冬青舅公跟父親一樣曾在二戰時於海軍服役，死掉時我才四歲，所以我對他的記憶只剩兩段。第一段回憶中，我正努力為了保住小命狂奔，冬青舅公則拿著折疊刀在身後猛追，還發誓一追上就要把我的右耳割下來餵狗，最後我為了結束這場恐怖遊戲，只好跳進布蘭頓姥姥懷中。但我知道自己仍然愛他，因為在第二段回憶中，我因為無法進醫院探望臨終的冬青舅公大發脾氣，布蘭頓姥姥只好把我藏在醫院袍裡偷渡進去；但我對最後的告別場景卻沒印象了。

次子是佩特舅公。他長得很高，個性機智犀利，愛講「有色」笑話，是布蘭頓家族內最會賺錢的傢伙。他很早就離家打拚，創立了自己的木材與建築事業，賺的錢足以讓他有空時還能賽馬娛情。光就外表看來，他是布蘭頓家族中個性最好的男人，還擁有成功生意人的圓滑魅力，但骨子裡也是大老粗。某次一名卡車司機載運物料到佩特舅公的公司，對著我那鄉巴佬舅公說：「立刻給我卸貨，你這婊子養的兒子。」不料佩特舅公嚴肅看待這句話：「你這樣說代表我媽是個婊子，我誠摯地希望你用詞小心一點。」結果這位因為體態及髮色被人暱稱為「大紅」的司機又罵了一次，佩特舅公於是採取所有理性生意人都會有的行動：他把大紅從卡車裡拖出來，打到昏迷，再拿電鋸上下砍他的身體。大紅幾乎因為失血而死，但後來被緊急送醫後留下一條命。佩特舅公竟然從沒因此入獄。原來大紅也是一名來自阿帕拉契大山谷的好漢，不但拒絕回應警方訊問，也不願提告。他很清楚羞辱別人的母親會有什麼下場。

至於大衛舅公應該是姥姥兄弟中最不在意所謂「光榮文化遺產」的人了。他是個叛逆分子，留著一頭飄逸長髮，鬍子也長。他熱愛生命中的一切，但討厭循規蹈矩，或許也因為如此，當我發現大衛舅公在老家後院種大麻的時候，他甚至沒打算辯解。我震驚地問他計畫拿這些非法藥物怎麼辦？他只拿了一些菸紙、一枚打火機教我抽起大麻。當時的我才十二歲，要是姥姥發現一定會殺了他。

我之所以擔心姥姥會殺他，是因為根據家族傳說，姥姥真的差點殺死一個人。當時她十二歲，走到屋外時發現兩個男人正想把家裡的乳牛偷塞進卡車——對於連自來水都沒有的家庭來說，乳牛可是珍貴資產。她跑回屋內，抓了把來福槍，對他們掃射了好幾輪。其中一人因為腳部中彈倒地，另一人跳上車，溜了。那名行竊未遂的傢伙在地上爬行，姥姥走過去，用來福槍指著他的頭，打算給他個痛快。幸好佩特舅公及時插手阻止。看來姥姥的殺手生涯還不到揭開序幕的時候。

我知道姥姥是個有很多手槍的瘋子，但這個故事還是難以置信。我特地問了家族中每個人，其中半數都沒聽過這件事。不過我相信要是沒人阻止，她是真的會動手。她生平最恨不義之人，而沒有比階級背叛更不義的事情了。每次只要有人從我們家前廊偷走腳踏車（根據我的計算共有三次），或者闖入汽車偷零錢，又或者把擱在門前的包裹拿走，她都會用將軍對部隊訓話的語氣告訴我：「沒有比窮人偷窮人更低級的事了。窮已經夠慘了，實在沒必要讓彼此更難過。」

布蘭頓男人中年紀最小的是蓋瑞舅公。他在家族中備受寵愛，也是我認識過最貼心的男人。他很早就離家，在印第安納州以搭建屋頂謀生，也成為了一名好丈夫、好父親。他總會跟我說，「我們以你為傲，小JD」。我也總是聽得心情飄飄然。他是我最愛的舅公，也是唯一不會踢我屁股或威脅割掉我耳朵的舅公。

我的姥姥還有兩個妹妹：貝蒂和羅絲。我非常愛她們，但最讓我著迷的還是布蘭頓家族的男人。我常跟他們坐在一起，哀求他們將各式各樣的傳奇一遍遍說給我聽。這些男人是家族口述歷史的守護者，而我是他們最忠實的學徒。

這些故事大多兒童不宜，幾乎全部涉及應該讓人鋃鐺入獄的暴力行為，也都跟傑克遜位處的布雷薩特郡（Breathitt）如何贏得「血腥布雷薩特」之名有關。相關解釋很多，但核心精神都一樣：當布雷薩特人痛恨某樣事物，他們不靠法律來解決問題。

其中有個最廣為流傳的故事：一名鎮上的老人被控強暴少女，而根據姥姥的說法，在他受審前幾天，那個老人就被發現臉朝下死在湖裡，背上還有十六個彈孔。當局從未追究這件謀殺案，報紙上也只有當天發現屍體的報導。報上正經八百的標題寫著：「發現死亡男子，警方表示他殺機率高。」「他殺機率高？」我姥姥大吼，「你天殺的沒說錯，血腥布雷薩特搞定了那個狗娘養的。」

又比如有一次，冬青舅公聽說一名起色心的年輕男子想「吃了她的內褲」，而且對象正是他老妹（也就是我的姥姥）。冬青舅公於是開車回家，拿了條我姥姥的內褲，回去一邊用刀頂著他，一邊要他真的吞下去。

好了，現在一定會有人覺得我來自一個瘋子家族，但我卻覺得彷彿出身鄉巴佬的貴族世家，畢竟這些故事都暗示了邪不勝正，而我的家族站在正義的一方。這些人或許極端，但不是無事生非，他們不過是想保護妹妹的名聲，又或者是確定壞人受到應有的懲罰。布蘭頓家的男人跟我那漢子般的姥姥一樣是鄉巴佬中的正義使者，而且是頂尖的正義使者。

除了這項美德，又或者說正因這項美德，布蘭頓家的男人也幹了很多荒唐事。其中幾人不負責任地丟下孩子不管，有人外遇，當然也有人搞得妻離子散。其實我跟他們不太熟，畢竟只能在大型家族聚會及度假時才能見到他們，但還是深愛他們、崇拜他們。我曾有次偷聽到姥姥告訴布蘭頓姥姥，我之所以熱愛布蘭頓家的男人，是因為家中可以擔當父親一職的男人總是來了又走，但布蘭頓家的男人永遠都在。這話說得確實不錯，但最重要的是，布蘭頓家的男人是肯塔基山區生活的活見證。我有多愛傑克遜，就有多愛他們。

長大之後，我對布蘭頓家男人的迷戀逐漸淡化為欣賞，把傑克遜視為天堂的想法也因為心智成熟有了調整。我永遠會將傑克遜視為家鄉，那裡的美無以言喻：每到十月，樹葉轉紅，每座山都著火一樣。不過除了景觀和美好回憶之外，在傑克遜生活確實艱難，也讓我理解到所謂「山裡人」幾乎就等於「窮人」。住在布蘭頓姥姥家時，我們早餐吃炒蛋、火腿、炸馬鈴薯和小餅乾，午餐吃義大利香腸三明治，晚餐吃玉米麵包配豆子湯，但不是每個傑克遜家庭都能享受這種待遇。我之所以會知道，是因為隨著年紀漸長，常能聽見大人在討論哪家孩子又在挨餓，大家又可以怎麼出手幫忙。姥姥始終盡力不讓我面對傑克遜糟糕的一面，但成效畢竟有限。

上一次回傑克遜，我特地去了布蘭頓姥姥那間老房子，現在住在裡面的是遠親瑞克一家人。我和瑞克聊起當地的轉變。「到處都是非法藥物，」他說，「大家連好好工作都不願意。」我好希望深愛的小丘陵地可以免於這場禍害，所以拜託瑞克的兒子帶我出門四處看看，但不管走到哪裡，舉目所見都是阿帕拉契式的貧窮。

許多場景令人心碎，但描述起來又是如此陳腔濫調：嚴重腐朽的老舊棚屋、乞食的老狗、屋子旁的草地上到處散落老家具。另外還有些景象令人震撼。比如路過一間小小的兩房家屋時，我注意到幾對眼睛正在臥房窗簾邊緣鬼鬼祟祟地往外看。我一時好奇心起，靠近後發現至少有八雙眼睛分別從三面窗戶後盯著我，每對不安的眼神中又是恐懼又是渴望。前廊坐著一名不超過三十五歲的瘦弱男子，顯然是一家之主，在他面前的草坪上也散落了許多家具，還有幾條營養不良的猛犬被鍊在一旁守護。我問瑞克的兒子，那名年輕父親以什麼為生？他說那男人沒工作，而且以此為傲，不過又補充：「這家人很壞，我們總是盡可能避開。」

那間房子的狀況或許只是少數特例，但也體現了許多住在傑克遜的山裡人生活。這座小鎮中有三分之一的居民貧困度日，其中包括幾乎半數孩童，而且還沒算那些徘徊在貧窮線邊緣的傑克遜人。處方藥上癮的問題早已深植當地。公立學校的處境惡劣到肯塔基州政府決定接手管理，但手邊缺乏餘錢的父母也只能毫無選擇地把孩子送去；高中畢業生考上大學的比例之低，從以前到現在都沒有絲毫改善。大家的健康狀況都很差，因為缺乏政府協助，人們甚至無法解決許多基本的身體毛病。最重要的是，他們因為不想被輕視而以裝得特別凶悍作為武裝，當然也難以向他人敞開心胸。

二〇〇九年，美國廣播公司（ABC）新聞針對阿帕拉契地區的美國居民進行報導，特別揭露一種當地稱為「山露嘴」（Mountain Dew mouth）的病變：那是一種好發於年輕孩童的牙疼病變，起因通常是過度攝取含糖汽水。*同時在系列報導中，ABC也提到阿帕拉契孩童所面臨的貧困問題。當地許多人都看過這些報導，但反應全是嗤之以鼻，普遍可見的態度是：這關你們外人什麼屁事呀！「這真是我聽說過最羞辱人的事了，你們都該引以為恥，包括ABC新聞台！」有人在網路上留下評論。另外有人補充：「你們沒有呈現阿帕拉契地區的真實模樣，也該為了再次強化老舊、錯誤的刻板印象引以為恥。我認識很多真實生活在這片山區的人，不少人都跟我看法一樣。」

我之所以知道這件事，是因為表姐安珀在臉書上反對這些防衛式的評論，在她看來，這裡的人必須先面對問題，才可能有所改變。在評論這項議題時，安珀的立場可說頗為特殊。她跟我不同，童年都在傑克遜度過，高中時的成績一枝獨秀，之後也成為她的核心家庭中首先拿到大學文憑的人。她近距離目睹過傑克遜的貧困處境，也克服了一切可能阻礙。

不過這類憤怒反應符合許多針對阿帕拉契山區美國人的學術研究結果。在二〇〇〇年十二月發表的一篇論文中，社會學家卡洛·馬克思壯姆（Carol A. Markstrom）、席拉·馬歇爾（Sheila K. Marshall）及羅賓·泰倫（Robin J. Tryon）研究後發現，阿帕拉契青少年遇到麻煩時普遍傾向以逃避或一廂情願的方式處理，並因此出現可預見的心理韌性。根據他們的研究顯示，這裡的鄉巴佬很早就學會逃避令他們不舒服的現實困境，或者假裝更好的選擇存在。

這些傾向或許能幫助人變得堅毅，卻也導致阿帕拉契山區的人民難以誠實面對自我。

我們常在面對某些議題時言過其實，有時又輕忽大意，比如一邊過度誇耀自己的優點，一邊又忽略其他缺點。正因如此，阿帕拉契山區居民面對誠實描述當地極度窮困的一批人時，才會出現如此憤怒的反應。我也是因此如此崇拜布蘭頓家的男人，並在十八歲以前假裝世界上的一切人事物都有毛病，單單只有我正常到不行。

面對真相總是困難。對於這些山裡人而言，最困難的就是面對真實的自我。傑克遜確實有很多世界上最好的人，但也有很多用藥上癮者，還有至少一位生了八個小孩卻找不出時間賺錢養家的男人。此地無疑風景優美，但美景也被各種環境廢棄物、滿地四散的垃圾給破壞了。此地人民工作勤奮，但也有許多靠著食物券就好吃懶做的傢伙。傑克遜就跟布蘭頓家的男人一樣充滿矛盾。

至於布蘭頓家的情況則在去年夏天幾乎惡化到谷底。我的表弟麥克才把母親下葬，就立刻著手把她的房子賣掉。「我無法住在這裡，房子沒人看管又不行，」他說，「那些吸毒的會闖進來。」傑克遜這地方一直很窮，但以前人們至少不用怕媽媽的房子沒人看管。這個被

---

*譯註：「山露」是美國一種知名的碳酸飲料。

我稱為家鄉的地方顯然每況愈下。

如果有人想說：這不過是發生在偏遠山區的問題，討論起來未免狹隘，但我的人生經驗或許能幫助你理解，傑克遜的問題已是主流社會中的常見問題。此外，因為早有許多人從阿帕拉契較為貧窮的區域移居到俄亥俄州、密西根州、印第安納州、賓州和伊利諾州，這些鄉巴佬的價值觀也隨之廣泛傳播開來。確實，來自肯塔基州的人在俄亥俄州的中央鎮（也就是我成長的地方）人數眾多，我們小時候甚至戲稱此地為「中央塔基」（Middle-tucky）。

為了尋找更好的生活，我的外祖父母只好拋下肯塔基的種種，離鄉背井到被戲稱為「中央塔基」的地方，某方面而言也算是成功找到新生活，但就另一方面而言，他們其實從未真正逃離傑克遜。肆虐傑克遜的毒品問題一輩子如影隨形地跟著他們的大女兒。他們也得學著對抗在傑克遜氾濫的山露嘴問題：在我九個月大時，姥姥第一次發現母親會把百事可樂灌進我的奶瓶裡。好爸爸在傑克遜長年缺貨，在我祖父母的孫子生活中也極為稀有。許多人數十年來想盡辦法逃離傑克遜，現在又想盡辦法要逃離中央鎮。

我們知道問題應該根源自於傑克遜，卻不太清楚該如何終結。不過多年前，當我和姥姥一起望著那道靈車隊伍時就已明白，我是山裡人，而且正如許許多多的美國白人工人階級一樣，我們過得並不好。

第二章

離鄉背井

但明明是新婚夫妻，卻沒人教他們什麼是婚姻；明明剛為人父母，卻又沒有叔伯姑嬸之類的親戚來分擔家務。

我們鄉巴佬不管什麼字都想用自己的風格改造一下。我們把米諾魚（minnows）稱為礦工（miners），小龍蝦（crayfish）稱為蝲蛄（crawdads）。美國人大多把溪谷、盆地稱為「山谷」（hollow），但除非有人特別要求我用一般人懂的方式解釋，我都是說小丘陵（holler）。另外，大部分的人都是用爺爺、奶奶、阿公、阿嬤之類的方式稱呼祖父母，但我只聽過跟我同屬阿帕拉契文化的人會說姥姥或姥爺。這是專屬於鄉巴佬祖父母的稱呼。

我毫無保留地相信，能夠擁有我的外祖父母——也就是姥姥和姥爺——無疑是發生在我人生中最美好的事。他們把人生的最後二十年奉獻出來，不但幫助我理解愛與安定的價值，還教導我其他人從父母身上學到的人生課程。他們兩人各盡其力，確保我擁有在美國夢中一展身手的自信與適當機運。不過無論我還是姥姥，當我們還小時，其實對未來都沒什麼想望可言。要怎麼對未來有所期待呢？畢竟在阿帕拉契山脈那些只有一間教室的K–12教育系統校園內，遠大夢想實在難以成長茁壯。*

我們對姥爺的早年生活所知有限，而且這情況顯然不太可能有所改變。我們只能確定

* 譯註：K–12指的是涵蓋基礎與中等課程的教育體系，K代表幼稚園（英文kindergarten），12代表十二年級（相當於台灣的高中）。除了美國之外，加拿大、澳洲等多國也採用此學制。

他也算是個「鄉巴佬貴族」。姥爺有一位也叫吉姆·凡斯的遠房親戚，他跟哈特菲爾德家族（Hatfield）的人結婚，還加入一個名為「野貓」的南方聯盟軍士兵暨支持者的團體。之後，這位吉姆殺害了前北方聯邦軍人亞薩·哈蒙·麥考伊（Asa Harmon McCoy）時，可說為美國史上最著名的家族仇恨鬥爭揭開序幕。

姥爺出生於一九二九年，全名是詹姆斯·李·凡斯，中間名「李」是為了紀念他的父親李·凡斯。姥爺的父親在他出生後沒幾個月就死了，哀痛欲絕的母親歌蒂就把孩子丟給自己的父親，也就是經營小型木材生意又待人嚴厲的托爾比老爹（Pap Taulbee）。歌蒂偶爾會寄錢過去，但很少親自去看孩子。於是姥爺十七歲以前都是跟他的姥爺一起住在肯塔基州的傑克遜。

派普·托爾比住的是有兩房的獨棟房，距離布蘭頓家只有幾百公尺。布廉和哈媞·布蘭頓夫妻已經養了八個孩子，但哈媞覺得這個沒有媽媽的男孩很可憐，總是以母親的身分照顧他，於是我那小名吉姆的姥爺逐漸成為布蘭頓家的人：只要有空，他就會跑來找布蘭頓家的男孩子玩，吃的飯大多也是哈媞煮的。最後自然也跟布蘭頓家的大女兒成為夫妻。

吉姆的親家是一群好勇鬥狠之徒。布蘭頓家在布雷薩特郡可說聲名遠播，與人結仇的歷史跟我的姥爺一樣精采。姥姥的曾祖父曾在二十世紀初參選郡立法官，但姥姥的祖父提爾頓

（也就是法官參選人的兒子）竟然在大選當天殺掉敵對家族的人[2]。當時《紐約時報》（*New York Times*）還刊登了相關報導，其中有兩項資訊令人難以忽略。第一，提爾頓從未因此入獄。[3]第二，根據報導，「後續將衍生複雜問題」。這話絕對沒說錯。

我在發行全國的報紙上看到這則駭人報導時，心中感到最強烈的情緒是驕傲。我的祖輩幾乎不可能有其他人上得了《紐約時報》，就算有機會被報導，大概也不會像這則械鬥勝利的新聞讓我如此驕傲。他可是一個人左右了選舉結果呀！就他一個傢伙！正如我姥姥所說：你可以把一個男孩從肯塔基州帶走，卻帶不走男孩心中的肯塔基精神。

姥爺一定是腦袋有問題才會想跟姥姥結婚。姥姥來自一個君子動槍不動口的家族，父親曾以水手身分參戰，不但因此獲得勛章，還留下一堆講不完的吹牛故事。她姥爺的謀殺行徑則鬧到足以登上《紐約時報》。就算不談家人有多可怕好了，我的姥姥邦妮．布蘭頓本身也夠嚇人，畢竟數十年後，有位海軍陸戰隊的召募人員告訴我，住在他們的訓練營都比住在我家輕鬆。「那些教官很惡劣，」他說，「但比不上你祖母。」不過姥姥的凶悍顯然沒嚇退姥爺。於是在一九四七年，正值青春的姥姥與姥爺在傑克遜結為夫妻。

那是一個二戰終結後的幸福感正淡去的時代，人們正開始適應和平生活。此時傑克遜出現兩種人：有些人直接放棄此地生活，跑到新美國的工業重鎮發展，剩下的就是沒離開的人。當時我的祖父母一個才十四歲、另一個也才十七歲，就已經面臨去留的抉擇。

姥爺有次曾跟我說，他有很多朋友別無選擇地去了離傑克遜不遠的煤礦坑工作。這些留在傑克遜的人就算沒有被貧窮吞噬，也總在虎口徘徊。因此兩人婚後沒多久，姥爺就決定把剛成立的家庭搬到俄亥俄州的小鎮中央鎮，因為那是一個工業經濟旭日東升的所在。

這是我外祖父母告訴我的版本，但就像所有家傳故事一樣：大方向是對的，但許多細節有失精準。我最近又去了一趟傑克遜，我的姨爺亞契（姥姥的妹夫，也是傑克遜那一代居民唯一還在世的）向我介紹了一位名為寶妮．薩斯的女性，八十四年來都住在距離姥姥童年老家大約一百公尺的地方。直到姥姥去俄亥俄州之前，寶妮一直是她最好的朋友。根據寶妮回憶，姥姥和姥爺離開傑克遜的原因其實跟一樁醜聞有關。

一九四六年，寶妮．薩斯和姥爺是一對情侶。我不知道當時的傑克遜居民如何定義「情侶」關係，有可能是準備訂婚，也有可能只是一起打發時間。總之，寶妮對姥爺的描述只有「很帥」，另外也只記得在一九四六年的某段時期，姥爺背叛她，跑去和她最好的朋友偷情。當時十六歲的姥爺和十三歲的姥姥外遇上床，還讓她有了身孕。正因有了孩子，他們感受到「立刻」得離開傑克遜的壓力：首先是因為我的外曾祖父，也就是那位灰髮蒼蒼卻極為嚇人的退伍老兵；還有布蘭頓家早已習慣捍衛姥姥名節的男人；此外還有一群隨身帶槍行兇的鄉巴佬也迅速得知邦妮・布蘭頓懷孕的消息。最重要的是，在邦妮和吉姆學會自力更生之前，很快就得負責餵飽另一張嘴。於是姥姥和姥爺即刻起身前往俄亥俄州的戴頓，短暫住了一陣子後才正式搬到中央鎮定居。

姥姥晚年時常提到一位早夭的女兒，根據她的說法，我們總以為那女兒是在她生了大兒子（也就是我的吉米舅舅）之後才過世。畢竟在生下吉米舅舅與我母親的十年之間，姥姥總共流產過八次。不過最近我姐找到一份「嬰兒凡斯」的出生證明，我才發現那位從未有機會認識的阿姨因為死得早，死亡時間就直接登記在出生證明上。原來促使我外祖父母搬家到俄亥俄州的嬰兒沒活過一個禮拜。而且她心碎的母親還在出生證明上謊報年紀：當時她才十四歲，丈夫十七歲，要是照實說了，不是她被送回傑克遜，就是姥爺被送進監獄。

姥姥初次的成年禮體驗便以此悲劇收尾。直到今天我仍不禁好奇，她如果沒懷上那個孩子還會離開傑克遜嗎？還會跟吉姆・凡斯一起逃跑到陌生異地嗎？就因為這個只活了六天的嬰兒，姥姥的人生軌跡從此轉向，進而改變了整個家族的命運。

總之，無論背後的經濟及家庭因素為何，姥姥與姥爺到了俄亥俄州，此後再沒退路。所以姥爺在阿姆科（Armco）找了份工作。阿姆科是間大型鋼鐵公司，當時在肯塔基州東部大肆招募員工，常派代表到類似傑克遜的小鎮進行遊說工作。只要有人願意往北移居並到阿姆科的工廠工作，他們都會（真誠地）保證提供更好的生活，而且還提供批發優惠：擁有家庭的申請者優先錄取。阿姆科不只雇用這些來自阿帕拉契山區的年輕人，還鼓勵男人攜家帶眷一起移民。

當時許多勞力密集型公司都採取類似策略，成效也都不錯。類似傑克遜及中央鎮的地方在那個年代為數眾多。根據研究顯示，從阿帕拉契山區到中西部的工業經濟重鎮有過兩波主要移民潮，第一批發生在一戰後，當時許多軍人退伍返鄉，卻發現在未工業化的肯塔基山區、西維吉尼亞及田納西根本找不到工作。這波移民潮直到大蕭條重擊北方經濟體後才宣告結束。[4]我的外祖父母則屬於第二波移民潮，其中主要成員除了退伍軍人，還有在一九四〇、五〇年代成年的大量阿帕拉契山區年輕人。[5]由於肯塔基和西維吉尼亞州的工業經濟發展遠落後於鄰近區域，山區能提供北方工業經濟體的只有煤礦和山裡人。阿帕拉契大山谷最不缺的就是這兩項商品。

我們很難算出移民的精確數字，因為相關研究通常只計算「外移人口淨值」，也就是將所有移出人數減掉移入人口。[6]不過許多家庭反覆移出又移入，導致計算結果參考價值不高。不過可以確定的是，曾有數百萬人走過這條移民的「鄉巴佬公路」，這說法是北方人觀點，他們在看到身邊城鎮大量湧入像我外祖父母一樣的人後發明了這種說法。當時的移民規模時常變動。以一九五〇年代為例，每一百位肯塔基居民中就有十三位跨州移民，不過某些地區的移出狀況更為嚴重，例如曾因一部榮獲奧斯卡獎的罷工紀錄片而聞名的哈倫郡（Harlan County），就在這波移民潮中少掉百分之三十的居民。到了一九六〇年，一千萬俄亥俄居民中約有一百萬出生於肯塔基州、西維吉尼亞州和田納西州。這些數字還沒把來自阿帕拉契山區南部的移民算進來，也沒算入那些仍在心中懷有正宗鄉巴佬精神的移民子子孫孫。這批子孫輩想必人數眾多，因為鄉巴佬家庭的出生率比當地居民還要高。[6]

簡單來說，我的外祖父母的移民經驗可說沒什麼特別。阿帕拉契山區有太多人舉家跑去北方。需要更多證據嗎？在感恩節或聖誕節的隔天，在肯塔基或田納西境內只要跳上一條北向的高速公路，你會看到幾乎所有車牌都來自俄亥俄州、印第安納州或密西根州，車內塞滿剛結束返鄉假期的鄉巴佬移民。

姥姥一家人都熱烈投入了這批移民潮。她有七個兄弟姐妹，其中佩特、保羅和蓋瑞都搬到印第安納州從事建築業，並在成功創業後賺了不少錢。羅絲、貝蒂、冬青和大衛留在傑克遜，經濟狀況始終不太穩定，不過除了大衛之外，其他人的生活在當地勉強還算水準以上。離開的那四位死掉時的社經地位都比留下來的四位高很多。所以姥爺很年輕的時候就知道了：鄉巴佬要想往上爬，最好就是離開。

我的外祖父母移民時身邊沒帶其他家人，這狀況或許不太常見，不過就算姥姥和姥爺和家人分隔兩地，卻也無法自外於中央鎮的阿帕拉契社群。這座城市大多居民都是為了新工廠中的工作機會來到此地，其中大部分工人都來自阿帕拉契山區。這些以勞力工作為主的大型公司以家庭為單位招人，也確實達成預期效果。[7]於是幾乎一夕之間，來自阿帕拉契山區的家族在整個工業中西部遍地開花。正如某項研究曾提及，「移民因為大量流動，鄰里與家庭關係並未被徹底摧毀。」[8]一九五〇年代，我的祖父母發現眼前的處境既新穎又熟悉。跟以前不同的是，這是他們首次和從小生活在一塊的阿帕拉契老家切斷關係，但生活中無處不在的鄉巴佬又讓人覺得彷彿置身家鄉。

我想告訴你我的外祖父母成功克服困境、適應新環境、孕育出美好的下一代，最後成為幸福快樂的中產階級。但這麼說並不完整。事實上，他們在新生活開始後的數十年始終過得很辛苦。

首先，在肯塔基州，離鄉追求好生活的鄉巴佬都被貼上標籤。我們鄉巴佬對此有個說法，「自以為屌」（too big for their britches），就是用來形容那些覺得比老鄉優越的傢伙。我的外祖父母搬到俄亥俄州後沒多久就聽說家鄉有人這麼罵他們。拋棄家人的愧疚如此強烈，也因為如此，無論有沒有責任，這些人都被期待要常回老家探訪。幾乎所有阿帕拉契山區移民都面臨相同處境，於是每十人當中就有九人曾返鄉探訪，其中甚至有一人固定每月回去一次。[9]姥爺姥姥也常回傑克遜，有時還連續兩個週末返鄉，那可是一九五〇年代，開車回家要花上二十小時。經濟流動不只為生活帶來巨大壓力，也伴隨更多從未出現的責任。

他們必須承擔兩種汙名。首先，許多新鄰居面對他們時總心存疑慮，對於這些事業有成的俄亥俄州白人而言，鄉巴佬就是格格不入。他們孩子生得太多，總是花太多時間招待親戚。姥姥就曾好幾次收留為了到山外找工作的兄弟姐妹。換句話說，鄉巴佬的許多文化習俗都受到中央鎮當地人的強烈反彈。《阿帕拉契人的奧德賽之旅》（*Appalachian Odyssey*）這本書就描述了山裡人湧進底特律後的情況：「問題不只是來自阿帕拉契山區的移民，這些來自鄉下又四處竄流的陌生人確實讓住在中西部的都市人心煩，但更重要的是，這些移民破壞了北方白人對於白人該如何裝扮、說話及舉止得宜的各種預設……鄉巴佬令人不安的是他們的種族性。表面上看來，鄉巴佬和主宰地方與國家經濟、政治與社會領域的白人同屬優勢種族，但卻和許多跑來底特律的南方黑人擁有許多類似的草根特質。」[10]

姥爺有一位好友也來自肯塔基州，後來在俄亥俄州擔任送信員，才搬到俄亥俄州沒多久，他就因為在後院養的一群雞捲入對上中央鎮政府的官司。原來他用老家的方式養雞每天早上到後院撿雞蛋，雞太多時就挑出幾隻老雞，徒手扭斷脖子，然後就在後院削下尚堪食用的雞肉。你可以想像一位教養良好的家庭主婦站在窗邊，驚恐地目睹來自肯塔基州的鄰居在距離自己幾公尺的地方屠殺一隻呱呱慘叫的雞。我姐和我直到今天還稱他為「雞男」。儘管事隔多年，我們還會在聊到市政府圍剿雞男時提起姥姥的嘲諷名句：「操他的環保條例！來親我的粉紅屁眼吧！」

搬到中央鎮也引發了其他問題。在山裡的傑克遜老家，所謂隱私只是一種沒人真正在意的抽象概念，親朋好友或鄰居常常不吭一聲就會闖入你家。成為媽媽的女人會教新手媽媽如何養孩子；成為父親的男人會教新手父親如何養家；即便只是姻親，男人也會對其他男人與妻子的相處之道指手畫腳。所謂家庭生活就是做中學，過程中總得仰賴許多鄰里好友幫忙。但在中央鎮，男人的家就是不容侵犯的城堡。

但對姥姥和姥爺而言，這個城堡是空的。他們想沿用山裡的古老家族結構，努力在這個重視隱私又以核心家庭為主的世界生存，但明明是新婚夫妻，卻沒人教他們什麼是婚姻；明明剛為人父母，卻又沒有叔伯姑嬸之類的親戚來分擔家務。唯一住在附近的親戚是姥爺的媽媽歌蒂，但她跟兒子幾乎形同陌路，姥姥也極度不屑這個拋棄兒子的女人。

姥姥和姥爺花了幾年時間努力適應新都市文化。姥姥開始和一些住在附近公寓的「鄰居小姐」（她這麼稱呼自己喜歡的當地人）成為密友，姥爺開始在閒暇時間玩改裝車，也慢慢跟同事成為好友。一九五一年，家中迎來一名男嬰，也就是我的吉米舅舅，此時他擁有的已經是姥姥和姥爺從未有過的物質生活。姥姥後來告訴我，小吉米兩週就會坐，四個月就會走路，三歲就能讀古典文學作品（「是有點太誇張了啦，」舅舅事後坦承）。他們會去拜訪姥姥在印第安納波利斯的兄弟，還和他們結交的新朋友一起去野餐。「典型中產階級生活，」吉米舅舅告訴我。就某些人的標準而言，這種生活有點無聊，不過一旦了解「不無聊」的後果之後，任何人都會樂在其中。

但生活也不是萬事順利。某次他們與假日人潮一起去採購聖誕節禮物，父母兩人任由吉米自己去找想要的玩具。「我在電視廣告上看到那個玩具，」他最近才告訴我這件往事，「那是一架塑膠控制台，外型就像噴射戰機的儀表板，可以用來發光或射出飛鏢。總之能讓你假裝自己是戰機駕駛。」

吉米晃進一間藥妝店，店內剛好有賣這組玩具，他於是把玩起來。「店員不太開心，叫我放下玩具滾出去，」被懲罰的小吉米就這麼站在店外吹冷風。之後姥姥和姥爺經過，問他要不要進去逛一下。

「不行。」他告訴父親。

「為什麼不行？」

「就是不行。」

「立刻告訴我原因。」

他指著那名店員，「那個男人剛剛對我發脾氣，叫我出去。我不能再進去了。」姥姥和姥爺怒氣沖沖地走進去，要求那名店員為自己的粗魯行徑提出解釋，他說是因為吉米亂玩價格昂貴的玩具。「是這個玩具嗎？」姥爺拿起一組玩具問店員，店員才點頭，他就把玩具猛地摔爛在地上。一場混亂大戲就此開演。根據吉米舅舅的解說是這樣：「他們瘋了，我爸又拿起另一個儀表板玩具遠遠甩到店面另一頭，凶神惡煞般地逼近店員。我媽開始隨手抓東西亂丟一通，一邊還尖聲大叫：『踢爛他的屁股！踢爛他那操他媽的屁股！』接著我爸整個人幾乎貼到店員臉上，一字字清楚地說：『再對我兒子說一個字，我就操他媽的折斷你脖子。』」那個可憐的傢伙嚇壞了，我也只想立刻逃離現場。店員後來道歉，凡斯一家於是繼續完成之後的聖誕節採買行程。

所以，沒錯，即便是過得最舒適的那段日子，姥姥和姥爺仍得努力適應當地文化。中央鎮是個完全不同的世界。在這個世界生活的姥爺應該勤奮工作，遇到問題時得禮貌向店家經理反映；姥姥應該要在家乖乖煮飯、洗衣，還有照顧孩子。但我的姥姥可是在即將邁入荳蔻年華的十二歲就差點用槍把人殺死，要她成天在家縫紉、出外野餐及應付登門吸塵器推銷員實在有點困難。當孩子還小，姥姥得成天看顧，身邊沒人幫忙，好不容易有空時卻又不知道該做什麼。直到多年後回想，她都還清楚記得在二十世紀中葉中央鎮郊區的緩慢步調中，生活是多麼寂寞的一件事。姥姥還用一貫的直白口吻為那個年代做出評論，「女人總是過得跟屎一樣。」

姥姥也有夢想，但從沒機會實現。她最愛的還是孩子，包括自己的兒孫（到了老年，能讓她快樂的似乎只有這些兒孫了）以及他人的孩子（她會看電視上那些報導受暴、受虐或失蹤兒童的節目，偶爾也會拿出好不容易省下的一點錢，購買鞋子或上學用品給附近最窮的那些孩子）。她好像能感同身受那些受虐孩童的苦痛，成天在說她有多痛恨那些虧待孩子的混蛋。我一直不懂這類情緒從何而來，難道是因為姥姥曾被虐待？還是對於自己的童年驟然結束感到悔恨？但無論背後故事為何，我都寧可永遠不要知道。

姥姥曾夢想可以把對孩子的熱情轉化為一輩子的志業：成為保護兒童的律師，為無法捍衛自己權利的人發聲。但她從未真正將夢想化為實際行動，或許是因為不知道正確的努力方式。畢竟姥姥一天高中都沒讀過，在達到合法開車年齡前就已經生了一個孩子，之後又很快地埋了這個孩子，就算知道得付出多少代價才能成為律師，眼前畢竟還有三個孩子和一個丈夫，就算是志向遠大，她也很難有機會考上法律系。生活中的一切都在扯她後腿。

儘管眼前挫折不斷，我的外祖父母仍虔誠相信一分耕耘一分收穫的美國夢。他們並非不知道財富與特權在美國很管用。以政治為例，我姥姥常說「他們就是一群騙子！」但姥爺是忠實的民主黨信徒。他對阿姆科這間公司沒意見，但因為長年勞資糾紛，他跟所有出身背景類似的人都共同痛恨肯塔基州的大型煤礦公司。因此，對姥爺及姥姥而言，有錢人不一定都是壞人，但壞人一定能成為有錢人。姥爺之所以支持民主黨，是因為相信他們願意保護勞工階級。姥姥也受他影響並改變想法：或許所有政客都是騙子，但要說有例外的話，一定就是富蘭克林．羅斯福總統那群人以及和他一起推行「新政」的伙伴。

總之，姥姥跟姥爺深信只要努力就能克服一切。他們知道生活艱難，像他們這樣的人要想成功，花的時間或許會長一點，但絕不能以此作為失敗的藉口。「不要像那些操他媽的輸家一樣，一天到晚抱怨都是別人作弊才害他們失敗，」姥姥常告訴我，「你想做什麼都可以！」

阿帕拉契山區的移民幾乎都抱持類似信念，更何況在一九五〇年代，這項信念可說其來有自。畢竟才經過不到兩個世代，這些移居外地的鄉巴佬的收入就已追上當地人，只是必須藉由經濟上的成功掩飾與當地文化格格不入的不安。比如我的外祖父母確實在經濟方面迎頭趕上，但我懷疑他們是否曾真正融入當地。他們總是被新生活與舊生活來回拉扯，儘管慢慢交上一些新朋友，精神上的文化根脈卻仍深植於肯塔基州的老家。比如他們痛恨養寵物這種習慣，也很少接觸那些不是拿來吃的「牲口」，但在孩子不停要求之下，最後還是讓他們在家養了貓狗。

他們的孩子卻完全不同。我媽是在中西部工業重鎮成長的第一代，沒有阿帕拉契山區的濃厚口音，當然也不用上那種只有一間教室的學校，而是跟上千名學生一起上現代化高中。姥爺姥姥之所以離開肯塔基州，就是想讓孩子有個好的開始，當然也希望孩子能有所成就。但結果卻完全不如預期。

就在詹森總統及阿帕拉契山區委員會在肯塔基南部建造新公路之前，往來傑克遜和俄亥俄州之間的就是23號美國國道。這條公路對於大量往北移居的鄉巴佬意義深重，杜威・約肯（Dwight Yoakam）還特地為此寫了首歌，歌中來自阿帕拉契山區的孩子因為把原本被稱為3R的「閱讀（Reading）、寫作（Writing）和算術（Arithmetic）」記成「閱讀（Reading）、復原（Rightin'）和23號國道（Rt. 23）」遭受懲罰。在這首歌中，約肯描述自己如何從肯塔基州東南部往北移動，歌詞簡直就像我姥姥會寫的日記內容：

他們以為閱讀、寫作和23號國道會將他們帶往前所未見的美好生活，卻沒想到那條老舊公路的盡頭只是悲慘世界。

姥姥和姥爺或許成功逃出了肯塔基州，卻和兒女付出慘痛代價後才終於理解：23號公路並不通往理想生活。

第三章

家庭至上

「你竟然敢在隨便一個小爛貨面前批評你的姐姐？再過五年你連這傢伙天殺的名字都記不住了，但姐姐卻會是你唯一真正的好朋友。」

姥姥和姥爺有三個孩子：吉米、貝芙（我媽）和蘿莉。吉米是一九五三年出生，當時姥姥和姥爺正努力在中央鎮展開新生活。他們想多生幾個孩子，努力試了好幾次，但那段時間運氣實在不好，姥姥也因多次流產心力交瘁，此後一輩子始終背負著失去九個孩子的創傷。我是讀大學之後才知道壓力過大會導致流產，尤其在懷孕初期。我總是好奇，如果不是因為適應新生活的初期太過艱苦，我是不是會多出好幾個舅舅或阿姨？再加上姥爺酒喝得多，無疑也讓那段生活更難過。但他們還是撐過那段連孩子都懷不上的歲月，最後終於得償所願：我媽在一九六一年的一月二十日出生，也就是甘迺迪總統就職當天，而阿姨蘿莉不到兩年後也跟著出生，但之後不知為何，姥姥和姥爺決定不再生了。

吉米舅舅某次告訴我，在兩個妹妹出生前，「我們就是個快樂、正常的中產階級家庭。我還記得在電視上看到影集《天才小麻煩》（*Leave It to Beaver*），心想我的家庭差不多就像那樣。」當時我聽了也就是熱烈點頭，沒再多想，但現在突然意識到在外人聽來，這說法實在可笑。如果是正常的中產階級父母，才不會因為店員對兒子有些無禮而跑去藥局砸東西，但我或許不該拿一般標準來衡量。畢竟在姥姥和姥爺心目中，砸爛商品跟威脅店員不過是家常便飯，而且對蘇格蘭—愛爾蘭裔的阿帕拉契人而言，敢惹他們的孩子就是這種下場。「我是指這個家庭團結一心，彼此都處得很好，」吉米舅舅在我追問時這麼回答，「但沒錯，他們完全符合家族傳統，只要他媽的一秒鐘就可以從普通人變成殺人魔。」

這個家庭之前或許真的很團結，但一九六二年，小女兒蘿莉——我都叫她小阿姨——出生後，一切開始分崩離析。一九六〇年代中期，姥爺已經酗酒成性，姥姥也開始拒絕和外界互動，自我封閉。附近的孩子甚至會警告郵差避開麥金利街上的那名「邪惡女巫」。郵差沒理孩子的警告，結果遇上一個嘴叼加長薄荷菸的魁梧女人叫他滾遠一點。當時還沒有「囤積狂」這種說法，但姥姥的行為符合所有特徵，情況更因為與外界隔絕而惡化。屋內垃圾堆積成山，整間臥房都堆滿沒有實際用途的小玩意兒和廢棄物。

任何人只要聽了這段描述，就會知道他們過著雙重生活。面對外人時，他們認真工作，照顧孩子上下學。這是演給外人看的那一面，而且確實可圈可點：姥爺的薪水對家鄉親友而言根本高到遙不可及，工作也表現良好；孩子上的是資源豐沛的現代化學校；姥姥住的房子以傑克遜標準而言稱的上豪宅——面積有兩千平方英尺*，四房，還有現代化的抽水系統。

但家庭生活完全是另一回事。「我在青少年時期完全沒有注意到，」吉米舅舅回憶，「那時候的你通常忙著煩惱自己的事，很難注意到情況有所改變，但確實變了。爸開始晚歸，媽也不太打理家務，家裡到處堆滿髒碗盤和垃圾。兩人更常吵架。日子愈來愈難過。」

當時的鄉巴佬文化以捍衛家庭為榮，並強調為家人奉獻（或許現在仍然如此），但其中的性別歧視偶爾也會導致嚴重問題。在姥姥結婚之前，她的兄弟不惜追殺對她不敬的人，可是一旦結婚，他們便將她的丈夫視為兄弟，而非外人，甚至因此容忍他去做一些如果在小丘陵地一定會被追殺的行為。「媽媽的兄弟會跑來跟爸狂歡，」吉米舅舅向我解釋，「他們會一起喝酒，一起追女人，通常都是佩特舅公帶頭。我實在不想知道這些事，但一天到晚聽說。當時的文化鼓勵男人出外為所欲為。」

姥姥因為這類背叛行為感到無比痛苦。她也憎恨所有不夠全心奉獻於家庭的行為，她會在家說一些自責的話，例如「我很抱歉自己那麼刻薄」，「你知道我愛你，但我就是個瘋狂的賤貨。」但要是知道有人批評她的家務事，就算只是跟襪子有關，她都會發飆，「我不認識那些人。你絕對不可以跟陌生人說我們家的事，絕對不行。」我姐姐琳西和我會在她家打得你死我活，姥姥大部分時候都讓我們自己想辦法解決，但要是聽到我跟朋友說姐姐的壞話，下一次她會在我們獨處時告訴我犯下了背叛的罪孽，「你竟然**敢**在隨便一個小爛貨面前批評你的姐姐？再過五年你連這傢伙天殺的名字都記不住了，但姐姐卻會是你唯一真正的好朋友。」但她這輩子生了三個孩子，家中所有應該忠實於她的男人——她的兄弟和丈夫——卻總在聯手背叛她。

＊譯註：約六十坪。

姥爺似乎抗拒成為眾人眼中的中產階級好父親，有時還因此做出荒謬絕倫的事。他會說他要去店裡購物，還問孩子有沒有需要什麼，結果卻開了一台新車回來。這個月可能是雪佛蘭敞篷車，下個月又是奧茲摩比的高檔車。「你是哪裡搞來這些車？」孩子問他，「這是我的車呀，我跟別人換來的。」他總是滿不在乎地回答。

但有些時候，他會因為無法扮演好父親而造成可怕的結果。我的媽媽和小阿姨以前會玩一個小遊戲。如果她們的父親下班回家時有把車停好，遊戲就能順利進行：她們的父親進門，大家如同一個正常家庭般共進晚餐，說說笑笑。但有些時候，他回家時就是無法把車停好，不是倒車速度太快，就是把車亂停在馬路上，又或者是停車時不小心掃到電線杆，此時代表這場遊戲注定無法順利玩下去了。我媽和小阿姨會跑去告訴姥姥：姥爺喝醉啦。有時候她們三人會直接從後門逃去姥姥的朋友家過夜。但有些時候姥姥堅持不走，此時她們兩人就得準備好面對漫漫長夜。某年聖誕夜，醉醺醺的姥爺回家要求姥姥立刻擺出一桌晚餐，發現無法如願後立刻抓起聖誕樹從後門丟出去。隔年在女兒的生日派對上，他突然將一大口痰咳出後吐在大家腳上，然後滿臉微笑地又跑去抓了罐啤酒來喝。

姥爺個性溫和，我孩提時也很仰慕他，沒想到他卻是個有暴力傾向的酒鬼。不過他之所以出現暴力行為，至少有一部分是受姥姥影響。姥姥是個不喝酒的暴力分子，習慣把生活中遇到的挫折轉化為超級有建設性的發洩行動：挑釁。比如姥爺在沙發上因為喝醉而睡著，姥姥會拿剪刀剪他的褲子，害他下次坐下時褲子沿著縫線裂開。又或者她會偷偷把他的皮夾藏進烤爐，沒什麼原因，純粹是為了激怒他。每當他回家要求吃一頓熱騰騰的晚餐，她就會精心準備出一盤熱騰騰的垃圾。如果他那天剛好出言不遜，她一定會反擊。簡而言之，她全心全力將他的酗酒生活升級為人生煉獄。

年紀還小的舅舅沒有立刻意識到父母的婚姻每況愈下，但情況顯然很快就跌到谷底。他想起父母曾有一次吵起來：「我可以聽見家具彼此碰撞的聲音，兩人都不認輸，都在尖叫，我還下樓拜託他們住手。」但沒有用。姥姥抓起一個花瓶，抬高——她的臂力向來不錯——然後直接砸向姥爺的眉心。「他的額頭立刻被敲出一個大裂口，上車開走時滿臉是血。我隔天上學時腦子裡都是那個畫面。」

某天晚上姥爺喝得特別醉，行為也特別火爆，姥姥警告他再喝那麼醉醺醺地回家就殺掉他。一星期之後，他喝醉回家後睡死在沙發上。姥姥這人向來言出必行，從車庫拿了一桶汽油淋在丈夫身上，直接點了根火柴扔上他胸口。就在姥爺身上冒出熊熊大火的同時，他十一歲的女兒及時跳出來撲滅火勢，救了他一命，而姥爺奇蹟似地只受到輕微燒傷。

因為他們是山裡人，只能想辦法同時活著兩種截然不同的人生。外人不該知道他們家族內部的衝突，而所謂的外人定義非常廣泛。吉米一滿十八歲就在阿姆科找了份工作然後搬出去，他離開後沒多久，小阿姨就遇上一場父母之間的激烈衝突，姥爺直接一拳打在她臉上，雖然純屬意外，但還是害她一隻眼睛嚴重瘀青。之後吉米回家，小阿姨竟被要求躲到地下室，以免被看到傷勢，明明吉米是她的親生哥哥，只因為不住在家裡，就不能知道家裡的內部狀況。「我們都是這樣處理事情，尤其是姥姥，」小阿姨說，「她怕丟臉。」

沒有人真的知道姥姥和姥爺婚姻失和的原因。也許是酒精害姥爺性格大變，讓姥姥忍無可忍。又或許是姥姥自己崩潰了——生了三個孩子，死掉過一個，中間還流掉一大堆，你怎麼忍心怪她？

雖然婚姻生活根本是一場相互折磨的戰爭，但夫妻倆對孩子的未來卻很樂觀。根據合理推測，如果他們能逃離傑克遜那個一間教室就稱得上學校的地方，住進這棟有兩層樓的郊區房屋，還享受著屬於中產階級的舒適生活，他們的孩子與孩子的孩子應該能輕易進入大學就讀，實現屬於自己的美國夢。比起住在肯塔基的親友，他們確實富裕多了，雖然小時候旅行最遠只去過辛辛那提，但成年後的他們甚至看過大西洋與尼加拉瀑布。他們確信已經擁有成功人生，兩人的孩子也勢必能一帆風順。

不過這種心態其實非常天真。首先，他們的三個孩子都深受永無寧日的家庭生活荼毒。

姥爺本來希望長子繼續讀書，不要跑去鋼鐵工廠幹活。他警告吉米，高中一畢業就全職工作跟嗑藥沒兩樣：剛開始感覺很好，但久了之後會讓你荒廢該做的正經事。姥爺甚至因此拒絕擔任吉米進入阿姆科工作的推薦人。姥爺不懂的是，阿姆科提供的誘惑不只是金錢，而是有機會離開那個媽媽會拿花瓶砸爸爸額頭的家。

蘿莉阿姨在學校的表現也不好，主要是因為她幾乎不去上課。姥姥以前常開玩笑，說明明每天把蘿莉開車送去學校，但蘿莉總有辦法比她還早回家。高二某一天，蘿莉男友偷了名叫PCP的迷幻藥，兩人回到姥姥家享用。「他說他的體重比較重，所以得吸比較多。我失去意識前只記得這件事。」蘿莉醒來時，姥姥正和一位名叫凱西的朋友把她放進浴缸的冷水中，而她的男友已經完全沒有反應。凱西無法判斷這名年輕男子是否還有呼吸，姥姥於是命令她把人直接拖到對街公園。「我才不要他天殺的死在我家裡，」之後才打電話找人把他送到醫院。他在加護病房住了五天。

隔年，十六歲的蘿莉就輟學結婚，卻立刻陷入另一個讓她想逃跑的暴力家庭中。新婚丈夫會把她鎖在房裡，只為了不讓她見家人。「簡直跟坐牢沒兩樣，」小阿姨後來這麼告訴我。

幸好吉米和蘿莉後來都找到屬於自己的人生方向。吉米一邊讀夜校一邊工作，最後在嬌生企業負責業務方面的工作，也是我們家族中第一位工作前途看好的人。蘿莉到了三十歲時開始在醫院的放射科工作，還嫁給一位很棒的新丈夫。這丈夫好到姥姥甚至對整個家族宣布：「如果他們離婚，我要跟她的丈夫。」

不幸的是，凡斯家庭就跟所有當時的阿帕拉契家庭一樣，數據顯示他們大多過得不太好，而我母親貝芙便證明了這點。她跟手足一樣早早離家，雖然學業成績很好，但十八歲懷孕後便決定暫緩就讀大學的計畫，並在高中畢業後就跟男友結婚，努力想要成家立業。不過安穩過日子實在不是她的強項，畢竟童年的所有經驗都沒有幫助。當家裡的狀況跟她小時候一樣充滿一哭二鬧三上吊的場景後，我母親決定離婚做個單親媽媽。當時她才十九歲，沒有大學文憑、沒有丈夫，只有一個小女孩：我的姐姐琳西。

姥姥跟姥爺最後總算找出和解的方法。姥爺在一九八三年時停止酗酒，沒有借助任何醫療協助，也沒有大肆張揚，他就是決定不喝了，也沒打算再談這件事。他和姥姥分居了一陣子後又達成協議，雖然還是分居，但幾乎所有清醒的時刻都待在一起，也努力彌補之前搞砸的一切：他們協助蘿莉離開那段暴力婚姻，借錢給貝芙、替她帶小孩、提供她地方住、陪伴她度過戒毒的階段，還為她付了護校學費。最重要的是，當發現貝芙無法如兩人的期望克盡母職時，他們接下了她的工作。姥姥和姥爺或許虧待了年幼的貝芙，卻將餘生都拿來彌補當時犯下的錯誤。

第四章

美夢難圓

學生們對未來毫無想法，因為身邊的人也對他們毫無期待，大部分家長也沒有試著扭轉情勢。

我出生於一九八四年夏末，之後沒過幾個月，姥爺此生第一次（也是唯一一次）將票投給了共和黨的雷根。跟姥爺一樣，許多鐵鏽地帶的民主黨都將票投給雷根，使他在美國歷史上贏得少見的壓倒性勝利。「我從來就沒多喜歡雷根，」姥爺後來告訴我，「但那個婊子養的孟岱爾實在太討人厭了。」雷根的對手孟岱爾受過良好教育，是名北方的自由派，各方面都跟我那個身為鄉巴佬的姥爺完全不同。孟岱爾根本一點勝算也沒有，不過在他離開政壇後，姥爺也再也沒有以選票背叛他深愛的「代表工人的政黨」。

肯塔基州的傑克遜始終占據著我的心，但真正占據我人生大部分時間的是俄亥俄州的中央鎮。就許多方面而言，我所出生的這個小鎮沒什麼改變，跟我外祖父母四十多年前移民過來時的狀況差不多。人口數字改變不大，因為打從一九五〇年代開始，鄉巴佬高速公路的移民潮就已減緩至幾乎停滯。我所就讀的小學建立於一九三〇年代，當時我的外祖父母仍未離開傑克遜，我的中學則在一次世界大戰後沒多久開課，當時我的外祖父母甚至仍未出生。阿姆科仍是鎮上大多數人的雇主，雖然經濟方面確實出現了一些令人困擾的跡象，但整體而言，中央鎮並未受到大蕭條太嚴重的波及。「我們覺得這裡是一個很棒的社區，跟謝克海茨（Shaker Heights）或上阿靈頓（Upper Arlington）不相上下，」一名公立學校的資深老師將中央鎮和俄亥俄一些位於郊區的成功社區相提並論，「但當然，我們也不知道未來狀況會是如何。」

中央鎮是俄亥俄州歷史最悠久的市鎮之一，因為邁阿密河直接流入俄亥俄州，中央鎮受惠於地理位置於一八〇〇年代建立。我們小時候常會玩笑地說這座市鎮實在太普通，連個像樣的名字都沒有，它就位於辛辛那提市與戴頓市連線的中央，而且是座小鎮，因此得名。（不過它不孤單，附近沒多遠還有一座中央村。）中央鎮還有其他普通的面向，譬如它是以製造業為主的小鎮，經濟發展符合典型的鐵鏽地帶模式。就社經層面而言，此地住的多為勞工階級。就種族層面而言，此地由白人與黑人混居（後者也是透過類似的大規模移民潮而來）。文化方面非常保守，不過在這座小鎮，所謂文化保守主義和政治保守主義不見得是同一件事。

我在成長過程中遇到的人跟傑克遜其實沒什麼不同。這情況在阿姆科尤其明顯，畢竟他們雇用了大量來自傑克遜小鎮的居民，其中的工作環境幾乎等同從傑克遜直接移植過來。曾有作者在書中指出，部門間的出入口甚至直接出現如下標語寫道：「你現在正離開摩根郡，進入沃夫郡。」[11]就連肯塔基州郡與郡之間的鬥爭都被直接被複製過來。

我小時候曾把中央鎮劃分為三個基本的地理區域。第一個區域圍繞著一九六九年開始營運的高中校地四周，當時吉米舅舅是高三生。（就算到了二〇〇三年，姥姥還會說「那間新高中」。）家裡有錢的孩子都住那區，他們的家通常很豪華，另外還有許多維護良好的公園及辦公大樓。如果某人的爸爸是醫生，就幾乎一定在那裡有房或辦公室。我就曾夢想在距離那間高中不到一英里的曼徹斯特莊園買一間房，那是一個相對新穎的開發區，價錢大約是在舊金山買一間好房的五分之一不到。至於那些窮孩子（真的很窮）住在靠近阿姆科公司的區域，那裡就算有好房子也都被重新隔成許多家庭式單間。不過直到最近我才知道，這個區域又被劃分為兩區，其中一區住的都是黑人工人階級，另一區住的都是小鎮內最窮苦的白人。中央鎮為數不多的公營住宅也位於此區。

再來就是我們這區，此區住家大多是獨棟建築，到處都是廢棄工廠與倉庫。現在回想，我其實不確定「真的很窮」的區域跟我們這區有什麼差別。說不定那只是我建構出來的分類，純粹是不想相信自己**真的**很窮。

我們家對面有一座「邁阿密公園」，那就是一個簡單的街區空地，上面有鞦韆、網球場和一個籃球場。隨著年齡漸長，我意識到網球場地面的線條會逐月褪色，市政府也沒有填補地面上的裂縫，當然也沒在更換籃球場的網子。我還沒成年，網球場就已經變成一片點綴了雜草的水泥地。我後來聽說，自從某星期連續被偷了兩台腳踏車之後，此區的治安可說每況愈下。姥姥告訴我，她的兒子輩曾經度過那段腳踏車不鎖也沒關係的時光，但現在孫輩面對的情況是這樣：一早醒來就發現腳踏車大鎖被老虎鉗剪成兩半。自從鎖被剪壞後，我到哪裡都用走的。

我出生時中央鎮的變化還不大，但之後卻隨處可見不祥之兆。不過因為變化是日積月累的，與其說是土石流般的崩壞，不如說是緩慢的風化侵蝕，有時就連當地居民也沒特別注意。但如果你知道問題所在，改變其實很明顯，對於我們這些偶爾才回來一次的人而言，最常說的一句話就是：「老天，中央鎮看起來實在不妙。」

一九八〇年代的中央鎮曾有一個質樸但傲人的鬧區：人來人往的購物中心、二戰前就開張的餐廳，還有幾間酒吧，跟姥爺一樣在工廠辛苦工作一天的人可以聚在那裡，好好地放鬆來一杯啤酒（或者好幾杯）。我最喜歡的是凱瑪百貨（Kmart），相對於鄰近店面可說最吸引消費者，附近的迪爾曼百貨（Dillman's）則是本地雜貨商，在當地共有大約三、四間分店。現在那排店面幾乎全數荒廢：原本的凱瑪已經空了，迪爾曼家族也早已收了所有店面。上次我回去時，那裡只剩一間折扣零售店阿爾比（Arby's），至於中央鎮原本商業活動最熱絡的地點，現在也只有一間中國自助餐在營業。這種荒涼場景其實在中央鎮很常見，畢竟大部分商家的生意都不好，早已全面停止營業。二十年前本地還有兩座大型購物賣場，現在其中一間成為停車場，另一間主要是老人散步的空間（是啦，裡面是還有幾間店在營業）。

現在的中央鎮鬧區只能算是美國工業榮光殘存下來的遺跡。在市中心中央大道與主街的交會處，放眼所及都是玻璃被砸破的廢棄店面。里奇當鋪早已結束營業，據我所知現在那裡只留下那塊難看的黃綠色招牌。距離里奇當鋪不遠處有間老藥局，在鼎盛時期還有一座提供漂浮沙士的汽水吧檯。藥房對面是一間看似電影院的建築物，隨處常見的那種巨型三角招牌內寫了「ST—L」，中間掉光的字母始終沒被補上。如果你想在發薪日貸款或找那種立刻換到現金的店家，中央鎮的市中心區確實是個好選擇。

距離這批窗口都被木板封住的廢棄店面不遠，你能看到索格大宅。索格是一個十九世紀的工業鉅子家族，當時有錢有勢的他們在中央鎮經營造紙廠，名字還曾因為捐獻大筆金錢而被刻在本地的歌劇院牆面上。正因為有他們，中央鎮才成為一個足以吸引阿姆科進駐的體面市鎮。這座大宅是巨大的莊園別墅，就位於曾令中央鎮引以為傲的鄉村俱樂部附近。雖然極其美觀，一對來自馬里蘭的夫妻最近僅以二十二萬五千美金便將其買下。這個價格在華盛頓特區大概只能買半間體面的多房公寓。

索格大宅就位於主街，往南還有幾間曾住過有錢人的豪宅，當時可說是他們人生的巔峰。不過現在，這些房子不是隔成小單位租給本地最窮的那些居民，就是早已年久失修。這條街曾令中央鎮自豪，但現在不過是藥頭和毒蟲交易的地方。入夜之後最好別靠近這裡。

這項改變揭露一項新的經濟現象：居民隔離情況更為嚴重。高貧窮地區的白人工人階級人數仍持續上升。一九七〇年，百分之二十五的白人孩童住在貧窮率高於百分之十的地區，到了二〇〇〇年，比例已經調高至百分之四十。現在的數字一定更高。二〇一一年，布魯金斯研究學會（Brookings Institution）的一項研究發現，「跟二〇〇〇年相比，二〇〇五到〇九年之間，極度貧窮地區的居民主要特質為白人、本地出生、高中或大學畢業生、有房、沒有接受公家補助。」[12]換句話說，不是只有市中心的貧民區才破敗不宜人居，連附近的郊區也淪陷了。

這個現象的背後原因很複雜。美國聯邦的住宅政策始終鼓勵國民買房，從卡特總統的《社區再投資法案》（Community Reinvestment Act）到小布希的「擁有者社會」（ownership society）都是同樣概念。不過在中央鎮，擁有房子必須付出昂貴的社會代價：隨著特定地區的工作機會逐漸消失，不停下滑的房價導致屋主被困在原地，動彈不得，想搬家都沒辦法，因為房價已經跌到市場之外，買家願意支付的金額完全無法支付房貸。正因為搬家的代價太高，許多人都選擇留在原地，當然，通常被困住的都是最沒錢的那群人，也就是沒有本錢離開的人。

市政府曾試圖振興中央鎮的鬧區，但徒勞無功。如果你沿著中央大道走到底，抵達邁阿密河邊，就能看見政府最臭名遠播的一次「復興運動」。基於某種我完全無法想像的原因，政府智囊團決定把原本景觀優美的水岸填成「中央湖」，也就是把數噸砂土直接運進河裡，然後逕自希望此工程能引發其他有趣的後續效應，但當然沒有。只不過河裡多了座尺寸如同一個街區的人造島。

根據我的印象所及，所有試圖再造中央鎮的嘗試最後都缺乏具體成效。人們之所以被困在此地，就是因為市中心缺乏新潮的文化設施；新潮的文化設施之所以消失，是因為中央鎮沒有足夠支持它們的消費者；而此地為何沒有薪水優渥的消費者？因為沒有足以雇用他們的工作機會。中央鎮市中心的慘況正反映了本地人的困境，尤其是阿姆科—川崎鋼鐵公司（Armco Kawasaki Steel）的沒落影響更是巨大。

一九八九年，阿姆科鋼鐵與川崎公司合併組成阿姆科—川崎鋼鐵。川崎公司就是製造重型摩托車的日本公司（我們小時候都稱這些摩托車為「胯下火箭」）。不過大家還是稱其為阿姆科鋼鐵，原因有兩個，首先就像姥姥之前所說，「是阿姆科天殺的建了這座小鎮。」她可沒說謊：鎮上許多最好的公園和設施的建設資金都來自阿姆科。當地不少重要組織的董事會中也總有阿姆科公司的人列席。他們也贊助了學校不少錢。此外，阿姆科雇用了數以千計沒受過正規教育的中央鎮居民，我的姥爺便是其中之一。

阿姆科其實有在精心經營自己的名聲。「直到一九五〇年代，」《南方移民，北方流犯》（*Southern Migrants, Northern Exiles*）的作者查德・貝瑞（Chad Berry）在書中寫道，「邁阿密河谷地帶的四大雇主——辛辛那提的寶僑公司、漢彌爾頓的冠軍紙纖、中央鎮的阿姆科鋼鐵以及戴頓的安迅資訊公司——之所以和勞方關係平和，是因為他們……（雇用了）同樣身為移民的員工親友。以中央鎮的內陸容器公司為例，他們正式雇用的兩百二十名肯塔基人中就有一百一十七位來自沃夫郡。」雖然勞資關係確實在一九八〇年代大幅惡化，阿姆科鋼鐵（及其他類似公司）和員工建立的情誼卻未消失。

當然還有另外一個原因：川崎是日本公司。這是座充滿二戰老兵及其親屬的小鎮，在合併案宣布的當下，所有人的心情彷彿看到偷襲珍珠港的東條英機本人打算跑來俄亥俄州西南部開店一樣。不過反對聲浪並不大。就連姥爺——他曾發誓要是孩子買日本車，就要跟他們斷絕關係——在併購案宣布幾天後也不再抱怨。「事實是，」他告訴我，「日本人現在是我們的朋友。如果要說非得跟誰對抗，那也會是天殺的中國人。」

這項併購案揭露了美國人不願面對的真相：在後全球化世界中，這個國家的製造業岌岌可危。阿姆科這類公司如果想要存活下去，就得想辦法轉型升級，而川崎正給了阿姆科鋼鐵這樣一個機會，不然支撐中央鎮的這間旗艦公司可能很難撐下去。

我和同儕並未於成長過程中意識到世界的改變。姥爺大概在前幾年退休，也拿到了豐厚的退休金。阿姆科公園仍是鎮上最棒的公園，也是最排外的休閒場所，進入這座私人公園的資格是一種地位象徵，代表你爸（或爺爺）曾擁有一份值得尊敬的工作。我無法想像阿姆科公司消失，心底深信他們會繼續提供獎學金、蓋公園，並舉辦免費演唱會。

不過我很少有朋友以後想去那間公司工作。我們小時候就和其他孩子一樣，總夢想著成為太空人、美式足球員或動作片明星。我曾想要當一名訓狗師，這項職業在當時看來極為合理，到了小學六年級，我又想當獸醫、醫生、牧師或商人。但從未想過成為鋼鐵公司員工。就連在羅斯福小學——因為中央鎮的地理位置關係，大部分同學的父母都沒有大學文憑——也沒人希望長大後成為能夠過著穩定中產階級生活的藍領工人。我們從未思考是否有幸能在阿姆科公司內工作，只是把這間公司視為理所當然的存在。

直到今日仍有很多孩子抱持類似心態。幾年前我和中央鎮高中一名教師閒聊，她的名字是珍妮佛．麥高菲，專門協助高危險群青少年，「很多學生根本搞不清楚狀況，」她搖頭對我說，「有孩子計畫未來成為籃球選手，但根本連高中校隊都不願加入，只因為教練很兇。另外還有一些學業表現不好的孩子，你問他們對未來有什麼想法，他們只會提到阿姆科鋼鐵，『噢，可以去阿姆科找份工作吧，我叔叔就在那裡工作。』他們似乎沒有意識到小鎮的沒落正是因為阿姆科鋼鐵再也無法提供更多工作機會了。」我一開始還想，這些孩子怎麼可能搞不清楚世界上發生了什麼事？難道沒看見眼前的小鎮正在改變嗎？但接著又意識到：連我們成年人都沒搞清楚，又怎麼能怪他們？

對我的外祖父母而言，阿姆科是救星，他們是透過這間公司才得以逃離肯塔基州的山區，並擁有真正屬於美國中產階級的生活。我的外祖父更是深愛阿姆科鋼鐵，只要是這間公司出產的汽車零件與型號都如數家珍。即便後來大部分美國車商都不再使用鋼鐵車體，每次經過二手車商，只要看到舊型福特或雪佛蘭，姥爺仍會忍不住停步，「這台車的鋼鐵來自阿姆科。」他會告訴我。這是他少數願意稍微透露出以此公司為傲的時刻。

即便以這間公司為傲，他卻一點也不希望我去那裡工作：「你們這一代可以靠腦袋工作，不用靠雙手。」他曾這麼告訴我。至於在阿姆科公司，他唯一認同的工作是工程師，但絕不希望我去焊接廠做苦工。中央鎮的許多家長想必也擁有類似心情：對他們而言，美國夢的精神在於日新又新、不停往前推進。體力勞動工作確實值得敬重，但屬於他們那一代，我們得做些不一樣的大事。而所謂進步就是往上層階級流動。那也代表一定得進大學。

即便如此，也沒有人覺得進不了大學很羞恥，或是後果很嚴重。雖然沒人直說，老師也不會說你會因為太笨、太窮而上不了大學，不過那種氣氛就是縈繞不去，簡直就像空氣般無所不在。我們家族中沒人上過大學；儘管前景不佳，年紀較長的朋友與手足似乎也甘於在中央鎮過活；我們沒有認識任何一位在外州好學校就讀的學生；每個人卻至少認識一位失去或從沒工作過的人。

中央鎮的公立高中生有百分之二十無法順利畢業。大部分學生也無法好好讀完大學。幾乎也沒有人能夠到外州大學就讀。學生們對未來毫無想法，因為身邊的人也對他們毫無期待，大部分家長也沒有試著扭轉情勢。在姥姥開始關注我的高中成績之前，我不記得曾因為考試成績不佳而被責罵過。每次只要姐姐或我拿了糟糕的成績，我總會偷聽到他們說些漫不經心的評語，像是「哎呀，她可能就是除法不太好」或者「JD就是個比較擅長數字的人，他的拼字不好我也不擔心。」

大家都有一種感覺：只有兩種特別的人可以成功。第一種人天生幸運，出生在人脈豐厚的富裕家庭，人生注定一路順風。第二種人是菁英分子，因為天生聰明，只要努力就不會失敗。因為你很難在中央鎮找到第一種人，大家通常認定能成功的人一定是聰明人。對於大部分中央鎮居民而言，天分比努力重要。

倒不是說師長從來不提努力有多重要，他們也不至於希望自己的孩子以後過著貧窮的人生，但那種消極的心態卻仍隱隱存在。就算嘴巴不說，行動卻證明了他們的消極。我有一位鄰居一輩子都靠福利津貼生活，時不時還會要求我外祖母借車給她，或者提議用食物券換取珍貴的現金。她也會談及勤奮工作的重要，「太多人濫用政府資源，害真正努力工作的人無法得到幫助，」她說。她在腦中建構的邏輯是這樣：大部分靠福利津貼過活的人都是有錢但遊手好閒的人，但她雖然一輩子都沒工作，卻顯然是個例外。

中央鎮的人一天到晚談論努力工作的重要。但你只要在小鎮走一圈，就會發現百分之三十的年輕男子的每週工時少於二十小時，但沒有一個人意識到這樣就是懶惰。二〇一二年選舉期間，一個較為左傾的智庫「公共宗教研究中心」（Public Religion Research Institute）發表了一篇針對白人工人階級的研究報告，內容指出白人工人階級的工時比大學畢業的白人來得多。不過就此認定白人工人階級平均工時較高可被證明完全錯誤。[13]公共宗教研究中心是以口頭調查取得數據，也就是到處打電話詢問民眾想法。[14]因此，這項報告只證明許多傢伙口頭報告的工時比實際來得多。

當然，窮人工時比較少的原因非常複雜，完全歸咎於個性懶惰也過於輕率。很多人只找得到兼職工作，因為阿姆科公司所代表的產業正在沒落，提供的技能訓練跟不上現代經濟社會的腳步。總之無論原因如何，這些有關勤奮工作的論述都不符合現實狀況。中央鎮的孩子長期掙扎於兩者之間的衝突，卻莫衷一是。

就這方面而言，這些蘇格蘭—愛爾蘭裔的移民其實跟生活在小丘陵的親族類似（當然，他們之間還有許多其他共通點）。HBO拍了一部紀錄片，主角是住在肯塔基州東部的山裡人，其中一名阿帕拉契大家族的大家長在自我介紹時，首先就先劃分出「男人做的工作」和「女人做的工作」。不過那些他所謂「女人的工作」其實定義不明，而且顯然他覺得做了也無妨，我們只知道那些都不是有給薪的工作，畢竟這個男人一輩子沒有出外工作過。最後他的兒子做了揭露真相的判決：「爹地說他一輩子都在工作，但他其實一輩子都在空談。為什麼不能老實說呢，爸？爹地就是個酒鬼。一天到晚醉醺醺，也沒在賺錢養我們。媽咪負責養所有孩子，如果沒有媽咪，我們早死光了。」[15]

藍領階級除了上述價值上的矛盾，對於如何獲得白領工作也顯得極為無知。我們不知道許多孩子——包括小鎮內外的孩子——都已經找到方法贏在起跑點了。一年級的我們每天早上都會玩一個遊戲：老師會宣布一個數字，我們每個人都得說出計算結果是那個數字的方程式。假設當天的數字是四，你說「二加二」就能拿到獎品（老師準備的通常都是糖果）。某天老師宣布的數字是三十，在我前面被問到的學生都選了簡單的方程式，例如「二十九加一」、「二十八加二」、「十五加十五」，但我聰明多了，打算做件讓老師驚艷的事。

輪到我時，我驕傲地開口，「五十減二十」。老師倒抽了一口氣，給了我兩塊糖果，因為我使用了幾天前才學到的減法。不過我才得意沒多久，就聽到另一個學生開口，「十**乘以**三」，我根本聽不懂他在說什麼。**乘以**？那傢伙到底是誰？

老師比我更驚訝，我的競爭對手因此拿到了比我還多的三塊糖果。老師簡單介紹了一下乘法，然後問有沒有其他人聽過這個概念，但沒人舉手。我感覺完全被擊敗，回家後大哭，深信我的無知是一種根植於內在的缺陷。我就是笨。

那其實不是我的錯。直到那天之前，我都沒聽過「乘法」，不但沒在學校學過，家裡也沒有那種會坐下來跟我聊數學的大人。但對於一個希望在學校有所表現的孩子而言，這是一次令人崩潰的挫敗。我還不夠成熟的腦袋無法分辨智商與知識之間的區別，所以自動認定自己是個白癡。

那天的我確實不懂乘法，不過回家把這次失敗的經驗告訴姥爺後，他立刻將危機化為轉機，在吃晚餐前教了我乘法和除法。之後連續兩年，我的外祖父每週會和我練習複雜的數學題，程度隨時間愈來愈難。每次只要無法搞懂一個概念，我就會自責後氣得跑走，並因為感到挫折嘟嘴好一段時間，但姥爺總是耐心地等我再算一遍。我媽的數學向來不怎麼好，不過在我識字之前，她就帶我去公立圖書館讀書，為我辦了借書證並教我怎麼用，在家也一直替我準備好各式各樣的童書。

換句話說，雖然鄰居與整個社會的大環境不利，我在家接收到了不一樣的訊息。足以挽救我一生的訊息。

第五章

人生中最大的錯誤

每次只要老師宣布再過幾分鐘就可以清空桌子回家，我的心都會往下一沉，然後盯著那座彷彿炸彈不停滴答響的時鐘。

我猜我跟大部分人一樣，對於六、七歲以前的事情沒什麼記憶。我記得曾在四歲時爬到小公寓的餐桌上，大喊自己是無敵浩克，然後為了證明自己比所有建築物還要強壯，一頭往牆壁撞過去（事實證明我錯了）。

我記得曾被偷渡進醫院探望冬青舅公。我記得曾在日出前坐在布蘭頓姥姥的大腿上，一邊聽她大聲誦唸各種《聖經》故事，一邊用手撥弄她下巴的細小鬍鬚，心裡疑惑上帝是否讓每個老女人臉上長毛。我記得向海莊小姐解釋自己的名字，「JD，寫起來就是J點D點。」我記得在超級盃的賽場上，目睹喬・蒙坦那（Joe Montana）贏過我們家鄉的孟加拉虎隊的觸地一擲。我記得某個九月初的日子，媽和琳西到幼稚園來接我，告訴我從此再也見不到爸了。他決定把我送去給人領養，他們說。那是我人生中最悲傷的一刻。

我的父親唐恩・包曼是媽的第二任丈夫，兩人在一九八三年結婚，大概是我開始學走路時決定分開。媽在離婚後幾年再婚，爸則在我六歲時決定把我送去給人領養。被領養之後大約六年，他一直像個遊魂一樣在我生命中徘徊不去。我沒什麼跟他一起生活的回憶，只知道他熱愛肯塔基州的山巒及有馬奔馳的連綿綠野。他愛喝皇冠牌可樂，講話有明顯的南方口音，愛喝酒，但信奉五旬節教派後竟不喝了。我總能在兩人相處時感覺到他的愛，但也正因如此，媽和姥姥說「他不要我了」的時候更是讓我深受打擊。他和一名有兩個孩子的女性結婚，我被取代了。

我的繼父（後來也就是領養我的父親）鮑勃．漢默是個好人，對我和琳西都很親切。姥姥卻不怎麼中意他，總跟媽說「他就是個沒牙的低能兒罷了。」我懷疑是因為鮑勃的階級及文化不夠「高尚」：姥姥總是用盡全力克服自己的出身。雖然後來也稱不上富有，但總希望孩子能接受教育後成為白領階級，跟教養良好的中產階級人士結婚──也就是跟姥姥、姥爺毫無共通點的那種人。不過鮑勃活生生就是個典型的鄉巴佬。他和自己父親幾乎沒什麼聯繫，幾乎也完美複製了童年經驗：他有兩個幾乎沒見過面的孩子住在漢彌爾頓，距離中央鎮南方不過十英里。他有一半的牙都掉了，剩下一半不是又黑又黃，就是早已變形，完全是長年受「山露嘴」所苦而且沒有定期看牙醫的結果。高中就輟學的他現在以開卡車為業。

我們慢慢發現鮑勃有許多不討喜的地方。不過一開始姥姥厭惡的全是鮑勃身上與她類似的那些特質。姥姥當時已經了解我得再花上二十年才了解的事：在美國，社會階級不只與金錢有關。她不只希望孩子在教育程度及職業選擇方面有所提升，還希望全面改造他們的人際關係。在考慮孩子的配偶及孫輩的父母時，無論是否有所自覺，姥姥都認定像自己的人不夠好。

鮑勃成為我的法定父親後，媽就把我的名字從詹姆斯．唐納．包曼（James Donald

Bowman）改成詹姆斯・大衛・漢默（James David Hamel）。在此之前，我的中間名繼承了生父的名字，但母親藉由這次機會完全抹去他曾在我生命中留下的痕跡，只留下開頭的「D」好讓我繼續使用別人習慣喚我的暱稱「JD」。媽說我的大衛是繼承大衛舅公的名字，也就是姥姥那個會抽大麻的哥哥。我當時才六歲，但覺得這說法未免太牽強，我想她應該就是隨便找了一個常見的D開頭的名字，只要不是唐納就好。

我們和鮑勃展開了新生活，表面上也與一般電視劇裡的家庭大同小異。他們在距離姥姥家不遠的地方買了一棟房子。（真的很近，每次只要發現浴室有人，或者突然想吃點心，我就會走路去姥姥家。）媽剛拿到她的護理師執照，鮑勃的薪水也不錯，所以我們不需要為錢所苦。雖然附近就住了愛耍槍又愛抽菸的姥姥，家裡又多了一個新的法定父親，我們仍堪稱是個奇怪卻快樂的家庭。

我的人生逐漸以任何人足以想見的方式展開：去學校上課、放學回家、吃晚餐。我幾乎每天都去找姥姥和姥爺玩。姥爺會來我們家的門廊抽菸，我就陪他坐著，聽他抱怨政治或鋼鐵廠工會的問題。等我識字後，媽為我買了第一本故事書《太空小子》（*Space Brat*），我很快就讀完了，她因此大大稱讚了我一番。我熱愛閱讀，也愛和姥爺一起解數學題；此外我做什麼媽媽似乎都很愉快，這點也讓我開心。

媽和我也會透過其他活動互動，比如我們都熱愛美式足球。我運用有限的識字能力讀了所有關於喬・蒙坦那的資訊，他真是有史以來最棒的四分衛，當然也看了他的所有比賽，也曾寫仰慕信到蒙坦那待過的兩支球隊給他：舊金山四九人隊和堪薩斯酋長隊。媽會從圖書館借跟足球戰略有關的書，然後我們一起用紙和零錢做小型的球場模型：一分硬幣當作防守方，五分及十分硬幣當作進攻方。

媽不只希望我了解美式足球規則，也希望我熟知比賽策略。我們會用紙造的模型球場演練各種戰術組合：如果某名前鋒（用一個閃亮的五分錢代表）沒有守好該怎麼辦？如果沒有人（十分錢代表）能接四分衛（另一個十分錢代表）的球該怎麼辦？我們不下棋，但我們有足球。

媽比家族中任何人都更希望我們接觸各式各樣的人。她的朋友史考特是個老男同志，他後來意外身亡，不過媽過了一陣子才告訴我。她要求我看一部講萊恩・懷特（Ryan White）的故事的電影，主角萊恩年紀沒比我大多少，因為輸血感染了愛滋病，所以必須上法庭爭取回學校讀書的權利。此後每次只要我不想去學校，她就會提起這部電影，要我對於受教育這件事抱持感恩之心。這部電影深深打動了我媽，她甚至在萊恩於一九九〇年過世後親手寫信給他的母親致意。*

媽深信教育能帶來更好的未來。她在高中時是代表畢業生致詞的優等生，但畢業後幾個禮拜後就生下琳西，從此沒上大學。不過她確實回到當地社區大學取得了護理師的副學士學位。大概在我七、八歲時，她開始擔任全職護理師，我總覺得自己對此也稍有貢獻：我透過在她身上到處亂爬提供「幫助」，而且還讓她用我稚嫩的血管練習抽血。

不過有時她會對我的教育熱心過頭。我就讀三年級時參加了科學博覽會，媽幾乎每個階段都堅持要幫忙，從初期計畫、實驗記錄到演練上台報告都沒錯過。到了上場的前一天晚上，一切都已準備就緒：看起來就像個粗心的三年級小學生做出來的計畫。當晚上床睡覺時，我相信明天將一如預期地起床後完成這場平庸無奇的科展報告。科學博覽會其實也是一場比賽，我想要是我現場表現好一點，說不定還有機會晉級到下一輪。不過到了隔天早上，我發現所有成果被媽全面翻新，簡直像是一名專業科學家搭配藝術大師合作出來的作品。評審當然大感驚艷，但提問時發現我答不出來（只有那個讀過大學的傢伙答得出來），立刻就

---

* 譯註：年輕的萊恩以親身的經歷改變了早期美國社會對愛滋病患者的偏見與歧視，成為美國對抗愛滋病的標誌性人物。在感染愛滋病之後五年，他於高中畢業前一個月去世。知名歌手艾爾頓·強、麥可·傑克遜，與當時的第一夫人芭芭拉·布希等一千五百多人出席他的葬禮。隨後，美國國會通過了涵蓋廣泛的《萊恩·懷特健保法案》（Ryan White Care Act），提供低收入戶、沒有保險的愛滋病患與其家屬必要的治療。

知道情況不對。我當然也沒有晉級到最後一輪。

這次的教訓讓我知道，首先，自己的功課得自己做，其次，媽非常在意我是否有進取心。她最開心的事莫過於我好好讀完一本書，或者要求再讀一本書。大家都說媽是他們認識過最聰明的人，我也深信不疑。她確實是我認識過最聰明的人。

我年幼時成長於俄亥俄州西南部，因此從小重視忠誠、榮譽與強悍的生活價值觀。五歲就第一次被打到鼻子流血，六歲時第一次被打到眼睛瘀青，每次都是因為有人汙辱我媽。開媽媽的玩笑萬萬不可，開祖母的玩笑更是會被我飽以小拳。姥姥和姥爺教會我基本的打架技巧：絕不能先動手，但要是別人先挑起爭端，你就得以獲勝收尾。雖然最好不要先動手，但要是有人汙辱你的家人，那先動手也無妨。他們沒有直接說出後面這項規則，但所有人都心照不宣。琳西交過一位名叫德瑞克的男友，應該是第一任男友，沒交往幾天就跟她分手。當時十三歲的女孩為此心碎不已，所以某天看到德瑞克經過家門口，我決定上前質問他原因。他的年紀比我大五歲，體重比我重十五公斤，一伸手就能把我推倒，但我還是兩次與他交鋒。第三次又想上前時，他受夠了，把我好好揍了一頓。我立刻跑去姥姥家，請她幫忙擦藥，哭哭啼啼的我還流著血，而姥姥只是微笑看著我說：「你做得很好，親愛的，真的很好。」

無論是打架或其他事，姥姥都是讓我從親身體驗當中學習。她從未體罰我，或許是因為小時候的經驗，她反對打小孩。但有一次我問她被打中頭是什麼感覺，她立刻表演給我看：她用手掌比較軟的地方快速地打了一下我的臉頰。「感覺沒有那麼糟，是吧？」確實沒有。被打臉其實沒有想像中那麼糟。這也是她教我的重要打架守則之一：除非遇到真的很會打架的人，不然被打臉沒什麼大不了，所以千萬不要為了害怕，錯過直接正面揍人的機會。她教我的第二個小訣竅是側身站立，左肩面對對方，雙手前舉，「這樣你可能會被打到的面積比較小。」至於第三個打架技巧就是用全身的力量出拳，尤其不要忘記用屁股。只要記住這些訣竅，姥姥告訴我，打架時沒人膽敢小瞧你。

雖然她告誡我不要隨便挑釁，但我們文化中有維護家人名譽的習慣，很容易就會有人跑來找你打架。如果你真的很想找人麻煩，只要羞辱對方母親就行了。就算自制力再強的人，只要聽到罵母親的粗俗言語都會立刻失控。比如「你媽屁股大到都有專屬的郵遞區號了」、「你媽就是個純正鄉巴佬，連假牙都蛀掉了」，或者只要開口說「唷，大媽！」就夠了。無論你的出發點為何，這些就是專門用來挑釁的話。如果聽到這些話還避戰，你就是愧對自己的榮譽心、失去尊嚴，甚至會因此失去朋友。回家也絕對不敢讓家人知道你任由他們的名聲被汙衊。

不知原因為何，姥姥對打架的看法在幾年後有了改變。當時我三年級，輸了一場比賽，面對嘲笑我的勝利者，我只想到一個適當的回應方法。正當我要動手時，人在附近的姥姥立刻介入阻止了這場校園惡鬥，還表情嚴厲地問我，是否忘了只有防衛自己才是打架唯一正當的理由。我不知道該說什麼，畢竟才不過幾年前，她還贊同為了維護自己的名譽而戰。「之前有次我打架，你還說我幹得好。」我說。「那麼，好吧，我當時錯了。除非真有必要，不然都不該打架。」哇，這下**我可驚訝了**，姥姥之前可是從不認錯的人。

隔年我注意到，班上有個傢伙老是霸凌另一個舉止奇怪的孩子，我跟那個怪孩子沒什麼交集。不過幸好我之前言行強悍，幾乎沒人敢欺負我，而且跟大部分的孩子一樣盡量在壞孩子面前保持低調。不過某一天，我偶然聽到他對那個受害者說了一些話，突然覺得該為那個可憐的孩子挺身而出。那個被欺負的孩子被欺壓到近乎可悲的地步。

那天放學後我跟姥姥講到哭出來，因為沒有勇氣為那個孩子做些什麼而感到無比罪惡，我竟然只是旁觀他人將那個孩子的生活搞得如同人間煉獄。她問我有沒有告訴老師，我說我真的有，「那個婊子應該因為毫無作為而被丟進監獄。」接著她說了些我永誌難忘的話：「親愛的，有時候就算不是為了保護自己，你也得戰鬥，有時候那就是你該做的事。你明天就去為那個男孩出頭，如果有必要捍衛自己，那也不要客氣。」接著她教我一個猛力直擊對方肚子的招式（而且一定要轉動屁股用力）。「如果他找你麻煩，一定要直接往他的肚臍打。」

隔天我到學校時緊張得要命，甚至暗自希望那個惡霸請假一天，但就在大家一如往常亂糟糟地排隊準備吃午餐時，名叫克里斯的那個惡霸又找上我關照的那個小傢伙，問他今天是不是又要哭了呀。「閉嘴，」我說，「不要煩他了。」克里斯逼近我後推了我一把，問我到底想怎樣。我直直走向他，固定右邊的屁股作為軸心，然後狠狠一拳直擊他的肚子。他立刻驚恐地跪倒在地上，幾乎無法呼吸，等我意識自己真的傷到他時，他已經咳到喘不過氣來，甚至還吐了一點血。

克里斯去了學校醫務室，等確定他沒有生命危險，我也不會被送交警方之後，首先出現在腦中的就是學校會如何處置我——停學？退學？如果停學又會停多久？下課時間到了，其他孩子都到外面玩，克里斯也被護士帶走了，老師把我獨自帶進教室。我以為她已經打電話給我爸媽，打算通知我學校再也不歡迎我，但她只是針對打架這件事訓了我一頓，還要求我放棄遊戲時間留在教室練習硬筆字。我可以感覺到老師其實認可我的行為，我甚至懷疑是因為學校某些政策的關係，她才對那個惡霸無計可施。無論如何，姥姥是直接從我口中得知這次事件，還稱讚我幹得不錯。那是我人生最後一次揍人。

* * *

我明白世事不可能完美，但也發現我家跟身邊大部分家庭沒有太大差別。沒錯，我爸媽吵得很兇，但大家的爸媽都吵得很兇。沒錯，我的外祖父母幾乎必須扛起父母的職責，但這幾乎是鄉巴佬家庭的常態。我們並不是生活在一個和樂的核心家庭中，而是混亂地與一堆姑嬸、叔舅、祖父母、外祖父母、表親及堂親住在一起。這就是我擁有的生活，我也過得很快樂。

但在我大約九歲時，家中的情況有了改變。因為受不了姥爺老是出現，姥姥又什麼都要插手「干涉」，媽和鮑勃決定搬到俄亥俄州的普雷伯郡（Preble County），那是個距離中央鎮大約三十五英里的農業鄉間，人口稀少。雖然年紀還小，我卻知道自己處境極糟。姥姥和姥爺是我最好的朋友，會幫我做功課，每次只要表現好或完成困難的作業，他們也會好好獎勵我。他們會為我的行為把關，畢竟在我所認識的人當中，他們是那種最可怕的老派鄉巴佬，無論什麼場合，他們都會隨身在口袋或汽車座位底下收著上膛的槍。他們能確保我內心的惡魔不致蠢動。

鮑勃是媽的第三任丈夫，俗話說第三次就能開花結果，可惜沒發生在我家。我們搬到普雷伯郡時，媽和鮑勃已經很常吵架，常常吵到我過了上床時間都睡不著。他們會說一些無論如何都不該對親人說的話，例如「操你的！」「滾回你的拖車公園！」後者指的是鮑勃跟她結婚以前的生活。有時候媽會帶我們到當地的汽車旅館躲上幾天。過了好一陣子，姥姥才說服她應該面對家中的問題。

媽的脾氣跟姥姥差不多火爆，也就是在爭吵時絕不容許自己成為受害者，同時常會把僅僅只是意見不同的小事升級至槍林彈雨的惡戰。我在二年級時參加了一場美式足球賽，某位體重過重的母親小聲抱怨我為何能在上一次攻擊時帶球，結果就在露天看台上，坐在她身後那排的我媽聽見這句抱怨，立刻說我之所以可以帶球呢，是因為我不像她孩子是被一位肥屎老媽養大的一坨肥屎。我發現場邊騷動時，鮑勃正把手中緊抓那女人頭髮的我媽拖到一邊。比賽結束後，我問媽發生了什麼事，她只回答：「沒人能說我兒子不好。」我立刻自豪地笑開來。

住在普雷伯郡時，姥姥和姥爺距離我們有四十五分鐘車程那麼遠，家中的爭吵更惡化為嘶吼大賽。通常他們都是為錢吵架，但我們這個住在俄亥俄州郊區的家庭年收入有十萬美金，沒有錢不夠用的道理。但他們就是吵個不停，因為兩人總在買一些不需要的東西，像是新車、新卡車或新的游泳池。他們婚姻破裂時已經背了十幾萬的債，還沒留下什麼值得留念的東西。

財務還不是我們家最嚴重的問題。媽和鮑勃本來不會拳腳相向，但後來情況逐漸改變。某天晚上我因為聽到破裂聲而驚醒，便立刻衝下樓關心，結果原來是媽在對鮑勃丟盤子。鮑勃把她押在廚房流理台上，她則一邊揮動手腳反擊一邊咬他，最後跌在地上。我立刻跑過去。鮑勃靠近，我起身朝他的臉揮了一拳。他身體往後傾（準備要回手吧，我猜），我跌坐在地上後雙手抱頭，等著他的拳頭落下。但什麼都沒發生。鮑勃本來就不是一個會施暴的人，而我的介入莫名結束了這場衝突。他走向沙發後坐下，沉默地盯著牆壁，媽和我則虛弱地上樓睡覺。

媽和鮑勃的日常成了我學習解決婚姻衝突的啟蒙教材。重點如下：如果大吼可以解決問題，就不要用正常音量說話；如果衝突情勢升高，只要男人不要先動手，揍人或搧巴掌都沒問題；絕對要用最汙辱人、最傷人的方式表達感受；如果以上都無效，就帶著小孩到當地汽車旅館躲起來，而且絕不要讓對方知道地點——一旦對方知道孩子在哪裡就不會擔心，離家出走也就無法達到預期效果。

我在學校的課業表現開始下滑。夜晚的我常躺在床上因為吵架的噪音睡不著——家具傾倒、有人大聲跺腳、吼叫，偶爾還會有玻璃碎掉的聲音。隔天早上起床的我通常傷心又疲倦，在學校也過得渾渾噩噩，整天只擔心晚上回家又得面對什麼場面。我只想躲到一個可以靜靜獨坐的地方，也不知道可以跟誰傾訴，因為實在太丟臉了。雖然我討厭學校，但現在更討厭回家，每次只要老師宣布再過幾分鐘就可以清空桌子回家，我的心都會往下一沉，然後盯著那座彷彿炸彈不停滴答響的時鐘。當時就連姥姥都不知道發生了什麼事，但我下滑的成績已經是家庭崩解的第一個徵兆。

當然不是每天都過得這麼慘。但就算是那些表面平和的日子，衝突仍然一觸即發，我就算在家也總感覺如履薄冰。媽和鮑勃根本不可能對彼此露出微笑，也不會對琳西和我說任何親切的話。只要誰說錯一句話，晚餐時全家可能就會一片沉默，甚至演變成一場激烈衝突。就連孩子稍微犯點小錯也可能導致盤子或書在家中亂飛。我們彷彿住在地雷區，只要稍有不慎，**轟隆！**

我本來一直是個身體健康結實的孩子，因為常運動，所以就算不注意飲食影響也不大。但現在體重逐漸增加，五年級時已經變得胖嘟嘟。我常感覺不舒服，也常跟校護說我肚子痛。雖然當時沒有意識到，但家庭帶來的創傷確實開始影響我的健康。「小學生在受到心理壓力時常會出現肉體上的不適，例如胃痛、頭痛或其他疼痛，」提供學校行政人員處理孩童創傷的資源手冊上這麼寫著。「這些學生或許會出現行為上的改變，例如更易怒、更有攻擊性，常常感到憤憤不平。他們的表現或許會前後不一致。這些孩子的學業表現會出現改變，注意與集中力渙散，也更常曠課。」但我以為我只是便秘或是太討厭新家的環境。

媽和鮑勃的情況其實很常見。如果要記錄我所目睹過的別人家爭吵，那次數真是多到無從記錄。有時我不過是跟鄰居的朋友在後院玩，就會聽到他爸媽突然開始大吵，我們只好跑到附近的小巷躲起來。姥爺的鄰居更是常吼到我們坐在自家內都能聽見，然後每次只能淡淡地說：「天殺的他們又來了。」有一次我還曾在當地一間中國自助餐店目睹一對年輕情侶爭吵，最後升級為髒話與咒罵交織的交響曲。姥姥和我以前會打開她房子某側的窗戶，就為了聽見鄰居佩蒂和男友激烈爭吵的細節。目睹人們彼此羞辱、吼叫，甚至肢體互鬥就是我們生活日常的一部分。只要經歷過一陣子，任何人都會習以為常。

我一直以為成年人彼此講話就是這副模樣。直到小阿姨蘿莉和丹恩結婚時，我才第一次發現還有別的說話方式。姥姥告訴我，丹恩和小阿姨之所以不會彼此互吼，是因為丹恩本質不同。「他是個聖人，」她總是這麼說。有機會認識丹恩的家人之後，我發現他們不過是能更善待彼此的一群人，也不會在公共場合大聲吼叫。當我知道他們私底下也不會偷偷互吼時，我嚇了一跳。我以為他們是假裝的。但小阿姨的看法與我不同，「我覺得他們就是很怪，我知道他們很真誠，但就是真誠得很怪。」

永不休止的衝突總算壓垮了我。現在回想起那段日子我都還會緊張，心跳加速，胃幾乎要吊到喉嚨。當時還小的我只想逃開一切，躲避所有衝突，最好就是跑去姥姥家或直接消失。但我躲不掉，因為那就是我生活的環境。

隨著時間過去，我開始喜歡上這些肥皂劇的情節，不再想要躲開，反而會衝下樓親臨現場，或者為了聽清楚吵架內容把耳朵靠在牆上。我的心跳還是會加速，但是以可預期的頻率，就像比賽中即將射籃得分的那個時刻。有時候如果架吵得太兇，鮑勃幾乎要動手打人了，我的角色與其說是個試圖介入的勇敢孩子，還不如說就是個過度接近現場的旁觀者。我開始對本來痛恨的一切上癮。

某天我放學回家後看到車道上停了姥姥的車，這實在是不祥之兆，畢竟她從未這樣臨時跑來我們普雷伯郡的家。之所以會有這次例外拜訪，是因為媽自殺失敗住院了。對於當時才十一歲的人而言，我沒注意到的事情實在太多了。媽在中央鎮醫院擔任護理師，工作時認識了一名消防員，兩人陷入愛河後已經交往一年。當天早上鮑勃問她是否真有偷情，還要求離婚，媽於是開著小型休旅車蓄意加速撞上電線杆，至少她的說法是如此。姥姥則有不一樣的看法：媽這麼做只是想轉移注意力，希望大家不要再關注她的外遇及財務問題。正如姥姥所說：「真要自殺哪會開車去撞電線杆？如果她想死，我有的是槍。」

琳西和我比較認同姥姥的看法。確認媽並不是真想傷害自己之後，我們都鬆了一口氣，也很高興可以結束住在普雷伯郡的生活。媽只在醫院住了短短幾天，之後不到一個月，我們又搬回中央鎮，距離我們和姥姥之前住的地點只隔一個街區，只是少了一個男人。

雖然又回到了熟悉的家居生活，媽的狀態卻愈來愈不穩定，她不像我們的家長，反而像室友，而且在琳西、我和她的三人生活中，她是過得最不好的那位。每晚我上床睡覺，午夜時一定會被正值青春期而喜愛鬼混的琳西吵醒，接著到了兩、三點，我又會被終於回家的媽吵醒。她交了很多年紀比較小的朋友，這些人大多沒有孩子，她也開始不停換男友，幾乎每隔幾個月就會有新對象，情況糟到我當時最好的朋友還會評論她的「本月特選」對象。某種程度而言，我已經開始習慣這種不穩定的生活，但情況逐漸走回老路：生活中開始出現各式爭吵打鬧，我得想辦法逃開。只要過得不順，媽就會揍我和琳西，有時還會搧巴掌。我一點都不喜歡這種生活。誰喜歡呢？而且她出現了以前從未有過的行為。媽以前有過不少壞習慣，但從來不愛出外參加派對。但這次回到中央鎮，情況卻變了。

她開始到處參加派對，也因此開始狂喝酒，伴隨酗酒問題而來的是更多古怪的行徑。就在我快滿十二歲的某天，媽說了些我現在想不起來的話，我只記得自己鞋也沒穿就跑去姥姥家，之後連續兩天不願見她，也不肯跟她說話。姥爺擔心他的女兒和外孫最後會決裂，於是求我見她。

她對我道歉，那些道歉內容我早已聽過幾百萬次了。媽向來擅長道歉，或許也是不得已，畢竟之前只要她不道歉，我和琳西就拒絕跟她說話。我相信她都是真心道歉，心底也因為之前的錯誤行為深感愧疚，保證**絕不再犯**時應該也是字字真心。只不過這些道歉戲碼仍在不停重複。

這次也一樣。媽表現出非常懊悔的模樣，因為這次的犯行特別糟糕，補償我的方式也特別好：她答應帶我去購物中心買足球卡。足球卡是我的能量來源，就像超人擁有的氪氣石，所以我答應跟她一起去。這大概是我人生犯過最大的錯誤。

我們一起上了高速公路，然後我大概說了些惹怒她的話，她立刻把車子開到時速幾百英里，打算把車子撞爛，和我同歸於盡。我立刻跳到後座，心想要是繫上兩條安全帶，應該有機會撐過撞擊生還，但這項行為更激怒了她。她把車停在路邊後痛揍我了一頓，我立刻跳出車外逃命。當時我們身處州內較為荒僻的郊區，我跑過一大片草地，細長尖銳的雜草不停掃過我的腳踝，然後撞見一棟小房子，院子裡有一座小游泳池。一名年紀與我母親差不多大的肥胖女性仰躺浮在水面，正享受著六月和煦的天氣。

「你得打電話給我的姥姥！」我對她尖叫。「請救救我。我媽打算殺了我！」我驚恐地四處張望，就怕媽突然出現，那名女性則跌跌撞撞地從池內爬出來。我們一起進屋，我打電話給姥姥不停重複這名女性家的住址。「拜託動作快，」我告訴她，「媽就要找到我了。」

媽確實找到我了，一定是因為看到我離開高速公路往哪個方向跑。她用力拍門，命令我出去，我拜託屋主不要開門，所以她把門鎖上，還告訴我媽要是試圖進來，她的兩隻狗不會放過她（但其實那兩隻狗的體型沒比家貓大多少）。但媽最後還是把門撬壞，一把抓住我往外拖，我一邊尖叫一邊想要抓住手邊碰得到的所有東西——紗門、樓梯欄杆、地上的草。那女人就站在一旁看，卻什麼都沒做，我恨死她了，不過其實她早有作為，就在我打電話給姥姥之後直到媽抵達前的幾分鐘，她撥了９１１。所以就在媽試圖把我拖進車內時，兩台警車在一旁停下，警察下車後替媽戴上手銬。她當然沒有乖乖就範，警察花了好一番功夫才把她壓制進車內。然後警車開走，媽也消失了。

另一名警察把我安置到第二台警車後座。我從未感到如此淒涼無助，只能眼睜睜看著那名警察訊問還穿著溼答答泳衣的屋主，她的兩側守著那兩隻迷你的看門狗。我無法從內側打開警車門，也不知道姥姥來了之後會發生什麼事，只能逕自胡思亂想。接著車門打開，琳西爬進來把我緊抱到幾乎無法呼吸。我們一起坐在那裡，一句話也沒說，只是坐在那彼此緊擁到幾乎快要死掉，才感覺一切似乎終於平息下來。

我們下車，姥姥和姥爺抱住我，問我感覺如何。姥姥把我轉了一圈，確認我沒事，姥爺則跑去和另一名警員詢問哪裡可以找到他那位被拘禁起來的女兒。琳西始終不讓我離開她的視線範圍。那是我人生中最可怕的一天。但最痛苦的部分總算過去了。

回家後，大家都說不出話來。姥姥沉默不語，但全身散發著駭人的憤怒情緒，我希望她能在媽出獄回家前冷靜下來。我累得只想躺在沙發上看電視，琳西上樓打算小睡一下。姥爺打算出門拿我們在溫蒂漢堡預訂的餐點，但才走到一半，突然站定在沙發旁俯瞰我，此時姥姥已經離開客廳，姥爺把手放上我的額頭後開始啜泣。我根本不敢抬頭看他的臉。我從沒聽過他哭，也沒看過他哭，姥爺太強悍了，我甚至想像他在嬰兒時期也不會哭。他就這麼哭了一陣子，然後兩人聽見姥姥走向客廳的聲音，他立刻收拾情緒，擦擦眼睛後離開。我們誰都沒再提起那時候的事。

媽被以家暴輕罪起訴，但獲保釋出獄。這場審判的結果完全取決於我，不過在被提訊時，當我被問起是否受到母親威脅時，我說沒有。原因很簡單：我的外祖父母花大錢委聘了鎮上最有權勢的律師代表母親。是的，他們很氣我母親，但也不希望她去坐牢。那名律師並沒有明白鼓勵我說謊，但表示我的證詞足以決定是否會延長母親在獄中的時間。「你不希望你媽去坐牢？對吧？」他既然這麼問，我也只能說謊，但清楚表示即便母親將重獲自由，我還是希望能隨時去外祖父母家住。媽仍擁有我的法定監護權，但從那天開始，只有我願意時才會去跟她住。姥姥也告訴媽，要是她對這項安排不滿意，可以去跟她的槍管討論。這就是我們鄉巴佬實踐正義的方法，結果確實也沒讓我失望。

我還記得坐在那間吵雜的法庭內，身邊還有另外大約六個家庭，心想他們真的和我家好像。所有母親、父親和祖父母都不像律師和法官一樣穿著正式西裝，穿的都是運動褲或排汗褲搭配T恤。大家的頭髮都有點毛燥。那也是我第一次注意到有所謂的「電視口音」，也就是新聞主播使用的那種中性口音，無論社工、法官還是律師使用的都是電視口音，但我們其他人不是。運作法庭的那群人跟我們完全不同，等待那群人審判的傢伙則和我們相同。

身分認同的運作方式很奇妙，當時我不明白為何會對這群陌生人感到親切，幾個月後跑去加州一趟卻理解了。吉米舅舅邀請琳西和我坐飛機去加州的納帕（Napa），自從確定這趟行程後，我就把那年夏天要去加州的事告訴身邊每個人——而且那還是我第一次坐飛機。大家的第一反應幾乎都是：你舅舅有錢為兩個人買前往加州的機票嗎？而且你們還不是他的孩子。那也是我年輕時首次有了階級意識：我的朋友在意的都是機票價錢。

就我而言，能去西岸拜訪吉米舅舅實在是件令人無比開心的事。我向來把吉米舅舅當偶像，就跟我崇拜布蘭頓姥姥家的那些舅公一樣。雖然飛機一大早就起飛，從辛辛那提到舊金山的全程六小時我都沒闔眼。一切都太令人興奮了：地面上的人事物因為飛機起飛而縮小、近距離觀賞雲朵、天空無比寬廣，以及從平流層俯瞰山巒的樣貌。空服員注意到我，於是在飛機抵達科羅拉多州時，我已經參觀駕駛艙好幾次了（當時還沒發生九一一事件），飛機駕駛還為我上了堂飛行課，並向我報告飛行進度。

但這場冒險才剛剛揭開序幕。我以前也去過別州旅遊：我曾坐外祖父母的車一起去南卡羅萊納州和德州，也常回肯塔基州。不過當時我幾乎只跟家人互動，很少注意到外在環境有什麼不同。納帕對我來說簡直像另一個國家。在加州的那段時光，每天都是一場和表親及朋友共同展開的冒險。某次我們一起去舊金山的卡斯楚區玩，根據我表姐瑞秋的說法，這讓我了解同志朋友並不是一看到就想猥褻我。某天我們去參觀釀酒廠。某天我們去表弟奈特的高中足球練習現場幫忙。一切都令我大開眼界。所有聽到我說話的人都覺得我來自肯塔基州，是沒錯啦，我也算是來自肯塔基州。大家覺得我口音很奇妙，但我覺得很好玩。簡單來說，加州對我來說是個全然陌生的地方。我去了匹茲堡、克里夫蘭、哥倫布和萊辛頓。其實我之前也花了很多時間待在俄亥俄州以外的南卡羅萊納州、肯塔基州、田納西州，甚至還有阿肯色州。所以加州到底有什麼不同？

我後來知道，原因其實就是把姥姥及姥爺從肯塔基州東部帶到俄亥俄州的那條鄉巴佬公路。我之前去的那些地方雖然地理位置與俄亥俄州不同，而且經濟型態也分屬南方經濟與中西部經濟，但人們的行為舉止卻跟我的家人類似。我們吃同樣的食物、看同樣的運動節目，也信仰同樣的宗教。正因為如此，我才覺得在法庭遇到的那些人有親切感：他們或多或少都是鄉巴佬移民，就跟我一樣。

第六章

我的父親們

每次只要聽見她對任何一位男友吼叫，或者因為分手而陷入無比的痛苦，我都會內疚地覺得她是因為我才得經歷這一切。

我所痛恨的問題之一，就是大人會問我是否有兄弟姐妹。當你還是個孩子時，你不能只是揮揮手然後說「事情很複雜」就算了。除非你又是個特別厲害的反社會分子，欺瞞只會帶來更多麻煩。所以每次我只能行禮如儀地回答，仔細向對方解釋我家中複雜的親屬組成。我有一個同父異母的弟弟和一個同父異母的妹妹，但從沒見過面，因為生父決定把我送人領養。我還有很多繼兄弟姐妹，但如果只算母親的現任丈夫，目前就是兩個。另外還有我生父的妻子，她之前就至少生了一個孩子，所以我想那也算是一個繼兄。有時我會在腦中仔細琢磨「手足」這個詞彙的哲學意涵：你媽的前夫的孩子仍然跟你有關係嗎？如果有的話，那你媽前夫之後才生的孩子呢？如果廣義來算，我大概有十幾個繼兄弟姐妹。

不過百分之百符合手足定義的只有一人：我的姐姐琳西。如果要在介紹她的時候加上形容詞，那一定都是最頂級的形容詞：「我百分之百的姐姐琳西」、「我最棒的姐姐琳西」又或者「我最可靠的大姐琳西」。在認識的人當中，琳西始終是最令我引以自豪的人。當我發現琳西是我同母異父的「半姐」，真是我人生中最崩潰的時刻之一。然而「半姐」這個詞只與我們的基因組成有關，但完全無法定義我們之間的情感。姥姥是在某次我睡前興奮淋浴時隨口說出這個事實，我立刻開始狂哭又大聲尖叫，彷彿愛犬死了一樣，直到姥姥保證之後絕不會再有人說琳西是我的「半姐」，我才終於冷靜下來。

琳西・雷依比我大五歲，在媽高中畢業兩個月後就出生了。我非常崇拜她，首先是因為大部分人通常都會崇拜自己的大姐或大哥，另外也因為我們生活情況特殊。她為了保護我而展現出的英雌氣概堪稱傳奇。某次琳西和我為了一個椒鹽蝴蝶餅吵起來，媽於是決定把我丟在一個沒人的停車場，就為了讓琳西明白沒有我的生活會是怎樣，後來是靠我姐姐又哭又吼才逼得媽立刻把車開回來。每次只要媽跟帶回來的男人之間又爆發爭執，都是琳西躲進臥房打求救電話給姥姥和姥爺。她會在我肚子餓的時候準備食物給我，在沒人理我時替我換尿布，而且到哪裡都拖著我一起去——姥姥和小阿姨告訴我，當時我的體重可幾乎跟她不相上下呢。

我眼中的她不像孩子，反而更像個成年人。就算在青少女時期跟男友吵架，她也不會負氣離開或摔門。只要媽因為工作或其他原因晚歸，琳西總會確保我們有晚餐可吃。我老是惹她心煩，就跟所有小弟總會惹姐姐心煩一樣，但她絕對不會因此對我大吼、尖叫或做出任何讓我畏懼的事。之前我曾為了某件事跟她扭打，最後把她壓制在地上，當時我大約十、十一歲吧，代表她大約十五歲，雖然明白自己的力氣早已大過她，但在我心底她就是我的姐姐。她什麼都不怕，確實是「家中真正的大人」，姥爺曾這麼說。她也是保護我安全的第一道防線，就連姥姥都只能算是第二道防線。她會在必要時做晚餐，在沒人洗衣服時一肩扛起，還拯救了坐在警車後座的我。我實在太依賴她，完全沒意識到她只是個還不能學開車的年輕女孩，就已經開始學習如何保衛自己和弟弟。

不過就在大家決定支持琳西追夢的那天，一切都變了。琳西一直是個漂亮女孩，每次和朋友為世界美女排名時，我總是把琳西排在第一名，後面緊接著女星黛咪・摩爾和潘蜜拉・安德森。琳西聽說在一間戴頓的旅館有模特兒試鏡會，所以媽、姥姥、琳西和我擠進姥姥的別克轎車一路往北。琳西在路上就已經興奮得不得了，我也差不多。這可是她的大好機會，廣義來說，也是我們一家人的大好機會。

等我們抵達旅館後，一名女子要我們跟隨指示到大型舞廳中排隊。那間舞廳非常俗麗，標準的七〇年代風格：髒地毯、巨型水晶吊燈，燈光只夠讓你不至於踩到自己的腳絆倒而已。就算來的經紀人多有識人之明，在這種燈光之下真的能看出我姐有多美嗎？我實在懷疑。實在是天殺的太暗了。

終於我們排到隊伍最前端，演藝經紀人似乎非常看好我姐。他說了一些稱讚長相可愛的話，然後請她到另一個房間內稍候。令人驚訝的是，他也說我適合做模特兒，問我要不要跟著我姐去聽下一個階段的說明。我立刻興致勃勃地表示樂意。

過了一會兒，琳西、我和其他被選中的人知道我們晉級了下一階段，但接下來的試煉舞台在紐約。經紀人給了我們提供進一步資訊的說明手冊，並表示我們必須在接下來幾週內確定是否參加。琳西和我在回家的路上都很興奮。我們要去紐約了！我們要成為知名模特兒了！

前往紐約需要一筆不小的費用，如果對方不是非要我們去做模特兒不可，當然也不太可能支付我們試鏡所需的費用。事後回想，他們的面試過程其實很草率，幾乎只跟每個人交談幾句話就結束了，因此整場活動其實是詐騙的機率很高。但我哪知道？畢竟我也不是研究試鏡流程的專家。

可以確定的是，我們的喜悅之情在開車回家前就已消失殆盡。媽在車上大聲抱怨費用太高，琳西和我因此開始爭論應該選誰去紐約（其實我就是在無理取鬧），媽被我們鬧得愈來愈氣，最後終於大發雷霆。接下來的場景一如往常：有人開車、有人尖叫、有人彼此互毆，接著我們把車停在某段路邊，車上滿是兩個孩子的啜泣聲。姥姥在情況徹底失控前插手介入，但我們沒有因此撞車身亡還真是奇蹟，畢竟媽一邊開車一邊對坐在後座的我們搧巴掌，坐在副駕駛座的姥姥也同時對著媽毆打尖叫。所以最後我們才不得不停車。媽確實很擅長一心多用，但這種一心多用的方式也太過頭了。最後姥姥跟媽說，要是她繼續抓狂，就要朝她的臉開槍，我們才終於在一片靜默中安全返家。那天晚上我們住在姥姥家。

琳西一回家就大步走上樓。我永遠無法忘記她當時的表情。那是一種在幾分鐘內體驗了極端快樂與痛苦的失落表情。她幾乎可以實現自己的兒時夢想，但現在只是一個尋常的心碎少女。姥姥窩到沙發上一邊看《法網遊龍》（*Law and Order*）一邊讀《聖經》，最後終於陷入夢鄉。我站在分隔客廳與餐廳的狹窄走廊望著姥姥，然後問了她一個問題，打從她要求媽把我們安全送回家開始，這個問題就掛在我心上。我知道她會怎麼回答，但就是求個安心吧。「姥姥，上帝愛我們嗎？」她低垂著頭走過來抱我，然後哭了起來。

這個問題之所以讓姥姥傷心，是因為基督信仰始終是我們的生活重心，對她而言更是重要。我們從來不上教堂，只有剛好在肯塔基州遇上某些重要日子時才會去，又或者是媽突然覺得我們需要「來點宗教」。不過姥姥的信仰非常有自己的特色（而且非常詭異），只要提到「組織性宗教」她就一臉不屑，而且把教堂視為滋養變態與洗錢的溫床。她更痛恨那些「我大聲我驕傲」的忠實信徒，一天到晚宣傳自己有多麼虔誠，就深怕別人不知道。不過她還是會捐錢給肯塔基州傑克遜小鎮的教堂，尤其是唐納．依松（Donald Ison）牧師的教堂，他跟電影《大法師》（*The Exorcist*）裡的牧師簡直一模一樣。

姥姥認為上帝始終與我們同在，時機好時與我們一同歡慶，時機壞時帶給我們安慰。曾有次我們回肯塔基州時，姥姥在停車加油後試圖開上高速道路，卻沒有注意指標，於是直接逆向開上一條單行道，迎面而來的摩托車只得全部怒氣沖沖地繞開我們。我嚇得不停尖叫，不過在三線道的州際公路上迴轉之後，姥姥對剛剛的事情只發表了如下評論：「別大驚小怪，天殺的，你難道不知道耶穌在車裡陪伴我嗎？」

她所提供的神學理論非常粗糙，但卻是餵養我心靈必要的訊息。比如閒散度日等於荒廢上帝賜予我的才華，所以我得努力讀書。我得好好照顧家人因為那是基督徒的義務。我也得學會原諒，不只為了我母親，也為了自己。我也永遠不該感到絕望，因為上帝總有計畫。

姥姥常跟我說一個寓言故事：一個男人坐在家裡，外頭颳起暴風雨，房內沒幾個小時就開始淹水，此時有人前來表示願意載他到高地避難。男人拒絕了，只表示「上帝會看顧我。」幾小時之後，水已經淹沒了一樓，此時有艘船經過，船長說要載男人到安全的地方。男人拒絕了，說「上帝會看顧我。」又過了幾小時，男人坐在屋頂等待——他的房子已經被完全淹沒了——有架直升機飛過，駕駛想要把他載去沒有淹水的地方。男人又拒絕了，說上帝會看顧他。過沒多久，男人就被水淹沒了。到天堂見到上帝時，他對於自己的命運表達抗議：「你說只要我保持虔誠的心就會幫助我。」上帝回答：「我已經派了一台車、一艘船和一架直升機給你，是你自己害死自己。」神助自助者。這就是「姥姥福音書」的大智慧。

基督教所描述的墮落世界正如同我生活中的一切：一趟快樂的車程可能瞬間變得悲慘無

比，一個人做錯事可能會波及一整個家庭或社區。當我問姥姥上帝是否愛我們，我希望確知的是宗教仍然足以安頓我所生活的世界。我需要確知世上真的是善有善報、惡有惡報，在一切的心痛與混亂之下，仍存在某些穩固不變的節奏與韻律。

＊　＊　＊

琳西的模特兒夢破滅沒多久之後，我就和姥姥一起回傑克遜，在那年的八月二日和表姨蓋兒一起歡慶我的十一歲生日。那天接近傍晚時，因為始終沒聽到鮑勃的消息，姥姥建議我打電話給他——鮑勃仍是我的法定父親。他在我們搬回中央鎮時就已經跟母親離婚，我們很少聯絡也算是意料中的事，但生日畢竟是個特別的日子，沒打來實在有點奇怪，所以我撥了電話，卻被轉到答錄機。幾小時後我又打了一次，結果一樣，我立刻知道此後再也不會見到他了。

或許是覺得我可憐，又或許知道我愛狗，蓋兒帶我去了鎮上的寵物店，裡頭正展示一批德國牧羊犬的幼犬。我好想要一隻，因為生日拿到的禮金又剛好夠支付，但蓋兒提醒我，照顧狗很累人，而且我的家人（其實就是我媽）曾有過養了狗又送走的糟糕紀錄。當善意的建議沒用之後——「我想你說得沒錯，蓋兒，但牠們真的好可愛呀！」——她便轉而訴諸權威：「親愛的，抱歉，我不能讓你買狗。」因此等我回到布蘭頓姥姥家之後，比起失去二號爸爸，我更難過的是沒買到狗。

鮑勃的離去無法避免地影響了我原本的生活秩序，但相對而言，我對於他的消失並沒有那麼在意。他不過是我那一大堆沒能確定中選的家長候選人之一。之前還有史帝夫，那名口氣與脾氣都溫和的男子。我曾暗自希望媽跟史帝夫結婚，因為他人很好，也有份好工作，但兩人最後還是分手了。之後是奇普，他是當地的警察，本身也算是位鄉巴佬：他熱愛便宜啤酒、鄉村音樂以及釣鯰魚。我們相處得不錯，但最後他也離開了。

真要說其中最麻煩的部分，應該是鮑勃的離去使我們家族的姓氏變得更為複雜。琳西姓雷依，那是她生父的姓氏，媽則是每跟一個男人結婚就換一個姓氏。姥姥跟姥爺的姓氏是凡斯，但姥姥的所有兄弟都姓布蘭頓。沒有任何一個我關愛的人跟我同樣名字（這已經夠讓我困擾了），現在鮑勃又離開我的生活，每次解釋我為何名叫J・D・漢默又成為一件格外尷尬的事。「沒錯，我法定父親的姓氏是漢默，你之所以沒見過他，是因為我跟他也很久沒見面了。不，我不知道我們為何失去聯絡。」

如果要說我童年時最痛恨什麼，大概就是這些如同經過旋轉門不停走入我生命中的父親角色。公平地說，我媽確實盡量不找有暴力傾向的伴侶，我也從未被她帶回家的男人惡意對待，但確實痛恨生活秩序不停被打亂的感覺。每次我才剛開始喜歡她的男友，他們通常就又要離開了。琳西因為年紀比較大，已經懂得有所保留地面對這些男人，也知道他們總有一天要離開。我卻直到鮑勃離開後才學會這件事。

媽之所以讓這些男人帶入我們的生命，是為了做正確的事。她常半是自言自語地說不知道奇普、鮑勃，或史帝夫到底有沒有擔任「好爸爸的角色」？她也會說，「他帶你去釣魚，這樣很好」或者「從一個跟你年紀比較近的人身上學習男子氣概很重要。」因此，每次只要聽見她對任何一位男友吼叫，或者因為分手而陷入無比的痛苦，我都會內疚地覺得她是因為我才得經歷這一切。對我而言，姥爺就足以擔起父親這個角色了，所以每次她分手，我都會向她保證我們一定會沒事，我們可以一起克服困難，而且（正如姥姥所說）我們根本不需要什麼天殺的男人。但我也知道媽也不是全然無私的人，她跟我們一樣都渴望愛情、渴望陪伴，但確實也在乎我們的需求。

不過通往地獄的道路通常是由善意鋪就而來。經歷過這麼多落選的父親候選人之後，我們始終沒學會男人正確對待女人的方式。奇普確實教了我如何綁魚餌，但除此之外，我還是不知道身為男人是怎麼一回事，只知道他總是喝啤酒，並在女人對他吼叫時也吼回去。最後我學到千萬不要依賴任何人。「我學到的教訓是，男人總是能夠瞬間消失，」琳西某次這麼說，「他們根本不在乎自己的孩子，也不養家，只會一天到晚搞消失。要趕他們走簡直輕而易舉。」

媽似乎意識到鮑勃後悔成為我的法定父親。於是某一天，她把我叫進客廳，要我跟電話另一頭的生父唐恩．包曼說話。那段對話很短，但我的印象很深。他問我是否還記得想要一座有馬、乳牛和雞的農場，我說記得。他也問我是否記得我的弟弟和妹妹——柯瑞和雀爾西——我大概有點印象，所以回答「算是記得。」然後他問我想不想再跟他見一面。

我其實對生父所知有限，也很少想起鮑勃成為我法定父親之前的生活。我知道唐恩之所以把我送人領養，是因為不想付撫養費（至少媽是這樣說的）。我知道他跟一位名叫雪柔的女性結婚，知道他很高，也知道大家覺得我跟他長得很像。我也知道姥姥稱他為「狂熱信徒」，她總是用這個詞描述那些有魅力的基督徒，據她宣稱，這種人「會在教堂弄蛇*並鬼呼神嚎。」這項怪異特質足以讓我想見他一面了。而且我幾乎沒受過正式的宗教訓練，真的很想看看真正的教堂是怎麼一回事。我問媽是否能見他，她沒意見，所以就在法定父親離開我生命的那個夏天，我的生父又走了回來。媽繞了一圈後回到原點：為了替我找父親，她經歷了好幾個男人，但最後選定了最初的候選人。

出乎預料的是，唐恩・包曼跟媽的家人有很多共通點。他的父親（也就是我的祖父）唐恩・C・包曼也是為了工作從肯塔基州東部遷徙到俄亥俄州西南部的移民。他在此地成家立業，但才剛結婚就猝死，在身後留下一名年輕的妻子和兩個小孩。我的祖母後來再婚，而爸的童年幾乎都在肯塔基州的東部與他的祖父母一起度過。

跟其他人比起來，爸其實更了解肯塔基州對我代表的意義，因為他經歷了跟我一樣的事。他母親很早就再婚，雖然第二任丈夫是個好人，但個性死硬，而且畢竟是個外人——就算擁有再好的繼父母，你也需要時間適應。不過在肯塔基州，身邊都是同類人，空間又寬廣，爸可以做自己。我也一樣。我的生命中有兩種人，在第一種人面前，我的表現都是為了讓他們驕傲。在第二種人面前，我的行為舉止只求不至於出醜。後者就是所謂的外人，而在肯塔基州完全沒有這種人。

爸的計畫就是想盡辦法重建他在肯塔基州的生活。我第一次去拜訪時，他住在一棟位於優美土地上的簡樸屋內。那片土地有十四英畝，上面有座滿是魚的中型湖泊，另外還有幾片

* 譯註：大約二十世紀初開始，美國阿帕拉契山區有些偏鄉的基督教會會以玩弄毒蛇來凸顯信徒對上帝的信心。反對弄蛇的基督教人士指出，《聖經》表明人不可試探上帝，藉由玩弄毒蛇來證明自己受上帝庇佑的行為並不可取。

養了乳牛和馬的牧場、一座馬廄和一間雞舍。每天早晨孩子都會衝去雞舍為早餐撿上一籃雞蛋，通常是七、八顆左右，對於五口之家來說剛剛好。白天我們就在農場內帶著一隻狗到處玩耍、抓青蛙、追兔子。這些都是爸童年時做的事，也是我在肯塔基跟姥姥一起進行的活動。

我還記得和爸那隻渾身爛泥巴的柯利犬丹尼一起在農場上奔跑，牠個性溫和，某次抓到隻小兔子還毫髮無傷地叼來給人類檢視。我其實也不知道自己為何要跑，但兩人最後都累得癱倒在草地上，丹尼把頭靠在我的胸口，我則凝視著蔚藍的天空，完全想不起之前是否曾有過如此無憂無慮又滿足的感受。

爸建立的是一個平和到幾乎刺眼的家庭。他和妻子會吵架，但很少對彼此大小聲，也從不像我家常出現那種汙辱人的咒罵。他們的朋友都不喝酒，就連在社交場合也不喝。雖然他們仍會體罰小孩，但從不做過頭，執行時也不會伴隨言語羞辱——就連打屁股也有其方法，而且不帶怒氣。儘管缺乏流行音樂及限制級電影陪伴，我的弟弟和妹妹顯然很享受這種生活。

我對和媽結婚時的父親所知有限，而且大多是二手資訊。無論姥姥、琳西或媽提供的故事都大同小異，總之都說爸是個惡毒的人。他總是對媽大吼，偶爾還會動手。琳西就曾跟我說，我之所以有一個大得異常又形狀奇怪的頭，就是因為爸曾在媽懷我時用力推了她一把。

但爸否認曾對任何人動過手，包括媽。我猜他們應該曾對彼此動手，就跟媽和其他男人一樣，反正就是偶爾推推彼此、偶爾丟丟盤子，但僅止於此。我所確定知道的是，在結束了跟媽的婚姻之後，爸努力成為了一個更好的人，之前才跟雪柔結婚——當時我四歲。他覺得主因是自己更深入認識了宗教，並親身體現了許多社會科學家研究數十年後發現的現象：有信仰的人過得比較快樂。定期上教堂的人比較不會犯罪、更健康、更長壽、賺更多錢、比較不會從高中輟學，完成大學學業的比例也比較高。[16]麻省理工學院的經濟學家強納森・古魯伯（Jonathan Gruber）甚至發現這之間有確切的**因果關係**：並不是那些生活順利的人剛好會上教堂，而是有上教堂的人似乎更能養成良好的生活習慣。

爸所奉行的是一種根源自南方的宗教習慣，也就是文化方面保守的清教徒典型，雖然這個典型並不完全符合現實。雖然我老家的人都以虔誠信仰聞名，但比起我爸，他們更像姥姥：非常虔誠，但並未實際參與任何宗教社群。確實，在我認識的人當中，會固定上教堂的清教徒只有我爸和他的家人。[17]在美國南方所謂的「聖經地帶」（Bible Belt），真正積極上教堂的人其實並不多。[18]

與一般刻板印象相反，大阿帕拉契山區——尤其是阿拉巴馬州北部、喬治亞州直到俄亥俄州南部的區域——會上教堂的人其實比中西部、西部山區以及密西根州與蒙大拿州之間的人還要少。在一項最近的蓋洛普民調中，美國的南方人與中西部人上教堂的比例最高。但事實上南方的人數卻更低。

這些人之所以謊報，是源於文化壓力。在我出生的俄亥俄州南部，辛辛那提和戴頓這樣的大都會區其實很少有人上教堂，比例大概跟極度自由開放的舊金山差不多。就我所知，舊金山人從不會恥於承認自己很少上教堂（甚至有人會覺得承認自己常上教堂比較丟臉），俄亥俄州的情況卻是極端的相反。就連我小時候也會在別人問我是否有上教堂時說謊。根據蓋洛普的數據，我不是唯一覺得必須說謊的人。

這樣的衝突對比非常驚人：宗教機構仍然是維持人們穩定生活的正向力量，但在美國這個區域，明明製造業正在衰敗、失業和濫用藥物的問題嚴重、家庭制度搖搖欲墜，上教堂的人數卻大幅下降。爸的教堂就提供了我這種人急需的服務。對於酒鬼而言，教堂能給予他們不是孤身對抗酒癮的情感支持。對於孕婦而言，這裡提供免費住所、職業訓練，以及親職課程。如果有人需要工作，他們在教堂交的朋友可以直接提供機會或幫忙介紹。當爸面臨財務困難時，他們一起集資為他的家庭買了台二手車。在我觸目所及的破落世界中，人們為了生活奮力掙扎，而宗教確實能幫助有信仰的人走上生活正軌。

我很早就知道爸的信仰是他放棄我的主因之一，我們也因此長期失聯，但他的信仰對我仍然很有吸引力。雖然跟他相處很愉快，但被送養的痛苦仍在。我們常談到當初發生這件事的原因，我終於首次聽到他的說法：他之所以把我送人領養完全不是為了規避撫養費，事實上，他完全沒有把我如同姥姥與媽所說的「拱手讓人」，反而雇用了許多律師，在合理範圍內想方設法要把我留在身邊。

他擔心這場監護權大戰會毀掉我。在他把我送人領養之前，某次他來拜訪，我躲在床下完全不想見他，就怕他綁架我之後永遠見不到姥姥。看到兒子嚇成這樣，爸開始重新考慮他的策略。姥姥恨他，這點我已有親身的體驗，但爸說姥姥主要是恨他和媽結婚初期的狀態，當時他確實完全不是名好丈夫。有時候他來接我，姥姥會直接站在門口瞪他，眼睛眨也不眨，手上還暗暗緊抓著某項武器。他從法庭心理師那裡得知，我在學校開始出現脫序行為，情緒也開始出問題。（這點絕對是真的。我才進幼稚園沒幾個禮拜就被帶回家，過了一年才又入學。二十年後，我遇到當年容忍我在幼稚園發作的老師，她當時才剛入行，才教了三個禮拜，就差點因為我太調皮而想放棄當老師。事情都過了二十年，她卻還記得如此清楚，可見我當時的表現有多誇張。）

爸告訴我，如果把我送養符合我的最佳利益，他希望上帝給他三個徵兆。顯然徵兆也都出現了，我於是成為鮑勃的法定兒子，當時我認識他才不到一年。我並不質疑他的說法，但即便知道那是個困難的決定，我還是不太能接受他把決定權交給上帝。

不過這不是什麼大困擾，畢竟得知他對我的關心確實減輕了不少童年創傷。總體而言，我愛爸，也愛他的教堂。我不確定自己是否真的喜歡這種信仰方式，又或者只是想參與他生命中的重要活動——兩者皆有吧，我想——總之我成為了一名虔誠的信徒。我開始猛讀有關「年輕地球創造論」的書籍，也會到網路聊天室找科學家挑戰他們的進化論論點。我聽說了千禧年預言，而且深信世界會在二〇〇七年毀滅。我甚至還因此把《黑色安息日》的CD全部丟掉。這些都是爸的教堂鼓勵的行為，因為他們質疑所有世俗科學知識與世俗音樂的道德精神。

雖然沒有法律關係，但我開始花很多時間與爸相處，不但幾乎所有假日都去找他，還會隔週在他家過夜。能夠重新見到多年不見的叔叔、嬸嬸和堂兄弟姐妹令我開心，但生活中的兩個世界仍沒有交集。爸會避而不見媽這邊的家人，反之亦然。琳西和姥姥樂見爸在我生命中重新扮演不同的角色，但仍無法信任他。對姥姥而言，爸不過就是在緊要關頭決定放棄我的「捐精人」。我也憎恨爸的過去，但姥姥這麼固執實在對現況沒有幫助。

總之，我仍努力維繫與爸之間的關係，和教會的關係也愈形親密。不過他的神學系統有一項缺點，就是容易讓人進入與世隔絕的狀態。我在爸的家裡不能聽艾瑞克．克萊普頓（Eric Clapton）的歌，倒不是因為歌詞內容有什麼不妥當，而是因為這位歌手本人受到惡魔勢力影響。我曾聽別人開玩笑地說，如果你把齊柏林飛船（Led Zeppelin）的〈通往天堂的階梯〉（Stairway to Heaven）倒著聽，就會聽見某種邪惡的誦唸聲。在爸的教堂內，會有人當真地在談論這件事。

這些都是過於怪誕的奇想，但一開始，我只當作那些規則過於嚴格，純粹是自己還不懂遵從或無法理解。不過我是個好奇的孩子，愈是深入浸淫於福音神學，就愈懷疑社會中不同面向的思想。你不會想去理解進化論與宇宙大爆炸理論，因為它們是必須對抗的邪說。許多佈道內容根本把大部分時間花在批評其他基督徒。神學戰場上所有人壁壘分明，只要你們不站在同一邊，就不單單只是對《聖經》詮釋錯誤這麼簡單，還會被視為不配作基督徒的人。我向來非常崇拜我的小姨丈丹恩，但當他提及自己信仰的天主教接受進化論時，我對他的崇敬之情立刻開始動搖。我的新信仰要求我提防異教徒，所以只要有好朋友對《聖經》的理解與我不一樣，我立刻會將他們列為拒絕往來戶。就連我對姥姥的情感也開始打折，因為她的信仰竟然無法阻止她喜歡比爾．柯林頓！

當時的我是個青少年，生平第一次認真思考自己的信仰及信仰背後的原因，但已痛苦地意識到，身為「正統基督徒」會受到由四面八方而來的攻擊。我聽說有所謂的「對聖誕節宣戰」活動，根據我的理解，是由「美國公民自由聯盟」（American Civil Liberties Union，簡稱ACLU）控告某些小鎮擺設象徵耶穌誕生的道具。有一本由大衛・林柏（David Limbaugh）寫的《迫害》（*Persecution*）描述了基督徒受到各種歧視的現象。網路上到處都有人談到紐約的藝術裝置：耶穌或聖母瑪利亞全身被噴滿屎。於是人生中第一次，我覺得自己是受迫害的弱勢。

這些關於基督徒的言論完全不具基督徒精神：世俗資訊洗腦年輕人、藝術裝置汙辱我們的信仰、菁英迫害讓世界成為一個恐怖、陌生的國度。就拿同性戀權利這個在保守新教徒中十分熱門的話題來談好了。我永遠無法忘記，在大概八、九歲（或者年紀更小）時，我曾深信自己是同性戀，當時偶然聽見廣播上有名滿嘴都是地獄之火的牧師，他說同性戀很邪惡，他們滲透了整個社會，如果不認真悔罪注定要下地獄。當時我對男同性戀的了解很少，只知道比起女人，他們更喜歡男人。而我的情況完全符合以上描述：我討厭女生，而且我最喜歡的朋友是好兄弟比爾。**噢不，我要下地獄了**。

我找姥姥談這件事，首先坦承自己是男同性戀，還說擔心自己會下地獄。「別傻了你這白癡，你怎麼知道自己是男同志？」我解釋了自己推論的方式，姥姥一邊笑一邊想該怎麼跟我這個年紀的孩子解釋，最後她終於問我，「JD你會想吸他老二嗎？」我嚇呆了，怎麼會有人想做這種事？她又問了一次，我只好回答：「當然不想！」她於是說：「那你不是男同志。不過就算你想吸老二，那也沒關係，上帝仍會愛你。」這件事就這麼過去了。顯然我不用再擔心身為男同性戀的問題了。現在我年紀稍長，更了解那份情懷之寬厚：姥姥雖然不熟悉同性戀文化，但卻完全不覺得受威脅。基督徒有更多其他事得擔心。

但另一方面，在我上的新教堂內，我卻老是聽見「同志遊說團體」或「對聖誕節宣戰」之類的事，反而很少聽他們談論培養身為基督徒該擁有的美德。我在想起姥姥談同志的回憶時，其實將其認定為一種世俗思維，而非基督徒展現的愛。我所學到的基督徒的道德觀反而呈現在消極反對他們不接受的主張，譬如同性戀議題、進化論、柯林頓的自由主義，或者婚外性行為。就這點而言，爸的教會太不需要額外要求我改變些什麼，當一名基督徒似乎不太難。唯一我從教會得到的正面訊息是不要背著妻子偷情，也不要害怕傳福音給他人。所以我計畫一輩子奉行單偶制，並且努力說服別人信仰基督教，其中包括我身為穆斯林的七年級自然老師。

整個世界都因為道德淪喪而崩毀，都在重蹈蛾摩拉城*的覆轍。「末日審判」即將到來了吧，我們想。每週佈道中談的都是末日景象以及末日預言小說《末日迷蹤》（*Left Behind*）。（史上最暢銷的系列小說之一，我讀得津津有味。）我們會討論「反基督」出現了沒？如果出現了，又可能是哪一位世界級領袖？有人跟我說，如果基督沒有在我達到適婚年齡時再臨，他覺得我應該會跟一個很美的女孩結婚。這個文化朝深淵墮落得這麼快，迎接末日也是自然結果。

有許多研究提出福音教會很難留住信眾，並將教會沒落的矛頭指向這類神學。[19]我小時候並不認同這種觀點，也沒意識到正是兒時與爸一起發展出來的宗教觀，為日後我堅定背離基督教的選擇埋下了種子。當時的我只知道，雖然其中有許多缺點，但我熱愛這間教會，也熱愛介紹我走進這個世界的男人。而且事後證明，這個時機正好：因為再過幾個月，我就會迫切需要天上的父親與世間父親的幫助。

*譯註：《舊約聖經》中一個太過墮落而被上帝摧毀的城市。

第七章

最好的爸爸

「我從來沒有父親，但姥爺始終陪在我身邊，教導我所有身為男人該知道的事。」

滿十三歲的那年秋天，媽開始和比她年紀小的消防員麥特約會。我打從一開始就愛上麥特——在我母親交往過的男人中，我最喜歡他，直到今日我們還有保持聯絡。某天晚上我在家看電視，等著母親帶肯德基炸雞桶回家給我們當晚餐。那天晚上我有兩件事得做：一、確定琳西人在哪裡，以免她餓了沒東西吃；二、等媽媽一到家，立刻把食物拿去給姥姥。就在媽快回來時，我接到姥姥的電話，「你媽在哪裡？」

「不知道。怎麼了嗎？姥姥？」

我永遠記得她當時的答案，沒有任何其他話語能如此深刻地留在我腦中。她很擔心，甚至有些害怕，向來藏得很好的鄉巴佬口音不停冒出來。「**沒人知道你姥爺去哪裡了。**」我說只要媽一到家我就通知她，我猜應該快了。

我想姥姥應該只是反應過度，但又想到姥爺向來是個作息非常固定的人。他每天早上六點起床，而且不用靠鬧鐘，接著七點開車到麥當勞，和他在阿姆科的老同事喝杯咖啡。聊了幾個小時後，他會緩步走到姥姥家，一整個早上都在那裡看電視或玩牌。如果在晚餐前離開，他會去朋友保羅開的五金行。之後毫無例外，他一定會在姥姥家迎接我放學回家。要是我和媽的關係比較好，那天沒去姥姥那裡，他也會過來跟我道聲再見後才回自己住的地方。而今天他完全沒照這個行程走，一定是出了什麼問題。

姥姥的電話才掛掉沒幾分鐘，媽進門，我已經開始啜泣。「姥爺……姥爺，我想他已經死了。」接下來我的記憶一片模糊：我想我應該有轉達姥姥的訊息；我們開車接了她，一路加速飆到姥爺家，沒過幾分鐘就已經開上他家車道。我猛力拍打前門，媽跑去後門後大聲尖叫，接著跑回來跟姥姥說姥爺癱坐在椅子上。她撿起一塊石頭打破窗戶，爬進去，打開前門，然後立刻去查看她的父親。當時他已經死掉一天了。

媽和姥姥在等救護車來的時候無法克制地不停啜泣。我想擁抱姥姥，但她沉浸於悲痛的情緒，就連對我也沒有反應。終於她停止哭泣，把我緊抱到胸口，要我在他們把屍體帶走前去跟姥爺道別。我想要照她的話做，但跪在他身旁的醫療人員盯著我，好像還想看死屍的我很詭異。我並沒有解釋為何要回去看癱坐在那裡的姥爺。

救護車把姥爺的屍體帶走後，我們立刻開車到小阿姨家。我猜媽已經打電話跟她說過了，因為走下前門階梯的她眼眶含淚。我們輪流擁抱她，接著開車準備回姥姥家。大人把找到琳西並傳達壞消息的任務交給我，這實在是世界上最不會有人想搶的工作了。當時還沒有手機，身為青少女的十七歲琳西可不好找。她沒有接家裡電話，所有朋友也都沒有接電話。因為姥姥家跟媽家中間只隔四棟房子——地址分別是麥金利街313號跟303號——所以我遵照大人指示注意窗外是否出現姐姐回家的跡象。大人們開始討論葬禮細節，以及姥爺想被埋葬的地點，「當然是傑克遜，老天爺，」姥姥堅持。另外他們也討論該由誰打電話找吉米舅舅回來。

琳西在接近午夜時到家。我腳步沉重沿街走回我們家，打開大門，她正從樓上走下來，但在看到我因為哭了一天的紅腫臉龐時立刻僵住。「姥爺，」我脫口而出，「他死了。」琳西瞬間跌坐在樓梯上，我立刻跑上去抱住她。我們就在那兒坐了幾分鐘，因為發現生命中最重要的男人死去而哭得死去活來。琳西接著說了些什麼，我不記得確切內容，但她確實一邊哭一邊說姥爺剛替她修理了一下車子，她還占了他一些便宜。

姥爺死掉的時候，琳西還是名青少女，那段時間的孩子很複雜，一方面相信自己無所不知，但又極度在意他人的眼光。姥爺雖然有很多缺點，但絕不是個冷酷的人。他每天穿同一件舊T恤，前面的口袋剛好放得下一包菸。他身上老是有股霉味，因為每次洗完都讓衣服「自然乾」，其實就是一整堆丟在洗衣機裡不管。一輩子都抽菸的他喉嚨裡有無窮無盡的痰，而且隨時隨地樂意與任何人分享。他一天到晚聽強尼・凱許（Johnny Cash）的歌，不管去哪裡都開著那台艾爾卡米諾老爺車。簡而言之，對於一名忙於社交生活的美麗十七歲青少女而言，姥爺實在不是個好玩伴，因此，她就像所有占爸爸便宜的女兒一樣占姥爺便宜：她愛他、崇敬他，常跟他要東西，但只要忙著跟朋友玩就不太理他。

直到今天，我都覺得所謂擁有一位「家長」的意義，就是能夠「占某人便宜」。我和琳西總是害怕別人覺得被我們利用，就連吃飯我們都很難安心。我們本能地知道許多眼下依賴的大人不可能長久留在生命中。這種心態根深蒂固，因此就連姥爺死了，琳西首先想到的也是這件事。我們已經被制約到無法依賴任何人——就連身為孩子，不過是想要蹭一頓飯，或者請人開破舊轎車順路載一程，總之對我們來說都是奢侈的事，就怕一不小心用光足以當作救命符的他人好意。姥姥和姥爺用盡全力逼我們違反這項本能，雖然次數不多，我們也曾去過幾次好餐廳用餐，他們會在餐廳內嚴格審問我到底想吃什麼，直到我屈服後說，對，沒錯，我真正想吃的是牛排。然後他們會不顧我的抗議堅持點來我想吃的菜。但無論他們多堅持，沒有人能完全抹去這種恐懼。姥爺已經是最接近成功的人了，但他顯然仍未全面成功，而現在他已經死了。

姥爺是在星期二死的，我之所以記得，是因為隔天早上，媽的男友麥特開車載我去當地簡餐店為全家人買食物，而廣播上正在播送林納．史金納（Lynyrd Skynyrd）的〈週二過去了〉。「但我得想辦法走下去／週二已經隨風而逝。」那時候我才真正意識到：姥爺永遠不會再回來了。面對摯愛之人死去，大人努力做著該做的事：他們規劃葬禮，籌措葬禮費用，希望辦一場使死者不失體面的葬禮。那週四就在中央鎮，我們辦了場弔唁會供當地人前來致意，接著在週六葬禮之前，我們又在傑克遜辦了一場弔唁會。即便是死了，姥爺仍然一腳踏在俄亥俄州，另一腳踏在阿帕拉契山區的小丘陵。

所有我想看到的人都去了在傑克遜舉辦的葬禮，包括吉米舅舅和他的孩子、我們的遠親與朋友，以及所有還健在的布蘭頓家男人。此時我才突然意識到，在我生命前面大約十一年的時光，我和這些家中的「硬漢」大多是在歡樂的場合見面，例如家族聚會、節日、容許人懶散的暑假，或者是長週末。但最近這兩年，我只會在葬禮上見到他們。

姥爺的葬禮跟我參加過的其他鄉巴佬葬禮一樣，牧師邀請所有人起身為死者講幾句話。我在教會長椅上坐在吉米舅舅身旁，從頭到尾哭滿整整一小時的儀式，到了最後眼睛腫得幾乎看不清楚。不過我知道，姥爺已經走了，如果我不起身致詞一定會後悔一輩子。

我想到一段十多年前的過去，其實我自己不記得，是經由別人轉述得知。當時我大概四、五歲，坐在教堂長椅上參加曾舅公的葬禮，地點就在傑克遜的這座迪頓葬儀社內。我們剛從中央鎮開長途車下來，牧師要求我們低頭禱告時我昏睡過去了。姥姥的哥哥佩特舅公讓我側躺，頭枕在一本《聖經》上，之後也沒多想。因為睡著了，我沒目睹之後發生的事，但已經聽過數百次那段故事的不同版本。之後只要遇到同樣參加過那場葬禮的人，他們都會跟我談論我的鄉巴佬姥姥和姥爺。

葬禮結束時，我沒有跟著前來參加的群眾一起離開教堂，姥姥和姥爺立刻疑心病起。即便是在傑克遜，就跟俄亥俄州、印第安納州及加州一樣，也會有想要捅你屁眼或「吸你的命根子」的變態。姥爺立刻想出一個計畫：迪頓葬儀社只有兩個出口，而目前還沒有人把車開走，於是姥爺跑去車上拿了一把點四四的麥格農左輪手槍，還給姥姥一把點三八的史密斯威森特殊彈槍，就這樣攔在葬儀社出口檢查每輛車。如果是遇見老朋友，他們會解釋情況並尋求幫忙，但如果不是，他們會像緝毒局探員一樣搜索他們的車。

佩特舅公發現他們是車輛堵塞的原因，惱怒地要求他們解釋原因，聽了之後立刻瘋狂大笑：「他就在教堂長椅上睡著了，我帶你們去看。」等找到我之後，他們才放剩下所有人駕車離開。

我還想到姥爺曾替我買過一把上面架了準星的BB槍。他把槍架在工作凳上，用鉗子固定住後反覆向目標射擊。每射擊一次之後，我們都會校正準星，確保十字準線對齊標的物。然後他教我射擊的訣竅：我應該專注於全景而非標的物，還要在射擊前吐氣。多年後，我們的海軍陸戰營隊的射擊教官告訴我們，通常已經「知道」該怎麼射擊的孩子表現最差，因為學到的都是錯誤的基本功夫，但只有一個例外：我。我從姥爺身上學到完美的基本技巧，最後幾乎是以最高的專家等級認證通過M16突擊步槍的訓練，還是我們那一排成績最高的學員之一。

姥爺這個人粗俗到荒謬的地步。只要聽到不喜歡的建議，看到不喜歡的行為，姥爺都會直接說「狗屎啦」。只要聽到這句話，所有人都知道該閉嘴了。他的興趣是玩車，一天到晚都在買車、交易車或修理車。就在姥爺戒酒後沒多久，吉米舅舅回家時看見他在路上修車，「他正在瘋狂咒罵，『這些天殺的日本車，便宜爛貨，哪個蠢婊子養的傢伙製造了這個零件？』我竟這樣聽他罵，身邊沒有任何一個認識的人，但他還是繼續抱怨個不停。我覺得他聽起來好可悲。」吉米舅舅當時剛開始賺錢，希望能趕快拿錢孝敬自己的老爸，所以說他可以幫忙把車帶去店裡修。「什麼？為什麼？」他一頭霧水，「我愛修車呀。」

姥爺有個大大的啤酒肚，臉也胖胖的，但手腳很細，從來不透過言語道歉。他曾幫小阿姨搬家到美國另一頭，路上她責怪他以前太常喝酒，也問兩人之間為何少有機會聊天。「哎呀，那我們就現在聊呀，反正我們有一大段路可以聊。」不過他會透過行為表達歉意：每次只要不小心對我亂發脾氣，他事後都會買新玩具給我，或帶我去買冰淇淋吃。

姥爺是個生在錯誤時空的駭人鄉巴佬。那次和小阿姨一起開車橫越美國時，某天凌晨，他們停在一間休息站。小阿姨在女廁梳洗刷牙，花的時間比姥爺預想的長很多，所以他手拿一把填滿子彈的手槍踢開廁所門，簡直像動作影星連恩·尼遜電影裡面會出現的角色。他事後解釋，他是真的認定有變態在強姦他的女兒。幾年之後，當他發現小阿姨的狗會對家中嬰兒露齒低吼時，也跟她丈夫丹恩說，要是不把狗處理掉，他會餵狗吃泡滿防凍液的牛排。他可沒在開玩笑。大約三十年前，鄰居有隻狗差點咬傷我媽，他當時也這麼說過。一週後那隻狗就死了。我在參加葬禮時也想起了這些事。

但回想最多的當然是我和姥爺之間的事，包括他花了好多時間陪我練習愈來愈複雜的數學題。他還告誡過我，缺乏知識和缺乏智慧是兩件不同的事。前者只需要靠一點耐心和不停努力即可補救，後者呢？「欸，我想就像是在一條屎河上划著沒槳的船吧。」

我想到姥爺會趴在地上，和小阿姨的小女兒及其他小朋友玩得跟孩子一樣。雖然他愛講「狗屎啦」又愛抱怨，但卻樂意接受任何人的擁抱與親吻。她替琳西買了一台二手破車後整修好，等琳西把車撞爛之後，他又買了一台車後整修好，就希望琳西不要覺得自己「出身低賤」。我想到自己常對媽、小阿姨及琳西亂發脾氣，但姥爺卻很少顯露出這種惡劣脾性，因為他曾告訴我，「要看一個男人的度量，就看他如何對待家中的女人。」他的智慧來自於經驗，畢竟他早年對待家中女人的方式完全失敗。

我在葬禮現場起立，想告訴大家姥爺對我有多重要。「我從來沒有父親，」我解釋，「但姥爺始終陪在我身邊，教導我所有身為男人該知道的事。」接著我提及他對我人生造成的各種影響：「他在任何人心目中都會是最好的爸爸。」

葬禮結束後，許多人前來稱讚我的勇氣，媽卻沒有出現，我覺得奇怪。後來找到她時，人群中的她顯得六神無主：沉默寡言，就算有人致意也不太回應，肢體動作也顯得無力、遲緩。

姥姥的狀況似乎也不好。以往的她只要一回到肯塔基州就如魚得水，跟在中央鎮有所壓抑的姥姥完全不同。在中央鎮時，每當我們去普金斯小館吃最愛的早餐，經理偶爾會來要求她降低音量並注意措辭。「那個蠢貨，」她會小聲地用氣音說，一臉因為被罵而顯得不自在。不過如果是在傑克遜唯一值得好好坐下來用餐的比爾家庭餐館，她會直接對著廚房員工大吼：「拜託見鬼的給我快一點！」而他們也會大笑著回應：「好的，邦妮。」然後她會看著我說：「你知道我只是鬧著玩吧？他們也知道我不是什麼惡毒的老賤貨。」

只要回傑克遜和正宗鄉巴佬及老朋友相處，她就無須小心克制自己的行為。某次回鄉參加她兄弟的葬禮，她和姪女迪妮絲覺得其中一名扶棺者是性變態，所以直接闖進對方的葬儀社搜查他的私人物品。她們發現了他大量收藏了名為《獵河狸》（*Beaver Hunt*）色情雜誌（相信我，這雜誌的內容跟那種水生哺乳動物毫無關係）。姥姥覺得太好笑了，「天殺的獵什麼河狸！」她大吼。「誰想出這種爛名字啦！」她和迪妮絲計畫把雜誌帶回家後全數寄給他的妻子，但稍微考慮一下後又改變心意。「我的運氣向來很差，」她說，「回家路上一定會出車禍，然後被警方從車內搜出這堆雜誌，到時候我就會被看作女同性戀，還是變態的那種！」所以她們只把雜誌丟掉，「給那變態一個教訓」，之後再也沒提起這件事。不過姥姥的這一面很少在傑克遜以外的地方出現。

姥姥就是從迪頓葬儀社偷走了那些雜誌。迪頓葬儀社的內部結構類似教會。建築中央是主要聖所，左右側相對較大的房間內擺了桌子與沙發。另外兩側的走廊通往較小房間，包括職員辦公室、小型廚房和廁所。我這輩子都在這間教堂與親友告別，包括我的叔伯姑嬸、表親堂親及曾祖父母。每次姥姥只要去迪頓葬儀社，無論死的是老朋友還是親人，她總是會跟每位來客寒暄、朗聲談笑，就算罵人也罵得理直氣壯。

但在姥爺的弔唁會上，我想要尋求姥姥的安慰時，卻發現她像是沒電的玩偶獨自坐在角落休息充電。我從未想過她的電池有可能耗盡，這項發現令我驚訝不已。她眼神空茫地盯著地板，內心的火炬寂然熄滅。我跪下來，把頭枕上她的大腿，什麼都沒說。我在那一刻才發現姥姥並不是所向無敵。

事後回想，姥姥和媽媽感受到的哀痛幾乎超過可承受的範圍。但琳西、麥特和姥姥都努力不讓我受到她們情緒的影響。姥姥禁止我住在媽家，一方面也是需要我陪伴她度過傷痛。

又或者她們是希望給我一點獨自處理痛苦的空間，我也不確定。

一開始，我還沒注意到生活開始脫軌的那些徵兆。面對姥爺的死亡，每個人化解傷痛的方式都不同。琳西更常跟朋友混在一起，把自己搞得很忙。我盡量待在姥姥身邊，也常常閱讀《聖經》。媽睡得比平常多很多，我想這是她選擇調適的方法，同時幾乎失去所有控制情緒的能力。只要琳西忘記洗碗盤或遛狗，她的怒氣就會立刻爆發：「我爸是世界上唯一了解我的人！」她會這樣對琳西尖吼，「我失去他了，你還來給我添麻煩！」不過媽的脾氣向來不好，所以我只能選擇置之不理。

媽似乎無法接受看到別人因為姥爺過世而傷痛。她覺得小阿姨根本沒什麼好傷心，畢竟姥爺跟她的關係比較特別。同樣的，她覺得姥姥根本也不太喜歡姥爺，兩人最後也選擇分居。琳西跟我也該自己想辦法放下，畢竟剛死掉的姥爺是她的爸爸，不是我們的爸爸。接著出現了我們生活即將改變的第一個徵兆。某天早上，我起床，散步到媽家，琳西和媽還在睡覺，我去琳西房裡找她，卻發現她睡在我房裡。我跪在床旁叫醒琳西，她緊緊抱住我一會兒後開口，「我們會想辦法撐過去的，J，」J是她叫我的暱稱，「我保證。」我不知道她為何要睡在我房間，但很快就會發現她指的是什麼。

葬禮結束幾天之後，我走出門，站在姥姥家的前廊，在街上目睹一場驚人的騷動。媽身上包著浴巾站在前院對著唯一真正深愛她的男人麥特大吼：「你天殺的是個敗類、是個小孿三。」接著又對琳西鬼叫：「你是個自私的婊子，他是我爸，不是你爸，別一副死的是你爸的模樣。」然後對於其實隱藏自己男同志性向、人超級好的密友湯米咒罵：「你跟我做朋友就是想上我而已。」我衝過去想拜託媽冷靜下來，但一輛警車已經抵達現場。等我跑上門廊時，一位警察已經抓住媽的肩膀後把她壓在地上，媽只能躺在地上一邊踢一邊掙扎。警察試圖把媽抓上警車，但她一路掙扎，門廊上有血跡，據說她似乎想要割腕。我想那名警察並不是想要逮捕她，但也不確定發生了什麼事。姥姥跑來把我和琳西帶離現場。我還記得當時心想，啊，要是姥爺在的話一定知道該怎麼辦。

姥爺的死讓之前本來隱而不顯的問題浮上檯面。其實大概是因為我太小，才沒注意到那些不祥之兆。一年前，媽就因為滑直排輪穿越急診室而遭到醫院解雇，當時我以為媽只是因為跟鮑勃離婚後打擊太大才表現古怪。同樣地，偶爾姥姥提到媽又「嗨翻了」，我以為只是強調她一直都是個說話不經大腦的女人，根本沒想到她的健康狀況其實每況愈下。媽跟鮑勃離婚後沒多久，我到加州拜訪吉米舅舅，旅程中只跟媽聯繫過一次。當時我不知道所有大人（包括姥姥、吉米舅舅和他的妻子唐娜）都偷偷地在辯論我是否該搬到加州去住。

媽在大庭廣眾下無理取鬧的場面其實是過去許多問題累積後爆發的結果，只是我之前沒有注意。她其實在搬去普雷伯郡之後沒多久就開始服用處方麻醉藥，一開始當然有正當理由，但之後她開始在醫院偷病人的藥，還因為太興奮而把急診室變成滑冰場。她本來就已經是個半失能的上癮者，姥爺的死更讓她連基本的成年人舉止都做不到。

於是姥爺的死改變了我們家族的命運。在他死前，雖然在姥姥和媽的兩個家之間輪流住的生活有點混亂，但我仍非常快樂。媽的眾多男友來來去去，她的狀況也時好時壞，但如果情況變糟，我總有逃跑的出口。但現在姥爺死了，媽又進了辛辛那提的「藥物上癮治療中心」（Cincinnati Center for Addiction）——我們都叫那裡貓屋（CAT house）——我開始覺得自己是個負擔。雖然姥姥從未說出任何想要拋棄我的話，但她的生活已經過得夠苦了：先是在鄉下山區忍受貧困日子，被姥爺虐待，處理小阿姨那場年少輕狂的婚姻，還要面對媽的一大堆犯罪紀錄，可以說她把人生中最好的那七十年都拿來處理各種危機。到了現在，跟她同年紀的人都開始退休享福，她卻還在養青春期的外孫和外孫女。而且沒有姥爺幫忙，這份重擔幾乎像是原本的兩倍重。在姥爺死後幾個月，我腦中不停浮現那名瑟縮在迪頓葬儀社角落的女人身影，而且無法克制地覺得，無論姥姥看起來多麼活力四射，那個女人的身影始終潛伏在她體內。

所以我不再躲到姥姥家，就算因為跟媽有關的問題不知如何是好，我也不再像以前一樣每次都打電話問她，反正有事盡量仰賴琳西或自己來。琳西剛從高中畢業，我才剛升上七年級，但我們還是做了規劃。麥特和湯米會帶食物給我們，但我們大部分還是想辦法自己處理：冷凍食品「漢堡好幫手」、電視晚餐、果醬吐司餅乾或者早餐燕麥。我不太確定是誰替我們付大部分的帳單（我猜應該是姥姥）。我們的生活沒什麼規律可言，但其實也不太需要。比如琳西某天下班回家，發現我和她的幾個朋友一起喝醉了。當她發現是朋友幫我買酒之後，並沒有溺愛地表現出無所謂的樣子或哈哈大笑，而是把其他人全踢出家門，開始以物質濫用為主題訓了我一頓。

我們常跟姥姥見面，她也常問候我們，但我和琳西都很享受這種獨立的生活，也很喜歡除了彼此之外不造成任何人麻煩的感覺。琳西和我愈來愈懂如何處理各式生活危機，情緒幾乎沒有波動，彷彿整個世界都失去了溫度，這也讓照顧自己變得簡單。無論我們多愛媽，少一個必須關照的人確實讓生活輕鬆不少。

沒有遇到困難嗎？當然有。我們曾收到一封來自學區機關的信，指出我無故缺席的次數太多，如果再沒有回應，家長將被學校「傳喚」，甚至可能被市政府起訴。我們覺得太荒謬了，我的一位家長正面臨被起訴的危機，而且目前無法自由行動，另一位家長失聯已久，如果想「傳喚」他，可能還得出動偵探才有辦法。但我們同時也有點害怕，畢竟身邊沒有任何法定監護人可以為這封信簽名負責，真是該死的走投無路。但就像我們克服其他挑戰一樣，我們決定即興想出自力更生的辦法，於是琳西偽造了媽的簽名，學區機關就不再寄信來了。

我們會在指定的週間或週末去「貓屋」拜訪母親。在見識過肯塔基山區生活、姥姥的槍和媽的精神崩潰之後，我還以為自己見識夠廣，但因為媽的最新困境，我開始了解隱藏在地下世界的美國毒品問題。每週三他們都得進行團體活動，是一種專門提供給藥物上癮者家屬的訓練。所有人會被集中到一個大房間，每個上癮者及其家屬會有一張桌子，大家必須在此討論上癮問題及觸發的原因。其中一次討論時，媽提到她之所以濫用藥物，是想逃避養家的壓力及失去父親的傷痛。之後在另一次療程中，我和琳西得知，手足間常見的比較會讓媽更難抗拒誘惑。

這些療程引發出的爭執及情緒可不少，我想這也是目的之一吧。每到星期三晚上，我們和其他家庭一起坐在那個巨大的房間內——幾乎全是黑人或像我們這種說話有南方口音的白人——都能聽到各種咆哮或吵架聲，不是孩子在說多恨家長，就是啜泣的家長一下子懇求孩子原諒，一下子又怪罪家人害他們不得不用藥。也是在那時候，我第一次聽到琳西說了許多默默痛恨的事：姥爺死後她無法好好處理自己的情緒，反而得照顧別人；每次媽交了男友，她都要眼睜睜看著我依戀上對方，但最後我們所有人又會被拋下。或許是因為情境使然，也或許是因為她已經快十八歲了，但總之目睹琳西當面質疑母親，讓我覺得她真的是個成年人了。我們獨自在家的生活應該也加速了她的成長。

媽的勒戒療程以穩健的速度進行，她的狀況也確實有隨時間改善。週日是家屬活動日，雖然不能把媽帶出治療中心，但我們可以像一般人一樣看電視閒聊。這樣的週日時光通常很快樂，但某一次媽因為我們和姥姥過度親近而發了脾氣。「我才是你們的媽，不是她。」她告訴我們。我意識到媽開始後悔讓我們有那麼多機會跟姥姥來往了。

幾個月後，媽回家，同時也帶了新習慣回家。她只要沒事就會開始誦讀寧靜禱文，上癮者常會以此呼求上帝給予他們「寧靜的心，以接受無法改變之事。」藥癮是一種疾病，我不會去責怪一名癌症患者長腫瘤，當然也不該責怪一名藥物上癮者的行為。不過當時的我才十三歲，還是覺得她的行為太荒謬，我們常會辯論她新學到的「人生智慧」是否有科學根據，又或者不過是在為她摧毀家庭的行為找藉口。奇怪的是，答案或許以上皆是：科學確實發現有些基因組成跟上癮有關，不過那些相信上癮不過是疾病的人，確實更不會盡力去對抗癮頭。媽試圖說服自己的是實話沒錯，但並沒有讓她活得更輕鬆。

我一點也不相信那些口號及其中的溫情，但確實相信我媽有在努力。勒戒治療確實給了她努力的目標，也成為我們情感交流的平台。我努力讀了跟這種「疾病」有關的各種資訊，甚至開始固定參加她的「上癮者匿名聚會」，那場面跟大家想像的一模一樣：一間恐怖的會議室，十幾張椅子，一群陌生人圍成一個圈圈坐好，開始自我介紹，「嗨，我是鮑勃，一名上癮者。」我想只要我認真參與，她或許真會好起來。

某次聚會，有名男子遲了幾分鐘才走進來，身上聞起來跟垃圾桶一樣臭。他的頭髮結塊，衣服很髒，顯然是名街友，而且一開口就證實了我們的猜想。「我孩子不跟我說話，沒有人要跟我說話，」他告訴我們，「我通常會到處乞討，再把錢拿來買海洛因。今晚我實在沒討到錢，也沒海洛因，所以我走進來，因為這裡看起來很溫暖。」帶領聚會的人問他是否願意嘗試放棄藥物，至少放棄超過一個晚上，那名男子無比真誠地回答：「我可以答應你，但老實說，八成是做不到的。我應該明天晚上就會回去吸了。」

我再也沒看過那男人。他離開前，有人問他是哪裡人。「這個嘛，我在漢彌爾頓這裡已經住了將近一輩子，但我是在肯塔基東部出生的，就是奧斯里郡（Owsley County）。」當時我的地理知識還不夠，所以不知道他所提的地方，其實距離我外祖父母兒時住處不到二十英里。

第八章

狼養大的孩子

「他們要我們成為孩子的牧羊人，卻從不談這些孩子是被狼群養大的問題。」

等我讀完八年級時，媽已經戒藥至少一年，和麥特也交往了大約兩、三年。我在學校表現良好，姥姥也出外度了幾次假，一次是去加州探望吉米舅舅，另一次是去拉斯維加斯探望朋友凱西。琳西在姥爺過世後沒多久就結婚了。我非常喜歡她的丈夫凱文，原因很簡單：他從未虧待琳西。我對姐姐的伴侶就只有這麼一個要求。婚後不到一年，琳西就生下兒子卡麥隆。她是個好母親，真的不是開玩笑的好。我真的非常以她為傲，也深愛我的新外甥。小阿姨也有兩個孩子，所以我有三個可以寵愛的小傢伙。我覺得這是我們家族足以重生的機會。因此，我在升上高中前的夏天可說滿懷著對未來的美好盼望。

但就在那年夏天，媽宣布我得跟她一起搬進麥特位於戴頓的家。我喜歡麥特，當時媽也在戴頓跟他同居了好一段時間，但戴頓距離姥姥家有四十五分鐘車程，而且媽還明確要求我轉學去戴頓。我喜歡我在中央鎮的生活，想在這裡讀高中，而且喜歡的朋友都在這兒。雖然有點奇怪，但我喜歡週間輪流在媽和姥姥家生活，然後週末再去拜訪爸的固定行程。最重要的是，只要有需要，我隨時可以去姥姥家，這實在太重要了。我還記得之前沒有一個依靠的那種生活，實在不想走回頭路。最重要的是一旦搬家，我就得離開琳西和卡麥隆，所以當媽宣布要搬家時，我立刻大叫「想都別想」之後奪門而出。

因為這次事件，媽覺得我有情緒控制的問題，所以要我去看她的諮商師。我不知道她有在看諮商師，也不知道她竟然有錢做這件事，但還是姑且同意了。隔週我們約在一間靠近俄亥俄州戴頓的陰溼辦公室內，我、媽和一位其貌不揚的中年女性一起討論為何我如此憤怒。我因此學習到人類其實很難客觀判斷自己：我以為我比生命中認識的大部分人更不容易生氣（事實上，我的確比他們大部分人少發脾氣，真的少很多）。但當時我覺得媽可能沒錯，我或許真的有控制怒氣的問題。我努力保持心胸開闊，還認真地想，這女人或許真能幫助媽和我更深刻認識自我。

但諮商才進行沒多久，我就開始覺得腹背受敵。那女人一下子就開始問我為什麼對媽大叫？為什麼奪門而出？為什麼沒有認知到她是我媽？而且法律本來就規定我要跟她住，不是嗎？這名諮商師還把那次「疑似」的「失控爆發」追溯到我根本不記得的過去，例如我大約五歲時曾在百貨公司亂發脾氣，還提到我跟另一名同學的衝突（就是學校那位惡霸，我本來不想出手，但受到姥姥鼓勵後還是揍了他），以及之前我曾因媽的「管教」數次跑去姥姥家。顯然這女人只憑媽的描述就對我下了判斷。就算我之前沒有情緒控制的問題，這下子也有了。

「你真的了解自己在說什麼嗎？」我問。雖然才十四歲，但我還是稍微知道什麼叫專業諮商倫理。「你難道不該先問我的想法嗎？怎麼可以一開始就批評我？」我於是花了一小時總結了我目前為止的生活，但仍有所保留，知道必須小心措辭。幾年前媽因為家暴案被起訴，琳西和我就不小心跟家庭諮商師說了些對媽不利的「管教」細節，由於是攸關家暴案的新證據，諮商師必須呈報兒福機構。於是這次也一樣諷刺：為了保護媽以及阻止政府介入，我得對諮商師說謊。但我想我仍盡力把情況解釋清楚了，因為她聽了一小時後直接說：「或許我們該先單獨談談。」

我把這女人視為必須克服的障礙——媽所設置的障礙——而非一名可能提供幫助的人。所以我只解釋了自己的部分感受：我不想跟所有可依賴的人相隔四十五分鐘車程，只為了跟一個終究會離開的男人到別的地方生活。諮商師顯然了解我的心情。但我沒有說的是，這是我生平第一次覺得已經無路可逃。姥爺不在了，姥姥這個得了肺氣腫的老菸槍身體已經很孱弱，不太能照顧一名十四歲的男孩。我的阿姨和姨丈自己有兩個小孩子要顧，剛結婚的琳西也才剛生孩子。我真的無處可去。我目睹過各種混亂的爭執、暴力、藥物濫用跟一大堆亂七八糟的問題，但從來沒有這種無依無靠的感覺。諮商師問我打算怎麼做，我說可能會去跟爸一起住，她說似乎是個不錯的主意。走出辦公室時，我感謝她聽我說話，也知道我們再也不會見面了。

媽理解世界的過程中有個巨大盲點。她竟然會問我要不要搬去戴頓，竟然會在我拒絕時真心感到訝異，甚至以為只憑片面之詞就能讓諮商師幫忙說服我，在在都代表她的邏輯跟我和琳西都不同。琳西有次跟我說，「媽就是搞不懂，」我一開始不同意，「她當然懂，但她就是這樣，本性難移。」不過在發生過諮商師事件後，我知道琳西說得沒錯。

姥姥聽到我打算跟爸住時很不開心，其他人也一樣。大家都不懂我在想什麼，我也不知該如何解釋。我知道只要我開口，很多人都願意提供多餘房間給我住，但最後都會屈服於姥姥的命令：要我永遠跟她住在一起。但我也知道跟姥姥住會有許多罪惡感伴隨而來，很多人會問我為什麼不跟媽或爸一起住，姥姥身邊一定也會出現很多風言風語，但她這年紀實在應該好好休息，安享晚年。之所以擔心成為姥姥負擔不是沒有原因，生活中到處都有蛛絲馬跡，比如她偶爾會咕噥抱怨，又或者是她身上如影隨形的倦怠感。我不希望發生那種事，所以做了眼前看似最不差的選擇。

就某些方面而言，我確實喜歡跟爸一起住，他所擁有的正是我始終渴望的**正常**生活。我的繼母有在打工，但大部分時間都在家。爸也每天幾乎在同樣時間回家。每天晚上，他們其中一人都會做晚餐，通常是繼母，爸只偶爾做，然後我們一家人坐在桌前用餐。餐前我們會禱告（我一直很喜歡這麼做，但出了肯塔基州就沒機會）。週間晚上我們會一起看某部影集。爸和雪柔從不會對彼此大小聲。只有一次，我聽到爸和雪柔為了錢的事情大聲爭論，但稍微提高音量跟吼叫畢竟差得遠了。

我定居在爸家的第一個週末——也就是到了週一我卻不用回到其他地方的週末——我的弟弟邀請了一個朋友來家裡過夜。我們一起在爸的池塘裡釣魚、一起餵馬，還一起為晚餐烤了牛排。晚上我們一起熬夜看《印第安納瓊斯》（*Indiana Jones*）系列電影。沒有人吵架，沒有大人互相羞辱彼此，也沒有人因為憤怒而把瓷器餐具摔到地面或牆上。那是個無聊的夜晚，但我追求的正是這種恆常不變的無聊生活。

但我始終沒放下防衛心。我是在認識父親兩年後搬去跟他一起住，知道他是個有點沉默的好人，也是個嚴格遵奉宗教傳統的虔誠信徒。自從我們重新開始連絡後，他就明確表示對我所愛的經典搖滾沒興趣，尤其是齊柏林飛船。他不是故意表現小氣，那不是他的作風。他沒有限制我聽經典搖滾，只是建議可以改聽基督搖滾。我始終沒承認會玩一種只有書呆子愛玩的卡片遊戲「魔法」，就怕他覺得那種是崇拜撒旦的活動——畢竟教堂中的青少年常提到這種遊戲會對年輕基督徒帶來邪惡的影響。就像大部分基督徒一樣，我對於信仰有很多疑問，例如宗教該如何和當代科學彼此相容？在針對某項教義爭論時，究竟哪個支派的解讀才正確？

其實如果我開口提問，他應該也不會生氣，但我始終沒開口，因為不確定他會做何反應。他會不會稱我為撒旦爪牙？甚至因此把我送走？我不確定我們的關係有多少建立於「我是一個乖孩子」，也不知道要是我在弟弟和妹妹在家時聽齊柏林飛船的歌，他會有什麼反應。那種不確定感始終啃噬著我，到了幾乎難以承受的地步。

雖然我從未真正說出口，但我想姥姥知道我在想什麼。我們常講電話，某天她說希望我明白她愛我勝過世間一切，只要我準備好，隨時可以回家。「這是你的家，ＪＤ，這裡永遠都會是你的家。」隔天我打電話要琳西來接我，她有工作要忙、有房子要打理、有孩子要照顧，但還是說「我四十五分鐘後到。」我向爸道歉。他因為我的決定心碎，但也能理解：「你離不開你的瘋姥姥，我知道她對你很好。」對於一個曾被姥姥恨過的男人而言，他願意這麼承認實在令我吃驚。那也是第一次我發現，爸其實了解我心中逐漸蔓延的複雜糾結，這對我意義重大。琳西全家開車抵達時，我上車，嘆氣，跟她說：「謝謝你來帶我回家。」然後我親了小外甥的額頭，在抵達姥姥家之前再也沒開口說一個字。

那年夏天剩下的時間我幾乎都跟姥姥待在一起。雖然跟爸住了幾個禮拜，對於該如何解決內心掙扎仍毫無頭緒：我還是想要跟姥姥住在一起，卻也無法不受罪惡感折磨，老覺得我剝奪了她老年的舒適休養時光。所以在高中開學之前，我告訴媽，如果我可以繼續在中央鎮讀書，而且隨時都可以去探望姥姥的話，我願意跟她一起住。她說了類似高二開始得轉學到戴頓之類的話，但反正還有一年，我想我們可以之後再想辦法。

跟媽和麥特住在一起就像生活在世界末日之中。其實根據我的經驗（還有媽的經驗），他們的爭執並不算特別激烈，但我想可憐的麥特一定常常自問，究竟是何時、又如何跳上了這台通往瘋狂小鎮的快車？家裡只有我們三個人，很快大家都發現這樣行不通，早晚都要出問題的。麥特是個好人，但就像琳西和我常玩笑地說，好人只要遇到我們家都會陣亡。

媽和麥特的關係不是很好，因此，高二某天我從學校回來，聽到媽宣布結婚時真的非常驚訝。或許事情沒有表面上看來那麼糟吧？我想。「我真的以為你和麥特會分手，」我說，「你們每天吵架。」「其實，」媽回答，「我不是跟他結婚。」

就連我都覺得這發展太誇張了。媽在鎮上一間洗腎中心工作幾個月了，中心老闆比她大十歲，某天晚上邀她出去用餐，她同意，反正目前和麥特的關係岌岌可危。她在一週後就答應了老闆的求婚。她在週四向我宣布這項消息，我們週六就搬進了肯恩家。這是我兩年來住的第四個地方。

肯恩在韓國出生，在美國被一位老兵和他的妻子養大成人。搬進他家的第一週，我就決定去他的小溫室探險，結果撞見一株幾乎成熟的大麻。我告訴媽，媽跑去質問肯恩，那天晚上大麻就被一株番茄苗取代了。我跑去問肯恩這是怎麼回事，他只結結巴巴地回應我，「是藥用大麻，別放在心上。」

肯恩有三個小孩，一女兩男，年紀都和我差不多。他們和我一樣都覺得這樣住在一起很尷尬。他最大的兒子一天到晚跟媽吵架，託阿帕拉契山區文化的福，我也只好一天到晚跟他吵架。某天晚上接近睡覺時間，我走下樓梯時聽見他罵我媽婊子，只要是有自尊的鄉巴佬，都不可能這樣呆呆地袖手旁觀。我立刻非常明確地表示打算把他打個半死不活。因為我看起來太嗜血了，媽和肯恩覺得我和繼兄那天最好不要共處一室。我其實沒有特別憤怒，雖然很想打架，但也只是出於責任感，不過那感受確實很強烈。總之那天晚上，媽和我決定去姥姥家過夜。

我還記得那天晚上看了一集談美國教育的《白宮風雲》（*The West Wing*），大家都認定那是讓人翻身的正途。節目中扮演總統的人正在針對「學券制」（school vouchers）進行辯論：應該繼續拿公家機關的錢發放給學童，讓他們有機會去讀所選的公立學校，還是應該把錢拿來補助那些迫切需要資源的學校。這項辯論當然很重要，畢竟長久以來，我常常是靠學券才有辦法上學。但令我驚訝的是，關於如何幫助在學校表現不好的貧困孩童時，所有焦點都放在政府制度與機構。正如我之前一位高中老師所說：「他們要我們成為孩子的牧羊人，卻從不談這些孩子是被狼群養大的問題。」

我不記得和媽回姥姥家之後發生了什麼事。或許有項根本沒準備的考試得參加吧，又或許累積了一堆沒時間完成的家庭作業。我只知道自己是一名生活悲慘的高二生，一天到晚都在搬家，在看人吵架，被迫不停認識新的人之後又被迫努力遺忘，像坐在旋轉木馬上轉呀轉的。真正可能讓我翻不了身的是生活中的這一切，而不是水準不夠的公立學校。

雖然當時還不清楚，但我成績其實已經岌岌可危。我高一的每個科目幾乎都被當掉了，在校平均成績（GPA）只有二點一分。我不寫功課，不讀書，出席率更是低到谷底。有時候我會裝病，有時候我就是拒絕上學。就算去學校，幾乎也只是為了避免像多年前那樣收到學區機關來信，說什麼如果我再不上學，他們就要把我的案件轉交社服機構。

除了在學校表現悽慘，我也開始嘗試用藥——不是什麼厲害的藥，就是手邊能弄到的酒及我和肯恩的兒子在家中找到的私藏大麻菸。事實證明，我還是分得清楚大麻和番茄樹之間的差別。

生平第一次，我覺得和琳西之間有了隔閡。她那時候已經結婚超過一年，孩子正開始蹣跚學步。她的婚姻有一種苦盡甘來的感覺，畢竟在目睹了這麼多慘劇後，她竟然還是跟一個能夠善待她的人結婚，對方甚至有份稱頭的工作。琳西似乎真的很幸福，是名疼愛小兒子的好媽媽，並在離姥姥家不遠的地方擁有一棟小房子，一切似乎正步上她心目中的理想正軌。

我為她開心，卻也覺得與她離得更遠了。我人生大部分時間都跟她住在同個屋簷下，但現在她住在中央鎮，我卻和肯恩住在距離她二十英里的地方。琳西正在建立一種跟以前完全不同的生活——她會成為一名好母親，並擁有一段成功的婚姻（而且只有一段）——我仍深陷於深惡痛絕的生活中。當琳西和丈夫一起到佛州和加州度假時，我卻困在俄亥俄州邁阿密斯堡（Miamisburg），跟一群形同陌路的人住在一起。

第九章

姥姥的家

正因為那份快樂，過去十二年來，我才終於擁有了各種翻轉人生的機會。

姥姥其實不太清楚跟肯恩住對我造成什麼影響，多少是因為我刻意隱瞞。就在我剛搬去跟新繼父住幾個月後的聖誕節長假，我打電話給姥姥想要訴苦，但她一接電話，我就聽到身後有家族的嬉鬧聲，應該是我的阿姨和表姨蓋兒（或許還有其他人），總之代表他們正在快樂地過節，這下我什麼都說不出口了。我本來想說有多恨跟這群陌生人住在一起，以及所有讓生活足以忍受的一切都從我面前消失了，包括姥姥的家和姐姐的陪伴。我只請她跟家中所有人說我愛他們，然後掛掉電話後上樓看電視，內心從未感到如此孤獨。幸好我仍在中央鎮上高中，還有老朋友陪伴，也因此有藉口常去姥姥家逗留個幾小時。學期中我每週都能見到她幾次，每次她都提醒我好好讀書，還說要是家裡有誰可以「成功」，那就是我了。我不敢告訴她真實狀況。在她心中，我應該要成為律師、醫生或者生意人，而不只是個高中輟學生，但我現在正在被退學的邊緣。

她終究還是發現了。某天早上媽媽跑到姥姥家來跟我要一瓶新鮮尿液。我前一天晚上住在姥姥家，正準備好出發上學時，媽就氣急敗壞地跑了進來。她得送交隨機尿檢樣本給護理委員會才能保住她的證照，某位行政人員早上打來要求她當日提交。姥姥因為有在固定服藥，她的尿液不能使用，所以我是唯一能代打的候選人。

媽要求的姿態極為理直氣壯，沒有表現出絲毫懊悔，也不在意自己的行為有多偏差，甚至沒有因為自己未能遵守不用藥的諾言表現出任何罪惡感。

我拒絕。她發現我不打算幫忙後立刻改變態度，開始可憐兮兮地道歉，又哭又求，「我發誓我會改進，我保證。」這種話我之前聽太多了，此刻當然一點也不相信。琳西曾告訴我，媽總能死裡逃生，她撐過童年，沒被一個又一個的男人擊垮，也差點數次被起訴，而現在她要想辦法撐過這次的護理委員會危機。

我爆發了。我跟媽說如果想要一瓶乾淨的尿，就該停止胡搞自己的人生，然後想辦法從自己的膀胱尿一泡。我還跟姥姥說之前試圖幫助媽只讓她變本加厲，還說要是三十年前的姥姥可以更認真管束女兒，或許媽現在就不會來拜託兒子給她尿了。我說媽是個爛媽媽，姥姥也是個爛媽媽。姥姥的臉立刻失去血色，不願直視我的眼睛，我說的話顯然傷害了她。

我說的都是真心話，但知道自己的尿可能也不乾淨。媽倒在沙發上安靜痛哭，姥姥雖然受傷了，但沒那麼容易被擊垮。我把姥姥拉進廁所，小聲向她坦承過去幾週抽過兩次肯恩的大麻。「我不能給她尿，要是媽拿我的尿送檢，我們兩人都會惹上麻煩。」

姥姥先是安撫我，三週內抽幾次大麻不會在尿裡驗出來。「而且你大概不太會抽，就算努力試可能也沒真吸進去。」接著她動之以情。「我知道這樣做不對，但她是你媽，也是我的女兒，或許我們就幫她這一次，她總會學到教訓的。」

這是我們始終抱持的希望，我實在無法拒絕。正是這份希望讓我陪媽參加了那麼多場勒戒聚會，還讀了一堆跟上癮有關的書，甚至盡其所能地參與她的一切療程。也正是這份希望讓我在十二歲那年上了她的車，即便知道她可能做出連自己都後悔的事。姥姥從未放棄希望，她所經歷的可是我無法想像的痛苦與心碎。她的一生總是遇到逼她失去信念的人，但她卻從未停止相信所愛之人。所以我屈服了，也不後悔。把自己的尿給媽是錯誤的事，但我從未後悔遵從姥姥的指示。正因她總是懷抱希望，才能在多年痛苦婚姻後原諒姥爺，也才能在我最需要的時候接納我。

雖然決定遵從姥姥指示，但我卻覺得內心有些什麼崩壞了。那天早上到學校的我因為哭泣而雙眼通紅，也對自己的決定感到後悔。幾個禮拜前，我和媽坐在一間中菜自助餐店內，她想把食物放入口中卻一直失敗。直到現在，提起這段回憶都會讓我氣到血液沸騰：媽的眼睛完全睜不開，嘴巴也闔不上，把食物用湯匙送進嘴裡後又立刻掉出來。旁邊的人都盯著我們看，肯恩完全說不出話來，而媽也毫無所覺。這是處方止痛藥造成的結果（一顆或者很多顆吧）。我恨透她這副模樣，暗自發誓只要她再用藥，我就要離開這個家。

尿液事件也成為壓垮姥姥的最後一根稻草。那天我回家，姥姥表示希望我之後都跟她住，不要再搬來搬去了。媽似乎不太在意，只說她「需要休息一下」，我猜意思是暫時卸下母親的身分。她和肯恩的婚姻也沒撐多久，我高二讀完時，她已經從肯恩家搬出來，而我已經搬回姥姥家。此後我再也沒跟媽和她的男人同住過。不過至少她的尿檢是過了。

因為常住在姥姥這兒，許多東西都在姥姥家，我其實不用打包太多行李。此外，她之前也不讓我帶太多物品到肯恩家，深信他的孩子會偷我的襪子和T恤。（不過肯恩和他的孩子從未偷過我的東西。）我喜歡跟她一起住，但我的耐心還是在各方面受到考驗。首先，我還是擔心自己成為她的負擔，更重要的是，她不是個好相處的女人，不但反應快，嘴巴又毒。只要我忘記拿垃圾出去倒，她就會說「你這坨懶惰的爛屎。」只要我沒寫功課，她就會說我「屎頭屎腦」，還提醒我要是不用功以後會一無是處。她命令我跟她玩牌——通常是金拉米撲克牌（gin rummy）——而且從來不會輸。「你天殺的真是我遇過牌玩得最糟的傢伙，」她曾這般沾沾自喜地對我說。（這話倒是傷不了我，因為她每次打敗對手都會這麼說，而她玩金拉米可沒輸過。）

多年後，我的所有親戚——包括小阿姨、吉米舅舅，甚至琳西——都曾幾次提到「姥姥實在對你太嚴厲了，真的太嚴厲。」住在她家必須遵守三項規則：拿好成績、去打工，以及「抬起你的大屁股來幫我的忙。」她並沒有分配特定家務給我，反正只要她正在做的事，我都得幫忙。她也從不說該怎麼幫忙，反正只要發現我沒幫忙就立刻對我大吼。

但我們也過得很開心。對別人如何我不確定，但面對我時，姥姥就像會叫的狗不咬人。有一次她命令我跟她一起在週五晚上看電視，內容是姥姥熱愛的恐怖謀殺懸疑劇。就在劇情即將演到高潮時，她突然把燈關掉後在我耳邊尖叫，原來她之前看過這集，早就知道這時候會發生什麼事。她花了四十五分鐘跟我坐在那裡，就只為了在正確的時機嚇我一跳。

這次和姥姥住在一起最棒的事，就是能明確理解她的好惡。在此之前，自從布蘭頓姥姥死後，我對於愈來愈少回肯塔基州的事始終無法諒解。其實一開始並不明顯，但等我上中學後，我們幾乎每年只回去少少幾次，每次待的天數也不多。這次和姥姥住之後我才知道，原來她和妹妹羅絲——一名無比善良的女子——在她們的母親死後鬧翻了。姥姥本來希望能把布蘭頓姥姥留下的房子作為家族共有的財產，但羅絲希望能讓她的兒子一家住進去。羅絲確實有她的道理：她們所有手足都住在俄亥俄州或印第安納州，回去的頻率不高，所以留給用得到的人比較合理。但姥姥害怕如果沒有一棟房子作為家族基地，她的子孫回去傑克遜就沒有地方住了。她的考量也不無道理。

我逐漸開始了解，對姥姥而言，回傑克遜探親並不是一種享受，而是責任。對我來說，回傑克遜代表可以找舅公、追烏龜玩，還能尋找在俄亥俄州瘋狂的家庭中缺乏的內心平靜。返鄉探親代表我可以跟姥姥一起住，還有三小時的長途車程可以和大家彼此交換故事，而且在傑克遜，所有人都知道我是凡斯夫妻的外孫，他們可是聲名遠播的吉姆與邦妮呀。但傑克遜對她的意義卻大大不同。她小時候在傑克遜挨過餓，還因為青少女時期的懷孕醜聞被迫離家，還有許多朋友在礦坑中喪命。我把傑克遜當作逃亡的出口，她卻是好不容易才從那裡逃出來。

年紀大的姥姥行動力不好，變得愛看電視。她偏好低俗幽默或史詩劇，所以選擇不少。不過她最愛的是HBO頻道的《黑道家族》（*Sopranos*）。現在回頭想，劇中這群主角是極度忠誠偶爾又有些暴力的外來者，自然能引起姥姥的共鳴。只要換掉人名和日期，這群義大利黑幫生活的處境跟阿帕拉契山區的哈特菲爾德—麥考伊家族世仇沒兩樣。這齣劇的主角東尼·索帕諾是名殘暴的殺手，就各種標準而言都駭人無比。不過姥姥欣賞他的個性忠誠，而且願意無所不用其極地捍衛家族名聲。雖然他對敵人大開殺戒，又嚴重酗酒，姥姥卻只批評他愛偷情。「他到處跟女人睡，我覺得不好。」

我也因此目睹了她對孩子的情感。不是以她寵愛對象的身分，而是作為一名旁觀者。她常為琳西和小阿姨照顧嬰孩，某天她同時顧小阿姨的兩個女兒，小阿姨的狗則待在後院。狗只要一叫，她就會大吼：「閉嘴呀，你這狗娘養的。」我的表妹邦妮蘿絲立刻跑到後院跟著大叫：「狗娘養的！狗娘養的！」姥姥立刻腳步蹣跚地走過去，一把把她抱進懷裡。「噓！

不可以這樣，我會被你害慘啦。」但同時笑到幾乎連這句話也說不清楚。幾週後的某天我回家，問候姥姥那天過得如何，她說過得很好，因為幫忙帶了琳西的孩子卡麥隆。「他問能不能向我一樣說『幹』，我說可以，但只能在我家。」然後自己小聲地偷笑起來。無論肺氣腫導致呼吸多困難，又或是髖關節痛得讓人無法好好走路，她從未放棄「跟這些嬰兒相處」的機會。姥姥真心愛他們，我也開始理解她為何一直想要成為為受虐兒童發聲的律師。

為了解決害她行走困難的疼痛問題，姥姥動了一個大型的背部手術，之後為了復原在一間療養院待了幾個月，我只好一個人生活，幸好為期不長。每天晚上姥姥都會打電話給琳西和小阿姨問同樣的問題，「我痛恨這裡該死的食物，可以去塔可貝爾（Taco Bell）幫我買墨西哥捲餅嗎？」姥姥打從心底痛恨療養院的一切，還曾逼我發誓，如果某天她得永久住在療養院，我必須拿她的點四四麥格農給她的頭一槍。「姥姥，你不能要求我做這種事，這樣我的餘生都得坐牢了。」「這樣呀，」她停下來想了一下，「那你去弄點砒霜，就不會有人知道是你幹的了。」事後證明她完全不用動那場背部手術。出問題的是臀部，一旦醫生修復正確部位後，姥姥雖然需要枴杖，但總算能正常行走。我現在是律師了，現在回頭想想，當初應該告那名醫生醫療疏失才對，但姥姥一定不會願意：除非無路可走，她絕對不會走法律程序。

有時候我每隔幾天就能見到媽，但也可能連續幾週都沒有她的消息。每次只要她跟男人分手，就會跑來姥姥的沙發上睡幾天，我們也都喜歡有她陪伴。媽確實也有用自己的方式在努力：只要有工作，她一定會在發薪日給我錢，那金額對她的負擔其實不小。不知道為什麼，媽覺得錢就能代表她的關愛，或許她覺得必須給我錢花，我才可能欣賞她的付出。但我其實不在意錢。我只希望她健康。

我沒有讓人知道自己住在姥姥家，就連最親近的朋友也一樣。我知道很多同儕也擁有「非傳統」家庭，但我家還是比大部分的家庭更奇怪。而且我們是窮人，姥姥將這當成一種榮耀，我卻始終不知該如何面對。除非聖誕節收到禮物，不然我沒有機會穿Abercrombie & Fitch或American Eagle的流行服飾。每次我都叫姥姥不要下車，以免同學看到——她總是穿著一件鬆垮垮的牛仔褲配男性T恤——嘴唇上還叼著一根好大的薄荷菸。只要遇到人問，我就會說和媽住在一起，只是順便照顧生病的外祖母。我對此感到後悔，至今許多高中同學和友人都還不知道，擁有姥姥是我這輩子最棒的遭遇。

高三時我有幸考進高階數學班就讀，主要修習內容包括三角函數、高階幾何學及基礎微積分。班級導師是朗恩・薛爾比（Ron Selby），學生都知道這個傳奇人物，因為他不但聰明，對學生要求也很高，而且二十年來從未缺課。他在中央鎮高中有一項傳奇事蹟：某名學生疑似將炸彈藏進背包後放在學校的個人櫃中，因此有人報了警，當時薛爾比正給學生考試。正當所有人都撤離到校園外時，他卻直接把那名學生的個人物品從櫃子拿出來，大步走出校外，全數扔進垃圾桶。「那個學生有上我的課，他不夠聰明，不可能做得出有殺傷力的炸彈，」薛爾比對聚集在學校的警察宣布，然後說，「現在，請讓我的學生回去考試。」

姥姥就愛這種故事，因此就算沒見過薛爾比，她仍鼓勵我要好好聽他的話。薛爾比希望（但不強求）學生都能準備一台高階圖形計算機，當時最先進的款式是德州儀器89機型（Texas Instrument model 89）。我們當時沒有手機，也穿不起好衣服，但姥姥還是替我買了一台圖形計算機，我因此理解姥姥的期待，並比之前更全心全力地投入課業。如果姥姥可以花一百八十美金買一台圖形計算機——她堅持不讓我自己出錢——那我最好還是認真一點。我欠她太多，她也會不停提醒我。「你把薛爾比的作業做好了嗎？」「還沒，姥姥。」「你見鬼的最好趕快開始寫，我既然把所有錢拿去買那台小電腦，就不想看你一天到晚混吃等死！」

如果不是那整整三年獨自和姥姥相依為命，我大概已經毀了。我沒有注意到一切改變的因果關係，不知道人生就此起了巨大改變，也沒發現一搬進姥姥家，我的成績就變好了。如果不是那段時光，我不會有機會交到許多摯友。

也是在那段時間，姥姥和我會討論我們的社會出了什麼問題。姥姥也鼓勵我出去打工，她說了解金錢來之不易對我有好處。當發現我把她的建議當成耳邊風後，她立刻命令我去找份兼差工作，我也聽話了，開始在當地的迪爾曼百貨擔任收銀員。

收銀員工作讓我成為了業餘社會學家。我們的顧客常因為沉重的生活壓力出現脫序行為。我的一位鄰居就常為了雞毛蒜皮的小事一進門就對我大吼——沒有對她微笑、某天覺得商品裝袋後太重了、某天又覺得太輕了。有些人走進來就在貨架間來回快速踱步，一副再找不到目標就要抓狂的模樣；也有人逛得慢條斯理，一項項把清單上的商品打勾。有些人只買罐頭跟冷凍食品，另外有些人總推著堆滿新鮮食材的推車來結帳。通常看起來愈焦慮的客人買的冷凍或速成食品愈多，這些人通常也愈窮。我大多是靠衣著判斷他們是否窮困，當然有些人是直接拿食物券來購物，那就更能確定了。過了幾個月後，我回家問姥姥為何只有窮人會買配方奶粉。「有錢人不生小孩嗎？」姥姥也不知道原因。多年後我才知道：原來有錢人通常親餵嬰兒。

我的工作不但讓我更理解何謂階級差異，無論針對有錢人或我的同類，內心也因此多了一股憤恨。迪爾曼的老闆作風老派，所以願意讓信用好的客人賒帳，其中有些人會欠到一千多美金，但我知道要是我的親戚走進來，一次就買一千多美金的商品，一定會被要求立刻結清。我的老闆不信任我的同類，反而相信那些開著凱迪拉克把商品載回家的人，這點令我很不滿。但總算想辦法克服了情緒：我想，總有一天我也要成為能賒帳的人。

我也發現許多人會鑽福利系統的漏洞。他們會用食物券買兩打汽水，然後再以折扣價賣出換現金。他們會分批結帳，用食物券買食物，再用換來的現金購買啤酒、葡萄酒和香菸，然後總是一邊結帳一邊講電話。我實在搞不懂，為什麼我們家得辛苦度日，這種人卻可以靠福利津貼享受這些我完全沒機會嘗試的小玩意兒。

姥姥總是認真聽我分享這些見聞。我們開始覺得跟我們一樣的勞工階級不值得信任。這個階級的人大多過得很辛苦，但我們想盡辦法撐下去，也為了更好的未來努力工作。但有更多人覺得有福利金用就夠了。每隔兩週我會收到微薄的薪資支票，然後注意到聯邦政府會從薪資中扣掉所得稅。在此同時，一位住在附近的用藥上癮者也會以差不多的頻率來買丁骨牛排。我窮到買不起丁骨牛排，但託山姆大叔的福，我得替其他人買的丁骨牛排結帳。

這就是我在十七歲時的思考邏輯，雖然我已經沒當時那麼氣了，但卻是我第一次開始質疑姥姥相信的「代表工人的政黨」。我覺得民主黨的言行根本不一致。

許多政治分析家都想知道，為何不到一個世代的時間，阿帕拉契山區及其南側區域會從堅定的民主黨支持者轉為堅定的共和黨支持者，甚至為此寫了數百萬字的文章分析。有些人歸咎於種族關係，以及民主黨轉而支持民權運動的決定。也有人認為是宗教關係，認定社會保守主義掌控了此地的福音教派。不過他們提供的解釋中，最大的原因跟我在迪爾曼工作時目睹的情況一樣，且可回頭追溯至一九七〇年代，當時白人工人階級就已逐漸轉而支持尼克森，原因正如某人所說，政府「付錢讓人靠著福利就能無所事事！他們根本是在羞辱我們這個社會！我們都是努力工作的人，卻因為每天工作而被嘲笑！」[20]

大約在那時候，我們的鄰居——姥姥和姥爺的老友之一——拿位於我們隔壁的一間房子去申請第八住屋補助（Section 8），那是政府扶助低收入戶的措施，申請通過的屋主出租房子時，租賃者可得到補助。姥姥朋友的房子本來一直租不太出去，但申請通過後，他深信情況會有所改變。姥姥認定這是一種背叛行為，形同鼓勵「壞人」住進這個住宅區並拉低房價。

雖然努力想在「有工作的窮人」和「不工作的窮人」之間劃清界線，姥姥和我其實清楚，雖然覺得他們敗壞了白人工人階級的名聲，但我們之間仍有很多共通點。比如因為第八住屋補助住進來的隔壁鄰居就出生於肯塔基，很小就跟著追求好生活的父母往北遷移。她曾和幾個男人交往，但每個最後都留下一個孩子後離開。她人很好，幾個孩子也很好，但就跟所有移民的鄉巴佬一樣有藥物濫用問題，深夜爭吵更是時有所聞。姥姥在發現鄰居的類似困境後顯得既挫敗又生氣。

氣頭過了之後，邦妮．凡斯又化身為社會政策專家：「她是個懶惰的賤貨，但如果不找份工作就會完蛋的話，情況一定會不同」；「我真恨那些該死的傢伙讓這些人有錢搬進這區。」她會針對我們在百貨店遇見的人大肆抱怨：「我真搞不懂，我們這些人一輩子努力工作，結果過得可憐兮兮，那些懶鬼卻可以拿我們繳的稅去買烈酒和手機時數。」

對我這位氣到心在淌血的外祖母而言，這種現象實在太詭異了。但她如果為了政府做太多而大發雷霆，遲早也會有一天為了政府做太少而大發雷霆。畢竟政府只是在幫助窮人找地方住，而我親愛的姥姥熱愛幫助窮人。概念上而言，她對於第八住屋補助案沒有任何意見，只要談及此事，她心底那位民主黨員就會現身。她常抱怨工作太少，猜測我們的鄰居是因此才找不到好男人。當同情心氾濫時，她會問我們的社會既然有錢製造飛機，為什麼不多建造一點勒戒機構，好幫助跟媽一樣的所有人？又有些時候她會罵那些有錢人，覺得他們沒有擔負起應有的社會責任。每次主張提高稅率以改善當地學校設施的投票沒通過，姥姥都覺得是這個社會無能提供完善教育，辜負了像我這樣的孩子。

姥姥各種感受在政治光譜上分布極廣。如果根據她的直覺反應，我會將她歸類為激進保守主義或歐洲式的社會民主黨員。正因如此，我本來假定姥姥是那種未開化的傻子，只要她開口談論政策或政治，我最好就是關起耳朵別聽。但我很快發現，姥姥各種看似衝突的思想底下其實藏有屬於她的智慧。我之前花了太多年與生活肉搏，現在總算有了一點喘息空間，於是開始用姥姥的角度觀看這個世界，並因此感到害怕、困惑、憤怒和心碎等各種複雜情緒。我會責怪大公司面對困境時選擇倒閉或外移，但又懷疑如果換成自己也會做出同樣決定。我會咒罵政府為人民做的不夠，但也會懷疑，政府出手幫助時是否只是讓情況更為惡化。

姥姥可以說出像海軍陸戰隊教官一樣毒辣的話，但身邊的現象不只讓她憤怒，也讓她心碎。儘管有藥物濫用、吵架大賽及家庭財務等各式惱人特質，但這群人真的需要幫助，他們在受苦。我們鄰居的生活總是充滿絕望與傷心，比如有些母親明明擺出笑臉，但眼神沒有笑意，又或者可以聽見青少女開玩笑地說媽媽「把她打到屎都噴出來。」我很清楚這些幽默感都是為了隱藏真實情緒，因為那正是我之前採取的策略。笑吧，然後逆來順受，有句諺語這麼說。如果要說誰欣賞這種策略，那就是姥姥了。

我們家幾乎體現了這個社群文化的所有問題。媽的藥物上癮問題並非個案，許多人跟我們一樣跨越數百英里，為了追尋更好的生活來到此地，結果全都複製、重現了她的人生困境，眼前似乎也毫無解決方案。姥姥本來以為她逃離了阿帕拉契山區的貧困生活——就算財務上差強人意，心情至少有所不同——但貧困仍如影隨形。不知為何，她的晚年活得和幼年異常類似，這到底是怎麼回事？我們鄰居正值青春期的女兒又能期待怎麼樣的未來？以她的家庭現況推斷，前景實在堪憂。這也不禁讓我想問：那我的未來呢？

如果要回答這個問題，就不能不提及我稱為「家」的這個地方。我知道其他人的生活環境跟我並不同。到加州找吉米舅舅玩時，我不會被隔壁鄰居的尖叫聲吵醒，造訪小阿姨和丹恩的社區時，眼前所有房子都很美，草皮也修得整齊，就算警察出現也面帶微笑，絕不會是為了來把某人的母親押上警車。

所以我想知道：我們到底有什麼不同之處？我談的不只是我跟我的家庭，而是包括我的鄰居、整座小鎮，甚至是所有從傑克遜搬到中央鎮的人。幾年前，當媽在門廊上被警察帶走時，周遭的房子前院站滿旁觀者，因此，警察載走你媽後，你還得跟鄰居揮手致意，實在沒有比這更尷尬的事情了。媽的鬧劇確實很極端，不過其實類似戲碼早已以不同方式在每個鄰居家上演過。大家對於如何處理這類現象早已心照不宣。如果只是小型爭執，可能會有幾個鄰居從百葉窗縫或窗簾縫隙間偷看。如果情勢升高，周遭或許會有幾間臥房亮起燈來，表示有人打算來關心這場騷動。一旦場面失控，警方就會出現把某人喝醉的父親或精神錯亂的母親帶到市中心的某棟建築。在那棟建築上班的有稅務員，另外還有一些公共設施和一座小型博物館。不過對於我們街區的孩子而言，那就是中央鎮的短期監獄。

我讀了很多有關社會政策及窮忙族議題的書。其中一本由知名學者威廉・朱利亞斯・威爾森（William Julius Wilson）寫的《真正的弱勢》（*The Truly Disadvantaged*）深深觸動了我。我是在十六歲時首次讀到這本書，雖然無法全讀懂，但多少能理解書內的中心思想。隨著數百萬人北遷後在工廠周遭定居，應運而生的社群文化雖然蓬勃有力，但也非常脆弱：一旦工廠關閉，這些人就被困在原地，整座城鎮也無法再提供這麼多人高品質的工作機會。那些有能力的人離開了——通常都是受過良好教育、家境富裕或人脈廣泛的人。留在原地的成為「真正的弱勢」，這些人無法找到好工作，身邊的人都缺乏人脈，也無法提供足夠的社會支持。

威爾森的書讓我很有共鳴。我想寫信讓他知道這本書根本寫的就是我家。其實我會這麼有感觸有點奇怪，因為書中講的不是來自阿帕拉契山區的鄉巴佬，而是住在市中心貧民區的黑人。另一本對我具有啟發性的是查爾斯・穆瑞（Charles Murray）的《失土》（*Losing Ground*），書中寫的也是黑人，但拿來描述鄉巴佬也完全說得通。其中同樣也提及政府透過福利政策助長了社會腐敗。

這兩本書提供了不少思考角度，但仍無法解決令我困擾已久的問題：為什麼我們的鄰居不離開那名有暴力傾向的男人？為什麼把錢都拿去買藥？為什麼她不明白自己的作為正在摧毀女兒？為什麼這一切不只發生在那名鄰居身上，也發生在我媽身上？多年以後，我才理解不可能單靠一本書、一位專家或一個研究領域就將當代美國的鄉巴佬問題解釋清楚。我們的生活哀歌確實屬於社會學領域，卻也同時與心理學、社群、文化及信仰有關。

在我就讀高一時，我的鄰居佩蒂打電話要房東處理屋頂漏水的問題。房東抵達時發現她沒穿上衣，因為用藥失去意識而癱倒在客廳沙發上。樓上的浴缸仍不停在放水，也就是她口中的屋頂漏水。佩蒂顯然是剛剛泡過澡，吞了幾顆止痛藥後又昏過去了。樓上地板與她們家的許多物品都毀了。這就是我們社群所面對的現實人生：一名用藥者輕易就毀掉生命中僅存的微小意義，以及孩子因為母親的癮頭沒了玩具和衣物。

還有一名鄰居住在一棟粉紅色大房子內。她深居簡出，是鄰居口中的神秘人物，只會為了抽菸走出屋外。她從不跟人打招呼，屋內的燈也沒亮過。已經跟丈夫離婚的她孩子也早已進了監獄。她的身材極度肥胖，小時候我曾懷疑她是因為太胖走不動，才會這麼討厭走出戶外。

另外有位住在街底的鄰居，是一名帶著幼童的年輕女子，她還交了位中年男友。她的男友每天工作，而她就在家看影集《不安分的青春》（*The Young and the Restless*）。她的小兒子非常可愛，也很喜歡姥姥，只要想到就會跑來我們門前找姥姥要零食——有一次甚至已經超過午夜十二點。他媽媽整天都沒事做，但就是沒辦法阻止孩子晃蕩到陌生人家。有時候你能直接看出那孩子的尿布早該換了。某次姥姥直接打電話給社會服務局舉報那名女子，希望他們想辦法幫幫那個男孩，卻沒有等到任何作為。所以姥姥只好給他用我外甥的尿布，然後一天到晚注意鄰居家的「小傢伙」又晃去哪裡了。

我姐姐的朋友跟媽媽（一個百分之百可稱為福利女王的傢伙）一起住在複式房屋內。她的七名手足大多跟她擁有同一位父親，但這種情況（不幸的）很少見。她母親從不工作，根據姥姥的說法，她似乎只對「生孩子」有興趣。她的孩子根本毫無未來可言。其中一個孩子還沒到合法買菸年齡，就已經交了有暴力傾向的男友，還生了個孩子。最大的孩子才從高中畢業沒多久就因為服藥過量遭到逮捕。

這就是我所生存的世界：一個充滿非理性行為的世界。我們賣力花錢把自己送入貧民窟。我們會買超大電視和 iPad。因為有高利息信用卡跟發薪日貸款，我們的孩子可以穿上好衣服。我們買下根本不需要的房子，再抵押後繼續花錢，然後宣告破產，一回神發現屋內堆滿沒用的垃圾。節儉不是我們的作風。我們必須花錢假裝自己屬於上層階級，直到幻想破滅——真正破產或家人把因為愚蠢而坐牢的我們保釋出來——我們才會發現自己一無所有：沒錢付孩子的大學學費，沒有足以累積家產的投資行為，要是有人失業了，也沒有急難備用基金。我們知道不該這樣花錢，有時也因此深感自責，但總是重蹈覆轍。

我們的家庭生活總是一團混亂，一天到晚像觀賞美式足球賽一樣對著彼此大吼大叫，而且一定至少有個人在用藥——有時候是老爸、有時候是老媽，有時候兩個人一起來。壓力特別大的時候，我們就在其他所有家人面前毆打彼此，就連年紀很小的孩子在看也不管，而且幾乎鄰居都聽得到。要是運氣不好，鄰居可能會為了阻止這場鬧劇打電話報警，孩子會因此被送入寄養系統，但時間通常不長，然後家長道歉，孩子也信了，家長的歉意確實出自一片真心，但沒過幾天就會再次發作。

我們這種人小時候不讀書，成為家長後也不督促孩子讀書。於是孩子的學業表現一塌糊塗。我們或許會因此發火，但從不給他們成功應有的環境，例如平靜的家庭生活。就算是最優秀的聰明孩子幾乎也都選擇就近上大學。「我才不在乎你是不是進得了聖母大學，」我們常這樣說，「你在社區大學就能接受良好又便宜的教育。」諷刺的是，像我們這樣的窮孩子如果有機會去讀聖母大學，能接受的教育不但更好，還更便宜。

我們會在應該求職時選擇放棄工作。有時我們會找份工作，但通常不持久。我們可能會因為遲到或動作慢被開除，又或者是因為偷商品拿去eBay盜賣，又或者是被顧客抱怨身上的酒氣，又或者每次輪班時都會去上五次廁所，而且每次都上三十分鐘。我們會侃侃而談努力工作的意義，但又說服自己之所以不工作是因為社會不公平，比如都是歐巴馬關閉了煤礦坑，或者工作機會都流到中國去了。我們用這種謊言來處理認知失調，修補存在於內心的價值觀與真實世界之間的裂縫。

我們對著孩子談論責任感的重要，但從未展現出應有身教。舉例來說：我一直很想養一隻德國牧羊犬的幼犬，媽竟然也真的弄來一隻。牠已經是我們養的第四隻狗了，但我還是完全不知道該如何訓練牠。這些狗在一年內都消失了，不是捐給警方就是送給親友。等到四隻狗都被送走後，我們開始硬起心腸，學會不要輕易付出真心。

我們的飲食與運動習慣似乎全以讓人早死為目標，而且非常有效。在肯塔基州的某些地方，人民的預期壽命是六十七歲，比附近的維吉尼亞州整整少了十五歲。根據最近的一項研究顯示，在美國各族群之中，白人工人階級的預期壽命下降情況特別顯著。我們的早餐吃品食樂（Pillsbury）的肉桂捲，午餐是塔可貝爾的墨西哥捲餅，晚餐吃麥當勞。明知道自己下廚比較便宜，也比較健康，但我們就是很少進廚房。所謂運動更僅限於兒時玩過的遊戲。如果偶爾看到有人在路上慢跑，如果不是從軍的人，多半是到外地讀大學的人。

不過也不是所有白人工人階級都過得很苦。打從小時候我就知道，我們受到兩組不同的文化習俗與社會壓力的影響。我的外祖父母承受的是其中一種：老派、默默懷抱信仰、自力更生、努力工作。我的母親面對的則是另一種：及時行樂、自我封閉、怨天尤人、缺乏互信。且愈來愈多的人像我媽一樣。

現在仍有很多像我外祖父母的人。細心觀察你就可以發現這些人的不同：就算周遭的人放任房子由裡到外髒亂不已，你仍能看到那種細心養護花園的鄰居；跟我母親一起長大的年輕女性後來搬回老家附近，就為了幫助母親安養老年。我不是想把我外祖父母的生活浪漫化，畢竟根據我的觀察，他們的生活仍充滿各種問題，只是想要指出，雖然我們過得很苦，但之中仍有人想辦法過上了好生活。還是有很多人家庭完整，大家能圍著餐桌安穩用餐，也有很多孩子努力讀書，並相信有一天終能實現屬於自己的美國夢。無論在中央鎮或鄰近地區，我都有許多朋友建立了屬於自己的成功生涯及幸福家庭。他們不是美國的「問題」，如果你相信現存的數據研究，這些人的孩子的前景可說非常樂觀。

我常來往於這兩個不同的世界之間。託姥姥的福，我不只看到我的鄉親最糟的一面，人生也因此獲得拯救，因為她隨時為我準備好避難所和關愛的擁抱。但住在附近的其他孩子就不見得有這麼幸運。

某天姥姥答應為小阿姨顧孩子一陣子。小阿姨十點把他們送來，當時我正準備去迪爾曼熬過從早上十一點到晚上八點的漫長工時。我跟孩子相處了四十五分鐘，大約在十點四十五分出發，因為必須離開他們感到異常沮喪，甚至有點悲慟，一心只想跟姥姥和兩個孩子待在一起。我把這件事告訴姥姥，本來以為她會說「別見鬼的在那邊抱怨了」，但她只說也很希望我能待在家裡。她很少表現出這類同理心。「但如果想有一份能在週末跟家人好好相處的工作，你最好想辦法上大學，自己去爭取。」這是姥姥真正聰明的地方。她不只會咒罵、說教或命令我，而是告訴我生活可能的樣貌，例如與深愛的人度過一個平靜的週日午後，並為我指出達成目標的道路。

許多研究都指出，一個足以提供關愛的穩定家庭能對孩子產生正面影響。我可以引用幾十項研究證明，姥姥提供我的不只是短期避難所，而是能對未來生活抱持盼望。有大量文獻都在描述「韌性兒童」（resilient children）：雖然身處不穩定家庭，但因為擁有一名關愛長輩的社會支援，終究翻轉人生的那種孩子。

我知道姥姥對我好，不只因為某位哈佛心理學家這麼說了，而是因為擁有切身的感受，尤其考慮到我搬去跟姥姥住之前的人生更是如此。我小學三年級才讀了一半，全家就離開中央鎮及外祖父母，搬到普雷伯郡和鮑勃住在一起；四年級才讀完，全家又離開普雷伯郡，回到中央鎮麥金利街的200號街區；五年級讀完，我們又從麥金利街的200號街區搬到300

號街區，當時奇普常來，但我們沒住在一起；六年級讀完，我們還住在麥金利街的300號街區，但奇普已被史帝夫取代（我們也常討論到是否要搬去跟史帝夫住）；七年級讀完後，麥特取代了史帝夫的位置，媽打算跟麥特一起住，所以希望我和她一起搬去戴頓；八年級讀完後，她命令我搬去戴頓，我先是去爸那兒住了一陣子，最後還是心不甘情不願地去了戴頓；九年級讀完後，我搬進先前完全不認識的肯恩家，和他的三個孩子一起生活。除了以上搬家史，我還得面對藥物和家暴問題，兒服機構始終在一旁伺機而動，更別說姥爺過世帶給我多大影響。

即便到了今天，雖然只是為了寫作挖出這段回憶，都足以讓我感到一陣焦慮。沒多久之前，我注意到臉書上有個朋友（高中時認識的友人，跟我一樣擁有鄉巴佬背景）一天到晚換男友，她周旋於一段段關係中，常常剛發了跟這個男友的合照，時隔三週身邊又換了新人，接著跟新對象在臉書上吵不停，最後在大家面前撕破臉。她跟我差不多年紀，但已經有四個孩子。某次她發文表示終於找到一個善待她的男人（我聽過這種說詞太多次了），她十三歲的女兒在下面留言：「拜託別再這樣下去了。我只希望一切立刻停止。」我好想抱抱那名小女孩。我完全理解她的感受。在那不停搬家的七年間，我也只希望一切混亂能夠停下來。我甚至不太在意有人吵架、哭喊，甚至用藥，只希望有個可以好好待著的家，好讓那些天殺的陌生人滾出我的生活。

現在來總結一下我搬進姥姥家定居後的生活吧。讀完十年級後，我搬去姥姥家住，家中沒有其他人。讀完十二年級後，我還是住在姥姥家，還是沒有其他人。我可以斷言，姥姥平靜的家讓我能夠安心做功課，而且沒了吵架帶來的不安定感，我也更能專注於學業及工作。此外，正因長期跟同樣的人住在同一個地方，我在學校也發展出穩定的友情。出外打工也讓我對社會多了一點認識，進一步釐清對未來生活的想法。現在回頭看，這些解釋都很合理，其中也確實反映了部分真實情況。

我深信光是坐在辦公室裡，所謂的社會學家和心理學家可以針對各種問題找出原因：為何我對藥物沒興趣？為何我的成績有所改善？為何我的SAT成績那麼高？以及為何我能找到啟發我熱愛學習的老師？但我只記得那時候的我很快樂——我不再需要害怕放學鈴響，也非常清楚下個月會住在什麼地方，任何人的戀愛決定都不會影響我的人生。正因為那份快樂，過去十二年來，我才終於擁有了各種翻轉人生的機會。

第十章

海軍陸戰隊的日子

剪完頭髮後，他拒絕收我的錢，只要我自己保重安全。生平第一次，他把我當成一個平等的成年人看待。

高中最後一年，我打算甄選成為高爾夫校隊的隊員，花了大約一年跟一名專業高爾夫球手學習。準備升上高三那年夏天，我為了獲得免費練習機會在當地高爾夫練習場打工。姥姥對運動向來沒什麼興趣，但仍鼓勵我繼續學，因為「有錢人都在那裡談生意。」姥姥確實累積了不少人生智慧，但對有錢人的生活習慣實在不太清楚，我也這麼告訴她，她卻回我「閉嘴啦，蠢貨。大家都知道有錢人愛打高爾夫。」不過當我在家練習揮桿時（我沒有用球，所以唯一可能弄壞的只有地板），她卻怕我弄壞地毯。「但是，姥姥，」我會語帶嘲諷地回應，「如果我無法練習，就永遠無法到高爾夫球場上談生意了，大概只能高中輟學後到超市擔任裝袋員工。」「你這傢伙就是有小聰明。如果我腳沒跛，現在一定立刻站起來揍你的頭和屁股。」

她幫我付了高爾夫球課的學費，還拜託布蘭頓家年紀最小的小弟（我的蓋瑞舅公）替我張羅來一些不用的老球桿，他也真送來一組很不錯的麥格雷（MacGregor）球桿組，品質比我們自己買得起的好太多了。我用盡全力練習，等到了甄選時，至少已經擁有不至於丟臉的揮桿技巧。

雖然最後沒有通過甄選，我的進步程度已經足以跟那些通過的朋友一起練習，這對我來說就夠了。我發現姥姥說得沒錯：高爾夫確實是有錢人的遊戲。在我打工的高爾夫球場，很少有客人來自中央鎮的勞工階級社區。練習第一天，我穿了一般的紳士鞋出席，逕自認定這適合穿來打高爾夫球。結果我球都還沒放到球座上，一名樂於霸凌他人的年輕人就發現我只穿了雙大賣場的棕色樂福鞋，之後花了整整四小時無情揶揄我。我努力克制把球桿塞進他耳內的衝動，腦中謹記姥姥的智慧箴言，「表現出見過世面的樣子。」（順便說個插曲來說明鄉巴佬的團結：最近我提起這個故事時，琳西把那個傢伙以前多沒用的樣子數落了一頓，儘管我跟他的恩怨已經是十三年前的事了。）

我隱隱知道許多選擇都會影響我的未來。此時我的所有朋友都打算上大學；之所以能擁有這些努力向上的朋友，我只能說完全是姥姥的功勞。還記得就讀七年級時，住在我家附近的許多朋友都在抽大麻，姥姥發現後立刻禁止我跟他們來往。我知道大多孩子不會搭理這類忠告，但給他們忠告的不是邦妮．凡斯。她向我保證，一旦發現我跟列入黑名單的傢伙來往，她會開車把對方撞死，「而且我會做到不留痕跡。」她會如此低聲威脅我。

因為朋友都打算去讀大學，我想也就跟著做吧，反正我的學術能力測驗（Scholastic Aptitude Test，簡稱SAT）成績夠好，足以彌補之前糟糕的課業。而且我有興趣就讀的兩間學校——俄亥俄州立大學和邁阿密大學——絕對會收我。高中畢業前幾個月，我其實沒有想很多，就決定姑且選了俄亥俄州立大學。然後俄亥俄州立大學寄了份大型包裹到我們家，裡頭塞滿佩爾獎學金（Pell Grants）、補助貸款、無補助貸款、獎學金和校內工讀等資訊，彷彿大好前程近在咫尺，就等我和姥姥搞清楚一切到底是什麼意思。我們迷迷糊糊地研究了那堆表格，最後只做出一個結論：為了讓我去上大學所背負的債務足以讓我在中央鎮買棟不錯的房子。此時我們一張表格都還沒開始填，真要應付這堆表格，我們想必得再狠狠花上一天時間。

興奮逐漸轉為恐懼，但我告訴自己，讀大學是對未來的投資。「現在要說該把錢花在哪裡，就只有天殺的讀大學這件事了，」姥姥說。她說得沒錯。表格的事確實不再讓我那麼煩心，但我卻有了其他憂慮：我覺得自己還沒準備好。不是所有投資都會有好結果。背一大筆債讀大學能換得什麼？只為了一天到晚喝酒然後拿一堆爛成績嗎？把大學讀好需要毅力，而我實在不是那塊料。

我的高中學業紀錄實在不怎麼好看，不但常常缺席、晚到，而且也沒有參加什麼值得一提的活動。我的成績確實有所進步，但都快畢業了，還是在某些簡單的科目拿到C，代表這個學生還沒準備好應付高等教育的難度。住在姥姥家的我確實狀況愈來愈好，但在與那些學費補助資料搏鬥時，我不禁茫然地感覺前路遙遙。

大學生活比較沒有規範，無論是要自己想辦法吃得健康，或者是要自己張羅生活費，在在都讓我恐慌。這些全是我沒做過的事呀。但我知道自己對人生仍有所期待，所以希望能在大學的學業方面表現良好，找到好工作，才能為未來的家人提供自己無法擁有的好生活，但現在還沒準備好迎接這一切。就在此時，身為資深海軍陸戰隊員的表姐瑞秋建議我可以從軍：「他們會好好把你磨練成該有的樣子。」瑞秋是吉米舅舅年紀最大的女兒，也是我們這一輩的領導人物，我們所有人都仰慕她，包含琳西，所以我很看重她的建議。

就在前一年，也就是我讀高二時，美國發生了九一一事件。我跟所有注重榮譽的鄉巴佬一樣，都想要衝去中東殺光那些恐怖分子。但軍隊的訓練方式也讓我害怕——大呼小叫的教官、沒完沒了的操練，而且很難與家人相聚。我始終覺得加入海軍陸戰隊簡直就跟飛往火星一樣是不可能的任務，但瑞秋一直覺得我做得到，也因此建議我跟招募官談談。於是，在距離我該將學費存入俄亥俄州大學的帳戶之前只剩幾星期，我滿腦子想的都是從軍的事。

於是在三月下旬的某個星期六，我走進一間募兵辦公室詢問有關海軍陸戰隊的問題。他並沒有試圖說服我加入，只說賺的錢不多，甚至可能得上場打仗。「不過軍隊能教給你領導能力，也會把你訓練成一名有紀律的年輕人。」這點確實引起了我的興趣，但實在還是很難把ＪＤ和美國海軍陸戰隊連結在一起。當時的我是個長髮小胖子，每次體育老師要求我們跑一英里時，我至少有一半路程都是用走的。我也從沒在早上六點半以前起床過。不過眼前這個組織保證以後我每天都會在早上五點起床，而且每天至少跑上好幾英里。

我回家後花了一點時間思考眼前的選項。我提醒自己，國家需要我，如果不從軍，之後一定會後悔沒有投入這場即將到來的戰爭。我還想到《美國軍人權利法案》（GI Bill）帶來的福利，知道可以藉此擺脫負債，擁有經濟獨立的自由。最重要的是，我知道自己別無選擇，不是去讀大學，就是直接進職場，或者就是加入海軍陸戰隊，但前兩個選項我都不喜歡。所以我告訴自己，只要在軍中待四年，就能成為理想中的成年人。然而，我卻不想離家。琳西剛生的第二個孩子是名可愛的小女孩，肚子裡已懷了第三胎，我的小外甥也還在學走路。蘿莉的孩子年紀也還小。我愈想愈是不想離開他們，也知道要是等太久，我一定會放棄。所以，兩星期後，就在伊拉克危機升級為伊拉克戰爭的時候，我在一條虛線上簽下自己的姓名，將自己成年後的四年人生交給海軍陸戰隊。

一開始我的家人都對此嗤之以鼻，所有人都說我根本不是那塊料，但最後發現我不可能改變心意之後，他們也就接受了，其中甚至有人為我感到興奮。除了姥姥之外。她絞盡腦汁想要改變我的想法：「你這個見鬼的白痴，他們會把你折磨到連骨頭都不剩。」「這下誰要來照顧我？」「你太笨了，在軍隊裡無法生存啦。」「你太聰明了，在軍隊裡無法生存啦。」「世界這麼亂，你一定會被一槍爆頭。」「你難道不想陪琳西的孩子一起長大？」「我會擔心，我不要你去。」雖然最後接受了這項決定，但她始終滿心不樂意。就在我即將進入海陸新兵訓練營之前，招募官來家裡拜訪我那孱弱的外祖母，她為此起身走出門，一邊努力把身體挺直一邊怒眼圓瞪，「你只要一隻腳踏上我的前廊，我就開槍打爛它。」我的招募官後來告訴我，「我想她應該沒在開玩笑。」所以後來他們兩人只好站在前院談話。

這次離家受訓最讓我害怕的不是可能在伊拉克身亡，或者無法通過訓練，我實在不怎麼擔心這些問題。但當媽、琳西和小阿姨開車載我去前往機場的巴士站，準備搭機去受訓時，我不禁開始想像四年後的生活，卻沒在畫面中看到姥姥。不知為何，我就是**知道**姥姥無法撐過我在軍隊的這四年。我知道自己將暫時成為無家可歸的人，因為「家」必須是有姥姥在的那棟中央鎮的房子，而等我從軍隊退伍後，姥姥已經不會在了。

海陸新兵訓練營為期十三週，每週都有不同的訓練焦點。抵達南卡羅萊納州帕里斯島（**Parris Island**）當晚，迎接我們下機的是一名怒氣沖天的教官。他命令我們搭上巴士，車子開動沒多久，另一名教官就要求我們下車，而出現在眼前的正是著名的黃腳印步道（**yellow footprints**）。接下來六個小時，我被仔細詢問了醫療病史及所有身家細節、領取裝備及制服，並被剃去了所有頭髮。我們可以打一通電話，所以我當然打給了姥姥，並照著他們給我的卡片讀出規定說詞：「我已經安全抵達帕里斯島，很快就會把通信地址寄過去，再見。」「等一下，你這小豬頭，一切都好嗎？」「抱歉，姥姥，不能多說。但沒錯，我很好，我會盡快寫信回去。」教官聽到我多說了兩句規定之外的台詞，立刻語帶諷刺地問我時間夠不夠「聽她見鬼的跟你講個完整的故事呢？」第一天就這樣結束了。

我們受訓時不能講電話。我只能在琳西的大伯過世時打一通電話致意。但透過信件，我發現家人真的很愛我。其他新兵——在我們撐過嚴格訓練並真正贏得「海軍陸戰隊」的名號之前，他們都以「新兵」稱呼我們——大概每隔兩、三天收到一封信，我有時候卻會一天收到五、六封。姥姥每天都寫信來，偶爾甚至一天寫上好幾封，大部分都在解釋她認為這世界出了什麼問題，或者針對其他主題來上幾句意識流風格的評論。不過最主要還是想知道我過得如何，並希望能夠安撫我。大部分新兵都會希望得到家人的鼓勵，姥姥在這方面的表現完全不是蓋的。當我每天努力面對著對我高聲吼叫的教官，以及超出我鬆垮臃腫的身材能負荷的訓練，同時都還能從信中得知姥姥以我為傲、姥姥愛我，她知道我永遠不會放棄。無論是出於自身的智慧或是遺傳到的囤積狂傾向，總之我幾乎留下了家人寄給我的每封信。

這些信件幫助我以有趣的角度進一步認識留在老家的親人。其中一封媽寫給我的信不但提到她以我為傲，還提到「我幫忙琳西帶孩子，他們在外頭玩蛞蝓，把一隻給捏死了。我把蛞蝓丟掉了，還跟他們說蛞蝓沒死，因為凱姆發現自己害死蛞蝓有點難過。」此時的我媽既慈愛又有趣，甚至因為與孫兒相處感到愉快，可說是她的最佳狀態。她在同一封信中也提到葛瑞格，應該是另一位我想不起來的母親男友。另外她還提到一個友人，其中透露出我們對「正常」的認知跟別人有多麼不同：「曼蒂的丈夫泰瑞因為違反保釋規定而被送進監獄了，所以，我想他們過得還不錯。」

琳西也常寫信來，一個信封裡往往塞入好幾張不同顏色的信紙，背後還有閱讀指示，例如「這是第二張」或是「這張最後讀。」每封信都會稍微提及她的孩子。我透過信件得知我的大外甥女的大便訓練成功、外甥的美式足球賽況，以及小外甥女開始會笑及伸手拿東西的時刻。正因為共同度過人生的種種起伏，我們現在更是無比珍惜她的寶貝孩子。幾乎每封寄回家的信上，我都會寫到「替我親吻孩子，告訴孩子我很愛他們。」

生平第一次與家人分開，讓我對自己及身處文化有了更深刻的認識。海軍陸戰隊跟一般人所想的不同，並不是窮人家的孩子走投無路的選擇。我在訓練營擁有六十九位同排隊友，其中包含黑人、白人、西班牙人；有來自紐約上城的有錢孩子，也有來自西維吉尼亞州的窮小孩；天主教徒、猶太教徒、新教徒都有，甚至還有幾位無神論者。

我當然選擇親近那些跟我背景相似的人。「我最常聊天的對象，」我在第一封寫回家的信件中如此寫道，「是一個來自肯塔基州雷斯利郡的人，他講起話來就像傑克遜人。我跟他說天主教徒能擁有那麼多自由時間簡直是太荒唐了。他們之所以能那麼閒，是因為教會規定好固定的工作時間。他真的是個鄉下傻小子，因為他問我，『什麼是天主教？』我跟他說，那就是基督教的另一種形式，他說，『我或許也該試試看唷。』」姥姥完全知道他的家鄉在哪裡，「肯塔基那個地區住的都是弄蛇人。」她這話可不完全是在開玩笑。

我離家的這段時間，姥姥前所未見的脆弱。每次只要收到我的來信，她都會立刻打電話命令我的阿姨或姐姐到她家，就為了想知道我那些亂七八糟的筆跡都在寫些什麼。「我好愛你好想你我忘記你離家了總以為你會從樓上走下來我還能對你大吼大叫彷彿你還在家一樣。我今天手好痛我想應該是關節炎吧……先講到這裡之後會寫更多愛你請多保重。」姥姥的信從來不包括必要的標點，不過總會附上一些讓我打發時間的文章，大部分文章都來自《讀者文摘》。

但她還是保留著姥姥原本的招牌脾氣：刻薄、胳臂往裡彎。開始訓練大約一個月後，我和某位教官彼此惡言相向，他把我帶到一旁處罰了半小時，期間逼我交互蹲跳、仰臥起坐及短跑，直到我徹底精疲力盡為止。其實每個人都會在新兵訓練營碰上這麼一遭，真要說的話，我能夠拖了這麼久才遇上已經堪稱幸運。「我最親愛的JD，」姥姥在得知這次事件後在信中寫道，「不得不說，我知道這些豬頭混帳遲早會找你麻煩，果然該來的還是會來。我無法描述現在究竟有多火大……你就繼續拿出你的最佳表現，然後記得他們不過是一群IQ只有2的蠢貨，自以為大尾但衣服底下穿的根本是女生內褲。我恨他們所有人。」我以為姥姥的情緒已經一次爆發完了，但隔天她繼續罵：「哈囉甜心我滿腦子想的都是那些豬頭竟然罵你那是我的工作不是那些混蛋的工作。開玩笑的我知道你一定能心想事成因為你聰明得要命而他們清楚自己不聰明我恨他們所有人真是打從心底恨。吼叫就是他們愛玩的手段之一……你就是繼續拿出最佳表現一定有辦法打敗他們。」即便兩人相距數百英里遠，我仍擁有這世間最惡毒的鄉巴佬盟友。

在新兵訓練營的時候，所有人吃飯都得非常有效率。首先你要走進自助餐廳排隊，將手上的托盤拿給服務人員，他們就會把當天提供的**所有**伙食丟上托盤。基本上你會因為太害怕而不敢出聲抗議，但因為餓得半死，對於能瘋狂大吃也感到慶幸。然後你坐下，看也不看盤上的食物（這樣太不專業了），頭也完全不動（這樣做也不專業），就把食物一口口挖進嘴裡，直到有人命令你停止才住手。這段過程總共只花費八分鐘，最後不是總沒吃飽，就是會出現消化不良的問題（其實兩者感覺差不多）。

過程中唯一有所選擇的是甜點，就放在流水線的最末端的幾個小盤子上。進入新兵訓練營的第一餐，我拿了一塊蛋糕回座位，心想，**就算其他食物都不好吃，至少這塊蛋糕會是例外吧**。此時我的教官出現，他是一位講話有田納西腔的瘦高白人，先是用那對小眼睛上下好好打量了我一番，接著開口質問：「你真的非吃那塊蛋糕不可嗎？肥仔？」我本來想答腔，但那顯然不是真的問句，因為他直接把蛋糕從我手中拍掉後繼續去惡整下一名受害者。此後我再也沒有伸手拿過蛋糕。

這件事為我上了一堂課，不過跟食物、自制力與營養都無關。如果過去有人說面對這種汙辱，我應該有辦法清光檯面上的蛋糕後再回到座位，我根本會覺得那人瘋了。我的童年與青少年經驗讓我總是懷疑自己的能力。就算克服了某些障礙，我也開心不起來，因為我會擔憂被下一個障礙擊敗。不過充滿了各種大大小小障礙的新兵訓練營讓我逐漸發現以前其實低估了自己。

海陸新兵訓練營的存在就是為了提供足以扭轉學員人生的各式挑戰。打從抵達的第一天，就不會有人以名字稱呼你，你也不能以「我」開頭表達自我，因為這裡要求你質疑自己的個體特殊性。所有提問都必須以「這名新兵」開頭，比如「這名新兵必須使用腦袋（廁所）」或「這名新兵必須去找醫護兵。」有些白癡身上有海軍陸戰隊的刺青，抵達此時會被電得特別慘。新兵隨時隨地都會被提醒，在通過訓練並成為正式贏得「海軍陸戰隊員」的稱號之前，你們毫無價值。我們這一排本來有八十三名隊員，結訓時只剩下六十九位，其中大部分都是因為醫療因素退出，但也更凸顯了通過挑戰所具有的價值。

每次被教官怒罵時，我總是挺直身體面對；每次跑步時只要感覺可能落後，我總會想辦法迎頭趕上；每次學會一項本來以為不可能的新技能時，例如爬繩索，我都會因此對自己多一分自信。我小時候深信任何選擇都不可能改變人生的結局，心理學家稱此為「習得無助感」。無論是在中央鎮的生活，或是家中的各種混亂，我總覺得一切都不在掌控範圍內。姥姥和姥爺拯救我不至於完全屈服於這種無助感，但海軍陸戰隊卻進一步奠定我的自信心。如果我在家中習得了無助感，在海軍陸戰隊學到的則是意志力。

從海陸新兵訓練營結業是我人生最驕傲的一天。總共十八位鄉巴佬出席參加我的結業式，包括坐在輪椅上披了好幾條毯子的姥姥，她看起來比我記憶中虛弱好多。我帶他們參觀基地，驕傲地感覺像是中了樂透。隔天我有了十天假，一行人於是一起驅車回到中央鎮。

結訓回家的第一天，我走進姥爺朋友開的理髮店。海軍陸戰隊員必須保持一定長度的短髮，我可不想因為沒人盯著就疏於整理。生平第一次，那位街角理髮師——當時我不知道這已經是一種逐漸凋零的行業——把我當成一位成年人招呼。我坐在他店內的椅子上，說了一些幾個禮拜前才學會的黃色笑話，還分享了幾則受訓時的趣聞。他跟我差不多年紀時曾被徵召去打韓戰，所以我們一起吐槽了陸軍還有海軍陸戰隊。剪完頭髮後，他拒絕收我的錢，只要我自己保重安全。之前我給他剪過頭髮，也常路過他的店面。但生平第一次，他把我當成一個平等的成年人看待。

之後我很快又有了幾次類似經驗。剛成為海軍陸戰隊員後那十天，我都待在中央鎮，每次跟他人互動總能帶來新的驚喜。首先是，我瘦了二十公斤，很多人幾乎認不出我來。我在當地賣場遇見好友奈特——他後來在婚禮上擔任我的伴郎之一——自然伸出手跟他打招呼，他還上下打量了兩次才確定是我。所有家鄉親友似乎都覺得我實在改變太大了。

不過這情況有好有壞。許多以前我吃的食物都不符合海軍陸戰隊員應有的健康標準，比如姥姥幾乎所有食物都拿來炸，不管雞肉、酸黃瓜還是番茄。撒上碎薯片的臘腸三明治顯然也稱不上健康。藍莓派本來還算一種以水果（藍莓）及穀類（麵粉）為底的健康甜點，此刻也不再吸引我。我開始提出一些以前絕不會問的問題：這有糖類添加物嗎？這肉有很多飽和脂肪嗎？鹽分有多少？雖然只是跟食物有關的疑問，但我知道此後再也不可能用同樣眼光看待中央鎮了。儘管只有短短幾個月，新兵訓練營確實已完全改變我看待世界的角度。

沒過多久，我就接受海軍陸戰隊的指示派駐外地，家裡的日子則一切如常。我只要逮到機會就會回家，例如長週末或比較長的休假。平均大約幾個月能見一次家人。每次見到家裡的孩子，我都覺得他們又長大了一點。就在我開始受訓沒多久，媽就搬去跟姥姥一起住，不過並沒有打算永久定居。姥姥的健康狀況倒是有改善：她走路變得比較穩，甚至胖了幾公斤。琳西和小阿姨兩家人都過得健康愉快。離家之前，我最怕的就是家中發生劇變，而我卻完全幫不上忙，幸好這狀況並未發生。

二〇〇五年一月，我得知所屬單位再過幾個月就要前往伊拉克，內心既興奮又緊張，但姥姥接到我的電話通知後卻沉默不語。經過幾秒鐘死寂的沉默後，她只說希望戰爭能在我出發之前結束。之後雖然我們每隔幾天就通電話，但沒人提起伊拉克，所有人都知道我夏天就要出發了，但冬去春來，我感覺到姥姥仍不想提到伊拉克的事，連想都不願意想，我也就順著她的意思。

姥姥年紀大了，身體孱弱又多病痛。我不但不再跟她同住，現在還準備上戰場。雖然她的身體狀況在我離家後莫名有了好轉，但每天仍必須服十幾種藥，也常得為了各種毛病上醫院。阿姆科—川崎鋼鐵公司一直有提供姥爺的遺孀健保補助，但某天卻表示要將她的基本保費每月提高三百美金，而她真的付不起。當她把這件事告訴我時，我立刻主動表示要負責支付這項費用。之前她從未接受過我任何幫助，無論是我在迪爾曼百貨的薪水，或是我參加新兵訓練營時賺到的收入，但這次她卻願意接受我每月資助三百美元，可見她真的別無他法。

我自己賺的也不多，稅後大約每月收入有一千美元，但因為軍隊提供我住宿及伙食，所以這些錢還算堪用。我也靠著玩網路撲克牌賺取額外收入。我在這方面是天生好手，打從有記憶以來，我就跟著姥爺及伯公一起小額賭撲克牌玩，而當時的網路撲克風潮更是讓我撈了一筆。我每個禮拜花十小時在小額賭桌上，每月大概能賺入四百美金。本來打算將這些錢存起來，但現在決定用來幫姥姥付健保費用。姥姥聽了當然擔心我是否染上賭博習慣，一心想像我躲在停在山裡的拖車內和一群同為鄉巴佬的老千廝混，但我保證那是一種網路遊戲，而且絕對合法。「哎呀，你知道我不懂那什麼天殺的網路，反正不要沉迷於酒和女人就對了，不然你就會跟那些被抓到違法賭博的蠢豬下場相同。」

姥姥跟我都愛看《魔鬼終結者二》，我們大概一起看了五、六次。姥姥把阿諾・史瓦辛格視為美國夢的代表人物：一名好不容易出人頭地的強悍移民。但我卻將那部電影視為自己的人生隱喻。姥姥是我的監管人、是我的保護者，有必要的話還能成為專屬於我的鬼見愁終結者。無論人生遇到什麼爛事，只要有姥姥保護我就不會有事。

不過因為替姥姥支付健保費，我生平第一次覺得成為了她的保護者，內心也前所未見地感到滿足。沒想到我有這種能力？加入海軍陸戰隊之前，我從未有錢幫助家人，但現在回家，我可以帶媽去吃午餐，為孩子們買冰淇淋，還能買聖誕禮物給琳西。某次回家，姥姥和我帶琳西比較大的兩個孩子去位於俄亥俄州阿帕拉契山區美麗的霍金山州立公園（**Hocking Hills State Park**），並在那裡跟小阿姨及丹恩碰頭，一路上都是我開車、付油錢，還為所有人的晚餐付錢（雖然我得承認只不過是吃溫蒂漢堡）。我感覺自己終於像個男人，是個真正成熟的大人。當跟所愛之人同桌談笑，看著他們享用我所付錢買的晚餐，那種喜悅與成就感真的難以言喻。

我這輩子總在充滿恐懼的低谷及感到安穩的巔峰之間擺盪。不是被惡劣的終結者追趕，就是受到善良的終結者保護，但從未感到自己有能力，從未相信自己可能擁有照顧所愛之人的能力與責任感。姥姥當然可以告訴我責任感及勤奮工作的重要，也可以提醒我必須開創人生，而且絕不要找藉口，但無論何種激勵人的口號或演說，都無法讓我明白擺脫寄人籬下後還能夠庇蔭別人的感受為何。我得自己想辦法學習，而且學會後立刻上癮。

姥姥即將在二〇〇五年四月滿七十二歲。就在她生日前幾週，我站在沃爾瑪超市的汽車修理中心的休息室等技師替我換機油，利用空檔用自己買的手機打電話給姥姥，她告訴我正在替琳西照顧孩子。「梅根實在有夠可愛，」她告訴我，「我跟她說要拉屎在馬桶裡，結果她連續三小時都在講『拉屎在馬桶裡』，我跟她說再講下去我就慘了，但她根本不理我。」我笑了，跟姥姥說我愛她，也說這個月的三百美金支票已經寄出。「JD，謝謝你的幫忙，我真的以你為傲，我愛你。」

兩天後的星期天早晨，我被姐姐的電話吵醒，她說姥姥的肺衰竭，陷入昏迷的她目前躺在醫院，並要我盡快趕回去。兩個小時後的我已上路，還為了可能得參加葬禮而帶上青藍色制服。我在I-77公路上的時速超過九十四英里，被西維吉尼亞的警察攔下。他問我為何開這麼快，聽了解釋後告訴我之後七十英里都沒有時速檢查儀，我可以盡量開快一點，但進入俄亥俄州境之後就得慢下來。我拿了張警告罰單，深深感謝他的仁慈，接著在跨越州境之前時速始終維持一百零二英里。本來十三小時的車程，我只花了不到十一小時就到了。

當晚十一點，我抵達中央鎮地區醫院，所有家人都已經聚集在姥姥床邊。她仍然沒有意識，雖然肺臟已經回復正常狀態，但導致衰竭的感染症狀卻沒有辦法治好。如果治療始終無效，把她叫醒是一種莫大折磨，但也不確定她能否被叫醒。

我們等了幾天，希望感染能對藥物治療有所反應，但結果卻是相反：她的白血球數量持續升高，許多器官也在衰竭邊緣。醫生表示姥姥得靠呼吸器及餵食管才能繼續活下去，所以我們討論後決定，如果白血球數量再過一天沒有下降，我們就拔管。法律上是小阿姨獨自做下了這個決定，我永遠無法忘記她淚眼婆娑地問我這決定是否錯了。但直到今天，我仍深信她和我們一起做了正確決定，即便或許我們永遠無法確知正確與否。如果當時我們家有一名醫師就好了。

醫生說姥姥會在拔掉呼吸管後十五分鐘過世，最多撐一小時，但她整整撐了三小時，一路奮戰到最後一分鐘。所有人都出席了，包括吉米舅舅、媽、小阿姨、琳西、凱文和我，我們全部圍繞在床邊，輪流在她耳邊輕聲說話，就希望她能聽見。隨著心跳愈來愈慢，我們知道時候要到了，我翻開基甸會（Gideon）發送的《聖經》，朗讀出現在我眼前的〈哥林多前書〉第十三章第十二節：「我們如今彷彿對著鏡子觀看，晦暗不清；到那時就要面對面了。我如今所知道的有限，到那時就全知道，如同主知道我一樣。」幾分鐘之後，她走了。

姥姥死的時候我沒有哭，之後幾天也一樣。小阿姨和琳西一開始對我有點惱，後來開始擔心：你太沒有情緒了，她們說，你得像我們一樣容許自己哀悼，不然之後一定會爆發。

我只是用自己的方式哀悼姥姥的死亡，但也感受到整個家族正面臨崩潰邊緣，我想要在情緒上穩住自己，作為大家的依靠。我們都知道媽在姥爺過世時反應很激烈，但姥姥之死帶來的卻是新的問題：大家得開始清算資產，理清姥姥的債務，處理掉一些個人物品，並把剩下的分給其他人。直到那個時候，吉米舅舅才知道媽大幅拖累了姥姥的財務狀況，包括幫助她戒毒的支出，以及許多從未歸還的「借款」。他直到今天仍拒絕跟媽來往。

但我們幾乎都知道姥姥生性慷慨，對此結果也不意外。雖然姥爺努力工作超過四十年，但唯一留下有價值的資產，就只有和姥姥五十年前一起買的那棟房子，而姥姥身上背的債就足以侵蝕掉那棟房子一大部分的財產淨值。幸好當時是二〇〇五年，正是房地產泡沫化的高峰。要是她死於二〇〇八年，我們只能替姥姥宣布破產。

姥姥在遺囑中將遺產均分給三個孩子，但媽的那份又均分給我、琳西和媽三人，想必是考量了媽常常失控的情緒。我幾乎全心在處理姥姥的遺產問題，又花了不少時間和幾個月沒見的其他家人相處，所以一直沒注意到媽正逐漸進入姥爺死後的那種情緒低谷。不過要是有一輛火車正轟然向你駛來，你一定很快就會注意到。

姥姥跟姥爺一樣希望在中央鎮舉辦一場弔唁會，好讓她在俄亥俄州的親友有機會前來致意。她也跟姥爺一樣希望能在傑克遜的迪頓葬儀社舉辦第二場弔唁會和正式葬禮。葬禮結束後，我們一行人前往離姥姥出生地不遠的另一座山區小鎮凱克（Kerk），也就是我們家族墓園的所在地。在我們的家族傳說中，凱克的地位比姥姥的出生地還高，她的母親——也就是我們深愛的布蘭頓姥姥——就出生於凱克，而布蘭頓姥姥的妹妹就在那片墓地附近擁有一間美麗的原木小屋。只要從小屋出發穿過一小段山路，就能抵達那片沉睡著姥爺、布蘭頓姥姥和其他親戚的土地，其中有些人的出生年代可回溯至十九世紀。那就是我們的目的地，經過狹窄山路，我們要把姥姥護送到許多親族早已安息之處。

我大概已經護送過家人到那片墓地五、六次了。每次坐在車中望向窗外景觀，都不免會想起一些美好回憶。這趟車程大約二十分鐘，每次大家不免都會聊起有關亡者的小故事，開頭通常都是「你還記得嗎？那一次……」不過姥姥的葬禮後，我們卻沒有在車上交換任何有關姥姥、姥爺、大紅、冬青舅公的有趣回憶，也沒提起那次大衛舅公把車開到懸崖下卻毫髮無傷的經歷。琳西和我只是被迫聽媽不停表示我們真是「太難過了」，我們實在「太愛」姥姥了，但最重要的是，媽比我們更有權利感到悲傷，因為依照她的說法：「她是我媽，不是你們的媽！」

我從未對一個人如此生氣過。多年來我為媽找過無數藉口，努力想幫她處理藥物問題，讀了成堆跟成癮有關的書，還陪她去匿名上癮者互助會。我從來不抱怨，只是忍耐著那堆在我生命中來來去去的準父親們，最後只留下空虛與對成年男性的不信任。就在她威脅要殺我那天，我還是上了她的車，還為了讓她免於牢獄之災站在法官面前說謊。我和她一起搬去與麥特住，之後又跟她一起搬去和肯恩住，為了讓她好起來，我幾乎什麼都配合，而她確實本來也有機會變好的。這些年來，琳西都說我是那個「心胸寬大的孩子」：總是看媽好的一面、為她的行為找藉口，而且永遠對她抱持信心。我正準備開口對她說一些無比刻薄的話，但琳西卻先開口了：「不，媽，她也是我們的媽。」這句話足以說明一切，所以我沒再開口。

葬禮隔天，我開車回到北卡羅萊納州的單位報到。途中經過一條維吉尼亞州幽僻的狹窄山路，接近一個彎道時不小心開上一片溼滑路面，於是整台車開始失控旋轉。因為車速很快，不停往路邊護欄旋轉的車子完全沒有要減速的樣子，有那麼一度我真的覺得人生到此為止：雖然出乎預料的早，但我就要翻過護欄加入姥姥的行列了。但突然之間車子停了下來。那是我這輩子最接近超自然力量的體驗，雖然我確信一定有摩擦力定律之類的科學解釋，但我總覺得是姥姥替我擋下了即將翻下山的車子。我重新調整方向，開回原本的線道後將車停放到路邊，壓抑兩星期的淚水就這樣一股腦湧出。重新開車上路前，我先打電話跟琳西和小阿姨談過，並在幾小時後返抵基地。

＊　＊　＊

我在軍中的最後兩年生活一晃眼就過去了，雖然幾乎沒發生什麼事，但有兩件事值得一提，因為它們都反映了軍隊生活如何改變了我的人生觀。首先是在伊拉克服役，我很幸運地免於涉入任何真槍實彈的戰鬥，但那段經驗仍對我影響甚深。我在海軍陸戰隊中負責公關工作，必須跟不同單位保持連繫，以便掌握他們的每日行程。有時候我得負責接待護送民間媒體，但大多時候都是為一位位陸戰隊士兵拍照，並撰寫他們的工作內容。剛被派駐到當地時，我被分配到一個民政單位做睦鄰服務工作。民政相關任務通常被視為較為危險的工作，為了與當地人會面，有時陸戰隊員會深入無人支援保護的伊拉克領土。某一趟任務中，某位資深陸戰隊員要與當地一名學校長官會面，我們其他人負責保護他，有空時則跟學童踢足球或發送糖果及文具。一名非常害羞的男孩向我伸出手，我給了他一小塊橡皮擦，他的臉立刻因為喜悅而閃閃發光，然後驕傲高舉著那個兩分錢的戰利品跑向家人。我從未在一個孩子的臉上看到如此興奮的表情。

我不相信有所謂突然的頓悟，也不相信什麼決定性的人生轉捩點。轉變很困難，絕不是一時半刻就能發生的事。我親眼目睹太多人信誓旦旦想要改變，卻在發現改變的現實困難後輕易放棄。但就在那個時刻，那個男孩幾乎可說徹底改變了我。我這輩子總是對這個世界心懷怨恨，我氣我的母親與父親，也氣自己必須在目睹其他孩子與朋友結伴上學時獨自搭公車，氣我的衣服不是流行名牌，氣我的外祖父過世，氣我們得住在一間小房子內。那種怨恨不可能瞬間消失，但當我在這片受戰火摧殘的土地上看著這群孩子，他們的學校沒有自來水，但那名男孩竟還能如此快樂，我開始懂得珍惜自己所擁有的生活：我出生於世界上最偉大的國家，得以輕易享受便捷的現代生活，還曾有兩位鄉巴佬深愛著我，家族中大部分人雖然古怪，但仍深愛著我。就在那一刻，我決心做那種得到一塊橡皮擦就懂得微笑的人。雖然現在也不敢說百分之百做到，但如果沒有那天在伊拉克的經歷，我甚至不會往這個方向努力。

另外是陸戰隊生活對我逐漸造成的影響。打從第一天因為那片蛋糕而被可怕教官大罵開始，直到我拿了退伍令後立刻衝回家那天為止，海軍陸戰隊教我如何活得像個成年人。

海軍陸戰隊假定徵召進來的人全都非常無知。他們會預設這些人不懂如何健身、保持個人衛生，甚至包括基本理財技巧。我必須修習有關記帳、儲蓄及投資的課程。我離開訓練營時，賺來的一千五百美金都存在一間表現普通的地方銀行，當時一名陸戰隊學長開車帶我去頗負盛名的海軍聯邦信用合作社（Navy Federal），硬是要我開了一個帳戶。當我染上咽喉炎卻想要自行挺過去時，也是我的指揮官注意到之後要求我去看醫生。

我們以前常常抱怨我們的工作跟民間工作最為人所知的那項差別：如果在民間企業工作，長官無法干涉你職場以外的生活，但在海軍陸戰隊中，我的老闆不只希望我工作表現優秀，也希望我保持房間整潔、定期剪髮，並好好熨燙制服。他甚至命令一名年紀比較大的陸戰隊員陪我去買人生第一輛車，就為了確保我買一台實用的豐田或本田汽車，而不是我盼望已久的ＢＭＷ。就在我幾乎要答應百分之二十一的貸款透過車輛代理商下訂時，負責照看我的那名學長大發雷霆，堅持要我打電話到海軍聯邦信用合作社詢問，我也因此申請到利息只有一半的貸款。我根本不知道有人會做這種事！比較銀行的好壞？我還以為銀行都一樣。更別說是比較貸款條件優劣。我光是能夠立刻有貸款購車就已經覺得夠幸運了，但海軍陸戰隊要求我策略性的思考所有決定，還教導我達成目標的手段。

另外，軍隊改變了我對自己的期許。剛進訓練營時，光是想到必須爬上三十英尺的繩索都讓我害怕，但服役滿一年時，我已經可以單手爬上去。入伍之前，我從來沒有連續跑完一英里，但最後一次體能測驗時，我卻只花了十九分鐘就跑完三英里。因為進入海軍陸戰隊，我生平第一次對成年男子發號施令，並目睹他們聽令行事；也學會所謂領導技能不只是對下屬頤指氣使，而是要贏得他們的尊敬，同時在此學會贏得他人尊敬的方法。也是在這個地方，我看到來自不同社會階層及族群的男男女女可以像家人一樣相處、合作。海軍陸戰隊給了我真正體驗何謂「失敗」的機會，要求我把握機會，並在我真正失敗後給我再次嘗試的機會。

從事公關工作時，最資深的隊員必須擔任媒體聯絡人。媒體等同於海軍陸戰隊公關部的終極聖杯：能接觸到最多閱聽者，但承擔的風險也最大。我們在櫻桃岬（Cherry Point）的上尉因為不明原因快速失寵，他比我高八個薪級，但因為伊拉克與阿富汗戰爭的關係，他被拉下來時找不到其他適當接任人選。因此我的長官告訴我，接下來九個月（直到我的役期結束），我得在東岸最大的軍事基地擔任媒體聯絡官。

當時的我已經習慣海軍陸戰隊偶爾稍嫌隨興的派任風格，但這次的情況完全不同。正如某個朋友當時的玩笑話所述：我或許有張上鏡的臉，但完全不知道該怎麼播報基地發生的事情。這項工作等於把我這隻綿羊直接丟向狼群。一開始有點慘，我先是讓一群攝影師拍攝機密飛機，還在一場會議上向資深軍官說了些不該說的話，最後被攻擊得體無完膚。不過我的長官蕭恩·黑尼（Shawn Haney）向我說明各種修正的方法，我們也一起討論該如何與媒體建立關係、關注最新消息，同時又能好好管理我的時間。我確實因此有所進步。當數十萬觀眾湧入基地參加航空雙年展時，我的媒體公關技巧已經好到足以贏得一枚表彰獎章。

那次的經驗對我而言非常寶貴：我知道我有能力。如果有必要，我可以一天工作二十小時，就算一堆攝影機擠在我面前，我也能清晰自信地說話。我可以跟一屋子少校、上校和將軍共處卻仍面不改色。雖然我曾質疑自己，但仍成功承擔起一名上尉的工作。

姥姥花了好大的心力想要告訴我，「你想做什麼都可以；不要像那些見鬼的輸家一樣，一天到晚抱怨都是別人作弊才害他們失敗。」但無論她如何鼓勵我，直到入伍之前，我的心態始終無法因此完全改變，畢竟所處環境總是瀰漫著完全相反的訊息：我和我的同類人就是不夠好，中央鎮之所以沒有任何一名常春藤名校的畢業生，純粹就是一種基因或性格上的天生缺陷。直到逃離那個環境之後，我才意識到這種氣氛充滿毀滅人的力量。海軍陸戰隊卻根除了那種消極心態，將我們轉變成那種厭惡藉口的人。「用盡全力」（Giving it my all）是一句好記的口號，我們常會在體適能或健身課程中聽到有人這麼說。還記得我第一次跑完三英里，雖然成績是不怎麼樣的二十五分鐘，我仍有點佩服自己。此時一名嚇人的教官卻在終點線對我大吼：「如果你還沒吐，代表你懶！別再他媽的偷懶了！」接著要求我在他和一棵樹之間來回快速衝刺，直到我快要昏倒時才放過我。我氣喘吁吁，幾乎要吐出來，「你每次跑完之後就該累成這樣！」他狂吼。在海軍陸戰隊時，「用盡全力」就是我們的日常生活。

我並不是說每個人的能力都一樣，或許有些人天生就比較能幹。但是你有可能低估了自己，把缺乏努力誤以為能力不足，而突破這層迷思能為你帶來強大的力量。因此每當有人問我白人勞工階級最該改變的是什麼，我的答案都是「那種不管做了什麼決定都沒差的心態。」海軍陸戰隊像是切除腫瘤一般替我消滅了那種心態。

就在滿二十三歲後沒幾天，我生平第一次花大錢買了一台本田汽車，拿了退伍令，最後一次從北卡羅萊納州的櫻桃岬開車回俄亥俄州的中央鎮。這四年間，我在海地目睹了前所未見的貧窮生活，目睹一架飛機撞入住宅區後引發的人間慘劇。我經歷了姥姥的死，之後又上了戰場幾個月，還和一名曾經賣快克的陸戰隊員結為好友，他也是我認識過最投入軍隊工作的陸戰隊員。

一開始之所以成為海軍陸戰隊員，多少是因為還沒準備好面對成人世界。我不知道如何記帳，更別說如何申請大學的就學補助。但現在我完全知道自己要什麼，也知道該如何達成。而再過不到三週，我在俄亥俄州立大學的課程即將開始。

第十一章

絕望的白人與討厭歐巴馬的理由

以我爸為例，他絕對不認為努力工作有什麼錯，但根本上不信任某些向上流動的途徑。當他發現我打算去讀耶魯法學院時，他問我是否在申請書上假裝自己是「黑人」或「自由派」

二〇〇七年九月初，我到俄亥俄州立大學參加新生訓練，內心興奮到不行，直到現在都還記得當天所有細節：到墨西哥大玉米餐廳（Chipotle）吃午餐（琳西的初體驗），第一次從新生大樓走到此後作為我哥倫布市（Columbus）住處的校區南側宿舍，另外還有當日的美好天氣。我和一名新生指導員會面討論第一學期的課程，發現我一週只需要上四堂課，最早的課也要九點半以後才開始。經過海軍陸戰隊五點半起床的訓練之後，我實在無法相信眼前的好運。

俄亥俄州立大學的主要校區位於哥倫布市，距離中央鎮大約一百英里，所以週末回去探親還算方便。這些年來第一次，我終於能隨時造訪家人了。此外，最靠近北卡羅萊納州我所駐紮的基地的城市是黑福拉克（Havelock），是個和中央鎮沒什麼差別的小地方，相較之下，哥倫布市根本是個都會天堂。那裡曾是（現在其實也是）美國成長最迅速的城市之一，主要的動力就是我即將展開大學生涯的俄亥俄州立大學。許多畢業生會留在此地創業，許多深具歷史的老建築被改建成餐廳或酒吧，就連某些糟糕的社區都進行了大幅度的改建工作。就在搬到哥倫布市沒多久，我的一位好友就在當地電台擔任行銷總監，所以對這座城市中的大小事都有所耳聞，也有許多精采活動的內線消息，例如各種當地的慶典活動，或者哪裡才是觀賞煙火秀的貴賓席。

某方面而言，大學生活並不陌生，我交了許多新朋友，他們全部都來自俄亥俄州西南部。我的六名室友中有五名是中央鎮高中的畢業生，另外一位來自附近翠登市（Trenton）艾吉伍德高中（Edgewood High School）。因為我參加過海軍陸戰隊，跟一般大一新生的年齡不同，所以室友年齡都比我小一些，但其中大部分人我之前在家鄉就認識了。我之前交的好友不是已經大學畢業就是即將畢業，很多人就算畢業也留在哥倫布市，雖然當時還不清楚，但我目睹的正是社會科學研究者口中的「人才外流」問題：許多人離開了生活艱困的家鄉，在提供他們教育與工作機會的外地落地生根。多年後，我看著自己婚禮上的六名伴郎，發現他們在進入俄亥俄州立大學就讀時，都跟我一樣來自某個俄亥俄州小鎮，並因為在家鄉以外找到工作，完全沒有返鄉的計畫。

進入俄亥俄州立大學就讀時，我已經被海軍陸戰隊灌輸了無所不能的強健心態。我去上課、做作業、到圖書館讀書、回家後和好友熬夜喝酒，但隔天還能一大早起床跑步。我的行程非常緊湊，但一切曾讓十八歲的我害怕獨立面對大學生活的問題，此刻看來都不過是小菜一碟。就在幾年前，我和姥姥一起看著補助表格暈頭轉向，不停爭執究竟是否該將她或媽列為我的「家長／監護人」。我們擔心如果不能提交法定父親鮑勃·漢默的財務資料，可能就會犯上詐欺罪。那次的經驗讓我們痛苦地意識到與外在世界極為脫節。我當時已經差點讀不完高中，就連初級英文都只能拿到D或F，但現在卻能在經濟方面自給自足，而且在俄亥俄州的頂尖大學中科科都拿A。生平第一次，我覺得能夠完全掌握自己的命運。

我知道必須在這段大學生活有所表現。離開陸戰隊後，我不只有了想做的事，也取得進行相應規劃的能力。我想上法學院，也知道如果想上頂尖法學院，不但學業成績要好，也得搞定著名的法學院入學考試（Law School Admission Test，簡稱LSAT）。當然我也不是一切都想得很清楚。我其實不太能解釋自己想上法學院的慾望，只知道中央鎮那些有錢人家的孩子不是當了醫生就是律師，而我不想在工作時看到血。我也不太清楚自己在這個世界中還有什麼其他選擇，但這點有限所知至少給了我方向，而目前這樣就夠了。

我痛恨負債以及隨之而來的限制。雖然《美國軍人權利法案》替我支付大半學費，俄亥俄州大學對本州居民的收費也相對低廉，我仍需要自己支付大約兩萬美金的費用。我於是在俄亥俄州政府內找了一份兼差，雇主是一位來自辛辛那提地區的參議員：無比仁慈的包柏．舒勒（Bob Schuler）。他是個好人，我也非常喜歡他的政治觀點，所以每次有選民打電話來抱怨時，我總是用盡全力解釋他的立場。每天總有陳情者來來去去，我常會聽見參議員和制定政策者針對特定法案進行辯論，試圖確認怎麼做才對選民有利？怎麼做對州政府有利？又要怎麼做才能同時使兩者得利？以前我都是透過有線電視認識政治，但因為有了內部觀察的機會，我開始用全然不同的眼光欣賞所謂的政治事務。姥姥曾以為政客全是騙子，但我發現無論立場為何，至少俄亥俄州政府內的政治家大多很認真。

在俄亥俄州政府內工作了幾個月後，桌上必須處理的法案愈堆愈高，我卻愈來愈找不到補足收支落差的途徑（我是在這段時間才知道原來每人每週只能捐血兩次），於是決定再找一份兼職。當時有間非營利組織在招人，時薪十美元，我於是穿著卡其褲、醜陋的萊姆綠上衣以及海軍陸戰隊戰鬥靴（除了球鞋之外，我有的就是這雙戰鬥靴了）去面試，但一看到面試官的表情，我就知道沒希望了。一個星期後我收到不錄取通知信，但我早已不抱期望。此時我發現另外一間非營利組織在招人，他們的服務對象是受虐兒童，時薪同樣是十美元，於是我去塔吉特百貨（Target）買了一件比較好的上衣及一雙黑皮鞋，面試結束後得到一份名為「諮詢員」的工作。我認同這個組織的理念，而且裡面的人都很好，所以我決定立刻上工。

現在我有兩份兼差，同時還是名全職學生，行程可說愈來愈緊湊，但我不介意，也不覺得這麼認真投入有什麼不對勁。某位教授寄信希望與我約定時間討論寫作作業，我回覆了我的行程表，他嚇壞了，嚴正表示我該全心專注於學業，而不是任由工作分掉我的注意力。我微笑，與他握手後表示感謝，但沒把這些建議放在心上。我喜歡熬夜寫作業，然後睡三、四小時後早起，然後敬佩自己焚膏繼晷的意志力。多年來我總是對未來感到恐懼，害怕自己會淪落到某些鄰居或親友的悲慘下場，比如藥物或酒精上癮、坐牢或者生了無法或根本不想照顧的孩子，但現在卻覺得充滿衝刺的動力。我知道那些數據。我小時候讀過社工辦公室的那些小冊子，也認得出低收入戶牙醫診所中保健員臉上的憐憫神情。沒有人期待我成功，但我現在一路順遂。

我是否勞累過度？當然。我睡眠不足，酒喝太多，而且幾乎每餐都是塔可貝爾的捲餅。某個禮拜我病得厲害，本來以為是感冒，結果醫生說是傳染性單核白血球增多症，但我完全不管，繼續把維克斯牌（Vicks）的無抗生素感冒藥當成救命靈藥猛喝。又這樣過了一週之後，我的尿染上一絲噁心的棕色，體溫也飆升到將近攝氏四十度。我發現情況不妙，於是喝下泰諾林（Tylend）退燒藥，又灌了幾瓶啤酒後上床睡覺。

媽知道後開車到哥倫布市把我帶去急診。她不是個完美的人，甚至已經不是執業護理師，但仍在每次與醫療人員互動時替我確認一切必要細節。她問了許多該問的問題，如果醫生沒有直接回答會立刻表達不滿，並確認我得到應有的照顧。我在醫院待了兩天，醫生為了我打了五袋點滴解決脫水問題，發現除了傳染性單核白血球增多症之外，我還感染了金黃色葡萄球菌，所以才會病得那麼重。之後醫生把我交給媽，她把坐在輪椅上的我推出醫院後帶回家休養。

我又病了幾個星期才好，幸好當時是俄亥俄州立大學春季與夏季學期間的空檔。我回到中央鎮，輪流住在小阿姨及媽家，她們都把我當作兒子一樣照顧。那是我在沒有姥姥的中央鎮第一次體驗到迫切的情感索求：我不想傷媽的心，但過往經驗已在我們之間產生了無法彌補的裂痕。我從未正面回應這些需求，也沒有向媽解釋，無論她是否曾在某段時間善待我（比如我生病的那段時間，她表現得再完美不過了），我待在她身邊時就是不自在。只要住在她家就得跟她的第五任丈夫來往，那個男人很和善，但畢竟是陌生人，而且很快就會成為媽的前夫某某。只要住在她家就得看到那些家具，然後回想起自己曾躲在後面看她和鮑勃的爭吵。只要住在她家就得去努力理解她為何是個這麼極端的人：這個女人可以在我生病時陪我在醫院待上好幾天，但一個月後，毒癮又逼她為了錢跟家人說謊。

我知道媽受不了我跟小阿姨愈來愈親近。她老是說：「我才是你媽，她不是。」一直到今天我都還是忍不住想，要是我成年後擁有跟小時候一樣的勇氣，媽的情況是否會改善？上癮的人在努力康復時的情緒通常最脆弱，我知道我可以至少幫助她度過幾次情緒低潮。但我就是做不到。我不知道自己為何改變，但就是跟以前不同了，說不定只是一種自我防衛機制吧。無論如何，我無法在她身邊假裝出舒服自在的模樣。

病了幾個星期後，我總算康復到足以返校上課。我瘦了不少，短短四星期就掉了將近十公斤，但除此之外一切都好。我因為看醫生欠了不少錢，所以又找了第三份兼差（在普林斯頓教育公司擔任學術水準測驗考試的家教），時薪有十八美金這麼高。我實在無法同時應付三份工作，考量時薪後只好忍痛放棄最愛的參議院工作。我需要錢和經濟上的餘裕，成就感不是首要考量。我告訴自己，追求成就感是以後的事。

就在我離開不久，俄亥俄州參議會考慮通過禁制發薪日貸款的法案，之前雇用我的參議員反對這項法案（另外也還有好幾位反對），雖然他從未解釋原因，但我總覺得是因為他的想法跟我很像。那些參議員和制訂政策者非常不欣賞發薪日貸款，但許多像我一樣活在陰影裡的人非常需要這項急難救助措施。對他們而言，發薪日貸款都是吸血鬼，不是高息發款就是在兌現支票時收取高昂費用，最好就是盡速除之而後快。

但對我而言，發薪日貸款可以解決很多財務問題。我的信用因為一堆亂七八糟的理財決定變得很差（有些不是我的錯，但大部分是我個人的責任），所以根本不可能申請信用卡。如果我想帶一個女孩去吃晚餐，或者想買本學校要用的書，但戶頭裡沒錢，眼前有的選項並不多。（或許可以向舅舅或阿姨求助，但我迫切想要一切靠自己來。）某個週五早上我送出了房租支票，因為隔天就得支付五十美金的逾期費用。我戶頭裡的錢其實不夠支付租金，但當天可以領到兼差的薪資支票，所以打算下班再把錢存進去。不過在參議院忙了一整天後，我忘記在離開前領取薪資支票，而且發現時早已回到住處，參議院員工也下班了，隔天又是週末。此時只要支付幾美金的利息，靠著為期三天的發薪日貸款，我就能省下一大筆逾期費用。那些針對發薪日貸款辯論的參議員並沒有提到類似狀況。要說我從這件事學到什麼，就是有權者常說要幫助我們，但又完全不了解我們。

大二開學的第一天和大一差不多，天氣很好，我的心情也很興奮。新工作讓我變得更忙碌一些，但我不介意。真正讓我介意的是，跟其他大二生比起來，年滿二十四歲的我就是顯老，再加上四年海軍陸戰隊的經歷，我和他們之間不同的不只是年紀。在一場大學生研討會中，一個留著難看鬍鬚的十九歲學生大肆抨擊伊拉克戰爭，還表示那些上戰場的人通常比直接上大學的人（比如：他本人）更不聰明。他之所以反對戰爭，是因為士兵隨興屠殺伊拉克平民，對他們沒有一點尊重。這種說法在客觀上完全不成立，我在海軍陸戰隊的同袍在政治光譜上的位置個個有所不同，對戰爭的意見也不太一樣。其中許多朋友是堅定的自由派，對於我們的三軍統帥小布希沒有絲毫好感，覺得這場戰爭犧牲太多，所得卻有限。但就連他們也沒說過這種不加思索的胡說八道。

那名學生繼續絮絮叨叨表達他的立場，我想起的卻是那堆教導我們尊重伊拉克文化的課程：比如絕對不要腳底示人，或者不能在未諮詢過男性親戚之前對穿著傳統穆斯林長袍的婦女說話。我還想到我們如何保護那些伊拉克的民調人員，並仔細幫忙解釋他們的工作目標，過程中完全沒有強加我方的觀點。我想起聽過一名伊拉克年輕人（他一個英文字也不會說）完美無缺地唱出五角（50 Cent）的饒舌歌曲〈嘻哈大舞廳〉（*In Da Club*），並且跟他及他的朋友們從頭到尾笑個不停。我想到在加伊姆（Al-Qaim）受到簡易爆炸裝置攻擊，我的朋友全身受到三度燒傷，好不容易才活下來。然後現在得聽這個毛都沒長齊的屎貨說我們在那裡以胡亂殺人為樂。

我迫切地想要盡快完成學業，於是找生涯指導員一起規劃：我得在暑假時修課，某些學期的課業量也不只會加倍。就算把標準拉高，這樣的學習進度還是非常緊湊。在某個忙得可怕的二月，我在行事曆前坐下，好好算了睡眠少於四小時的日子已經持續了多久，結果是三十九天，但我還是持續衝刺。到了二〇〇九年八月，也就是在俄亥俄州大學就讀一年十一個月後，我以最高等榮譽（summa cum laude）雙主修畢業。我不想參加畢業典禮，但家人不同意，所以我在一點也不舒服的椅子上坐了三小時，終於走上台領了學士畢業證書。當時身為校長的高登・吉（Gordon Gee）和排在我前面的女生為拍照擺了好久的姿勢，我於是悄聲跟一旁的助理拿了我的畢業證書，然後繞過校長身後直接下台。我大概是那年唯一沒跟校長握手的畢業生。該是走向下一步的時候了，我想。

我知道我會在隔年進入法學院就讀（我在八月畢業，無法在二〇〇九年開始下一階段的學業），所以我搬回家好先存些錢。小阿姨此時住在原本的姥姥家，扛起家族女掌門人的位子：她負責平息爭端、舉辦家人聚會，確保家族不致分崩離析。自從姥姥死後，她總是提供我一個穩定的家，但跟她一起住十個月仍是個稍嫌過分的要求；我不想打亂她原本的家庭生活，但她還是堅持，「JD，這裡現在是你的家了，也是你唯一能好好待著的地方。」

那是我住在中央鎮的最後一段時光，也是我人生最快樂的時光之一。我終於大學畢業，正朝著下一階段的夢想前進：進入法學院。我為了存錢接了些古怪的工作，但也花很多時間跟小阿姨的女兒相處。每天我因為勞力工作髒兮兮又滿身大汗的回家，就能坐在餐桌邊聽那兩個正值青少女時期的外甥女分享學校生活，以及跟朋友相處時遇到的麻煩。有時我還會指導她們做功課。如果遇到大齋期（Lent）的星期五，我也會到當地天主教會幫忙烹調炸魚薯條。我在讀大學時總有種感覺：多年的混亂與心碎人生總算結束了。在中央鎮的這段日子更加強了這種感受。

此刻的我對未來感到無比樂觀，也與我許多鄰居的悲觀心態形成強烈對比。藍領階級面對的經濟處境持續惡化，結果完全反映在中央鎮居民的物質生活上。金融風暴及其後不怎麼樣的復甦反彈更加快了往谷底惡化的速度。不過街坊之間都散發出一種憤世嫉俗的氣氛，那對居民造成的影響比金融風暴本身來得更深刻。

我們這個文化中沒有英雄，當然也沒出過政治家。巴拉克．歐巴馬是當時全美最受尊敬的人（現在可能還是），即便如此，當全國為了他的崛起歡騰，大部分中央鎮居民仍對他有所保留。小布希在二〇〇八年時曾有過幾個粉絲。大部分人熱愛比爾．柯林頓，但有更多人視他為道德墮落的象徵，至於雷根早被大家忘得一乾二淨。我們敬愛軍隊，但也覺得軍中缺乏巴頓將軍（**George S. Patton**）那樣的人才。我想我的鄰居們大概一個高階軍官的名字都說不出來。曾長年使大家深感驕傲的太空計畫也是明日黃花，早已隨著那些太空人明星的光環一同黯淡熄滅。再也沒有什麼能把美國社會團結在一起。我們似乎困在兩場贏不了的戰爭中，其中太多士兵都來自我所住的區域，而國家經濟也無法為美國夢提供最基本的保障：穩定薪資。

為了理解這種文化疏離現象，你得先理解，我們的家族、鄰居及整個文化社群的認同都源自於愛國情操。我對布雷薩特郡的市長、健保系統或是明星居民一無所知，但我卻知道：根據傳言指出，此地之所以贏得「血腥布雷薩特」之名，是因為在一次世界大戰時，這裡是全美唯一光靠自願者就不用徵兵的地方。明明是將近一世紀之前的事，但關於布雷薩特郡，這卻是我記得最清楚的趣聞，而且身邊每個人總是時不時就要提起。某次我為了學校的二戰報告訪問姥姥，在走過婚姻、生兒育女、死亡、貧窮與各種光榮時刻，姥姥最感驕傲的過往之一就是曾和家族一起經歷過第二次世界大戰。我們好好地聊了一陣子，聊戰爭配給、聊女子鉚釘工、她父親從太平洋上寄給她母親的情書，以及「我們投下原子彈」那天。姥姥心中始終有兩個神：耶穌基督和美利堅合眾國。我也一樣，我所認識的幾乎所有人也一樣。

我就是「東北走廊」*居民會嘲笑的那種美國人。我只要一聽到李・格林伍德（Lee Greenwood）唱那首屬於我們的煽情國歌〈以身為美國人為傲〉（*Proud to Be an American*）就會熱淚盈眶。我曾在十六歲立誓每當遇到老兵一定要上前握手致意，就算得顯得唐突也不能馬虎。即便到今天，我只要看到《搶救雷恩大兵》（*Saving Private Ryan*）的結尾仍會哭到不能自已，所以只願意跟密友一起看。

姥姥和姥爺說我們生於地球上最棒、最偉大的國家。這項信念對我的童年意義重大。無論身陷多少混亂鬧劇，我總相信一切都會過去，因為我住在世界上唯一能給予我各項美好選擇的國家。每當我想到現在的人生多麼美好——我擁有美麗、仁慈又聰慧的人生伴侶、打從兒時就想要的穩定經濟生活、好朋友及各種刺激的人生經歷——就想要深深感謝美國這個國家。我知道這想法很老掉牙，卻是我的真實感受。

如果姥姥的第二個神是美利堅合眾國，那麼我的鄉親中有許多人經歷的就是類似「失去信仰」的感受。愛國情操曾將他們連結在一起，也曾像激勵我那樣的激勵過他們，但現在卻已經完全消失。

相關徵兆隨處可見。許多保守派選民（大概三分之一）相信歐巴馬是穆斯林。在一場民調中，大約百分之三十二的保守派選民深信歐巴馬出生於國外，另外還有百分之十九表示不確定，代表大半保守白人甚至不確定歐巴馬到底算不算美國人。我常聽到家族遠親表示歐巴馬和穆斯林極端分子有來往，或者說他是美國的叛徒，又或者根本出生於世界上某個鳥不生蛋的角落。

我有許多新朋友認為這些看待總統的方式得歸咎於種族主義，但對中央鎮居民而言，總統就像是另一個世界的人，而且原因與膚色無關。回顧過往，中央鎮沒有一位居民上過常春藤名校，但歐巴馬待過兩間，而且表現都很傑出。他聰明、富有，說話就像一名憲法學教授，而他也確實是一位憲法學教授。他的一切都跟我從小生活中仰慕的人不同。他的口音簡潔、完美、中性，令我們感到陌生；他的資歷完整得驚人；他在芝加哥那個人口眾多的大都

* 譯註：東北走廊（Northeast Corridor）是位於美國東北部的波士頓與華盛頓特區之間的鐵路路段。

會仍混得很好；而且他舉止極有自信，因為明白現代美國的菁英系統對他有利。當然，歐巴馬也克服了屬於自己的困境——我們也經歷過類似困境——但那都是太早以前的事了。

歐巴馬躍上檯面時，我們群體中大部分人開始感覺所謂的菁英系統只為「那些人」服務。我們過得不好，而且每天都有事件反覆提醒著我們：比如讀到一份蓄意不提死因的青少年訃聞，我們立刻就會知道一定是服藥過量，比如我們老看著女兒跟一堆遊手好閒者廝混。歐巴馬的出現立刻引發我們最深刻的不安全感：他是個好父親，我們大部分人都不是；他上班穿西裝，我們穿連身工作服（首先我們還得先想辦法找到工作）；他的妻子告訴大家不該餵小孩吃某些食物，我們恨透她這麼做——不是因為她說錯了，而是我們知道她說得沒錯。

許多人試圖把白人工人階級的憤怒與尖酸情緒歸咎於資訊不足。不可否認的是，確實有一批愛惹事的政客或瘋狂的酸民用各種方式寫了一堆白癡文章，主題包括歐巴馬傳聞中的宗教傾向或祖先根源。不過所有主要媒體在提及歐巴馬的公民問題及宗教觀點時完全沒說謊，包括總是對歐巴馬不懷好意的「福斯新聞」（Fox News）。我所認識的人都知道主流媒體說了些什麼，他們只是選擇不相信。全美選民只有百分之六認為媒體「值得信任」。[21]對我們許多人而言，所謂的自由媒體——也就是美國民主的基石——說的不過就是一堆屁話。

因為不怎麼信任媒體，他們對網路世界的陰謀論幾乎照單全收：歐巴馬是個試圖摧毀我們國家的外來者。媒體說的一切都是謊言。許多白人工人階級總是相信社會中最糟的那一面。以下是我從親友那裡擷取的一些信件及訊息內容：

- 右翼廣播脫口秀主持人亞歷克斯・瓊斯（Alex Jones）在紀念九一一十週年的節目指出，有一部討論恐怖攻擊的紀錄片追溯了一些「未解的疑問」，暗示美國政府涉嫌參與大量屠殺自己的人民。
- 根據一封大量轉發的電子郵件，歐巴馬健保將立法在新的健保病患體內植入晶片。這項傳言因為其中隱含的宗教意涵而特別引人注目：許多人相信聖經預言裡提到的「末日的獸印」會以電子載體的形式出現。許多朋友都透過社群媒體發出警告。
- 在極受歡迎的網站「每日世界網」（World Net Daily）上，有篇社論提到新鎮（Newtown）之所以發生大屠殺，是政府為了煽動輿論支持槍枝管制的陰謀。
- 根據許多網路消息指出，歐巴馬很快就會為了再次連任總統而戒嚴。

這類內容還有很多。你很難確定有多少人剛好就是相信了其中一則甚至數則。不過要是我們社會中有三分之一的人懷疑歐巴馬的出身——即便所有證據都支持另一邊——那麼其他陰謀論的流通率想必不低。如果只是憑藉自由意志選擇不信任政府政策，那還算是民主社會中的健康行為，但以上這些都是針對社會體制的非理性質疑，而且有主流化的傾向。

我們無法相信晚間新聞。我們無法相信政客。我們無法相信大學可以幫助改善生活，反而覺得處處與我們為敵。我們找不到工作。如果一個人懷抱這些想法，根本無法有意義地與社會產生連結。社會心理學家認為團體信念是改善一個人表現的強大驅力。如果有一群人相信勤奮工作對自己有利，最後的表現會比其他身處類似困境的人來得更好。原因很明顯：如果你相信勤奮工作能有所回報，你就會勤奮工作；如果你相信無論如何嘗試都不能有所改變，那又何必努力呢？

同樣的，一旦這些人真的失敗，這類心態會使他們怪罪於他人。之前我在中央鎮酒吧遇見一位老友，他說最近剛辭掉一份工作，因為實在很厭倦每天都要早起這件事。後來我看到他在臉書上抱怨「歐巴馬經濟」如何影響他的生活。當然，我相信歐巴馬經濟確實對很多人造成影響，但我敢保證絕不包括這個男人。他的困境完全源自於自己的選擇，如果想有所改善，他得學會做出更正確的決定。但如果希望他做出正確的決定，首先得讓他擁有一個必須不停質問自己的環境。然而現在白人工人階級中的風氣就是將問題歸咎於社會或政府，而且情況只有愈演愈烈。

正因如此，今日保守派（我是以其中一員的身分發言）的論述無法解決大部分支持他們的選民的真正困境。他們沒有鼓勵這些人積極參與社會，反而促使他們疏離社會，而正是這種疏離感侵蝕了我與同儕迎向未來的野心。我身邊有人長大後非常成功，但也有人決定以中央鎮的各種逆境作為人生失敗的藉口：太早成為家長、藥物問題、牢獄之災。之所以會造成如此差別，是因為兩者對於各自未來的期待有所不同，但右派人士卻愈來愈常散發以下訊息：你們失敗不是自己的錯，是政府的錯。

以我爸為例，他絕對不認為努力工作有什麼錯，但根本上不信任某些向上流動的途徑。當他發現我打算去讀耶魯法學院時，他問我是否在申請書上假裝自己是「黑人」或「自由派」。今日美國白人工人階級對自己的文化期待就是如此低落。要是這種心態持續蔓延，願意為了改善生活而努力工作的人數勢必會繼續下降。

「皮尤經濟流動研究計畫」（Pew Economic Mobility Project）研究的是美國人對自己改善經濟現況的期待值，而研究結果出乎所有人意料之外。全美沒有任何族群的數值比白人工人階級還低。遠超過一半的黑人、拉丁美洲裔和大學畢業的白人相信孩子的經濟狀況會比自己好，但在白人工人階級中，只有百分之四十四抱持如此信念。更令人驚訝的是，有百分之四十二的白人工人階級表示經濟狀況比上一代還差，此數值超過其他所有族群。

不過二〇一〇年的我完全不是這種人。我對現況無比滿意，也對未來充滿希望。生平第一次，我覺得自己是中央鎮的外人，而最大的差別正是內心的樂觀主義。

第十二章

耶魯法學院的異類

但無論這些常春藤名校多麼執迷於所謂的「多元文化」，事實是，不管黑人、白人、猶太人、穆斯林或任何一種人，總之都來自從不用擔心沒錢用的健全家庭。

進行第一輪法學院申請時，我根本沒有申請普遍被視為「頂尖三校」的耶魯、哈佛和史丹佛，因為覺得自己不可能有機會。最重要的是，我覺得根本沒差，逕自認定所有律師都能找到好工作。我只要想辦法申請上一間學校，之後就會一帆風順：一份令人敬重的工作、一份好薪水，並完成所謂的美國夢。然後我最好的朋友戴瑞爾在華盛頓特區撞見一位法學院同學，她在一間熱門餐廳當清桌子的雜工，因為那是她唯一能找到的工作。於是第二輪申請時，我決定試試看耶魯。

我沒有申請史丹佛，那是我們國家最棒的學校之一。如果想了解原因，就要明白我過往學到的一個人生教訓就是：人生往往事與願違。史丹佛大學的申請資料不只包括一般常見的大學成績單、法學院入學考試（LSAT）成績和短文寫作，還需要你的大學學院院長簽名：你得交上一份包括學院院長簽名的申請書以證明你不是個失敗者。

我不認識我在俄亥俄州大學就讀時的院長，畢竟學校很大。我相信她是個好人，而且那份需要簽名的申請表的形式意義大於實質意義，但我就是開不了口。我從沒見過這個人，也沒上過她開的課，最重要的是，我不信任她。無論她擁有多少美德，概念上而言就是個外人。我選擇為我寫推薦函的都是我信任的教授，我幾乎每天上他們的課、考他們的試，或者為他們寫報告。這裡所有人為我提供了極佳的教育及人生經驗，我愛這間大學，但我不可能把命運交到一個根本不認識的人手裡。我曾試圖說服自己，甚至將表格印出來後帶去學校，但到了最後關頭，我還是把表格揉了丟進垃圾桶。顯然J·D·凡斯是不可能上史丹佛大學了。

我決定把耶魯當作第一志願。那裡有種迷人魅力，透過小班制和特別的評分系統，耶魯聲稱能以最少的壓力給學生最多的就業機會。不過裡頭大部分學生都來自菁英私立大學，而不是我這種來自州立大學的傢伙，所以我本來覺得沒有機會，但還是提交了相對容易處理的線上申請表。然後在二〇一〇年一個早春的午後，電話響了，螢幕上顯示的是少見的區碼203。我接了電話，對方自我介紹是耶魯法學院的招生部長，並表示我已經被錄取為二〇一三級新生。那通電話只有三分鐘，但我從頭到尾都興奮地跳來跳去，於是掛掉電話時氣喘吁吁，之後接到我電話的小阿姨還以為我出了車禍。

我知道讀耶魯會讓我累積至少二十萬的債務，但還是一心想去。不過耶魯提供的補助方案完全超出我的預期，光是第一年的費用就幾乎全免，不是因為我有什麼特殊成就或潛力，純粹因為我是學校最貧困的學生之一。那是我生平第一次因為破產得到好處。耶魯不只是我夢想中的學校，在所有的選項中也最便宜。

《紐約時報》（*New York Times*）最近曾有報導指出一個矛盾現象：低收入戶學生去讀學

費最貴的學校反而最省錢。舉例來說，要是一名學生的家長每年賺三萬美金，這收入不算多，但也稱不上窮，當他打算去讀威斯康辛大學某個不怎麼頂尖的分校時，必須付出一萬美金的費用，但如果讀的是最頂尖的麥迪遜分校，則只需支付六千美金。如果在哈佛，那名學生只需要支付原本四萬美金學費中的一千三百美金。不過像我這樣的孩子不會知道這種事。我的好兄弟奈特是我認識最聰明的人之一，他本來想去讀芝加哥大學，卻因為覺得付不起學費沒有申請。但其實那裡的學費會比他去讀俄亥俄州立大學還要少很多，正如同我去讀耶魯得花的錢少於任何其他學校。

接下來幾個月我都在準備前往耶魯。我的阿姨和舅舅的朋友為我找了那份地磚經銷公司的工作，我於是整個夏天都待在那裡駕駛叉架起貨機、準備好即將運送的地磚，以及清掃巨大的倉庫。等夏天過去時，我已經存了足夠搬去紐黑文的錢。

那次離開中央鎮的感覺和之前都完全不同。去海軍陸戰隊的新訓中心受訓時，我知道自己一定會常返鄉探望，甚至可能因此延長待在家鄉的時間（確實如此）。因為有過四年服役經驗，去哥倫布市讀大學似乎不算什麼大事。關於搬離中央鎮這件事，我稱得上專家，雖然每次都有些難受，但這次我知道自己永遠不會回來了。我不介意，因為在中央鎮已經沒有之前那種歸屬感了。

進入耶魯大學第一天，走廊上貼了一張前英國首相布萊爾（Tony Blair）即將前來造訪的海報。我簡直不敢相信：這邊才幾十個學生，英國首相要來對我們演講？如果他來俄亥俄州，至少會有一千名聽眾塞滿大禮堂。「對呀，他一天到晚跑來耶魯演講，」一個朋友告訴我，「他兒子是這裡的大學生。」過了幾天，我轉彎打算進入法學院時差點撞到一個男人，我立刻說「不好意思」，抬頭發現對方是紐約市長喬治·派塔基（George Pataki）。這種事情至少每週會發生一次，耶魯法學院根本就像書呆子的好萊塢，我總覺得自己像個驚喜連連的觀光客。

耶魯法學院的第一學期並不為難學生。我就讀其他法學院的朋友埋首於大量課業，嚴苛的評分系統也讓他們必須立刻將同學視為競爭對手，但我們的院長在新生介紹時就希望我們不要一股勁想著未來，而是先追求自己的熱情。我們的前四堂課的評分標準僅有「及格／不及格」，堪稱輕鬆。其中一堂課是只有十六名學生的憲法討論課，班上同學後來都像我的家人。我們自稱「孤島上一群落單的玩具」：來自阿帕拉契山區的保守鄉巴佬、家長為印度移民的超聰明女孩、至少有過十年「社會大學經驗」的加拿大黑人、來自鳳凰城的神經學家、出生於耶魯校園附近的熱血民權律師、具有絕佳幽默感的女同志……雖然所有人的背景都大不相同，但最後都成為非常好的朋友。

我在耶魯第一年的生活非常緊湊，但令人愉快。我一直都是個美國歷史迷，而校園裡許多建築的歷史都能追溯到美國獨立戰爭之前，我偶爾會在校園內漫步，尋找那些標明建築年代的介紹牌。那些美麗的建築都是新歌德風的高聳傑作，內部的精緻石刻與木質飾條更是幾乎讓法學院帶有一種中世紀風情，甚至有人會說我們讀的根本是「霍格華茲法學院」。描述這間法學院最簡單的方式就是借用那部奇幻小說。

課程內容很難，偶爾我得在圖書館熬夜，但也沒想像中那麼難。一部分的我總覺得自己完了，大家很快就會發現我是個智商很低的騙子，招生部門也會意識到他們犯下大錯，誠懇致歉後把我送回中央鎮；另一部分的我相信自己沒問題，但得加倍努力，畢竟這裡聚集了世界上最聰明的學生，而我可算不上。不過結果並非如此。耶魯法學院確實有一些絕世天才到處晃蕩，但我的大部分同學雖然聰明，但也不至於難以親近。無論是課堂討論或考試，我大多應付得不錯。

但確實也不能說事事如意。我自認寫作技巧不差，但某次面對一名以嚴厲著稱的教授，我交上一篇草草了事的作業，因此得到非常直接的負評，其中一頁直接被寫了「完全不能看」，另一頁則被圈起一大段，並在邊緣寫了「看起來是一個段落，但內容不過是一堆嘔吐物般的句子。修改。」我曾從他人那裡聽說，這位教授認為耶魯法學院只該收來自哈佛、耶魯、史丹佛和普林斯頓等名校畢業生，「我們的工作不是補救教育，而其他學校的學生幾乎都需要。」我因此下定決心改變他的想法。學期結束時，他將我的作業評為「絕佳」，並承認自己對州立大學的看法可能錯了。隨著第一學期接近尾聲，我愈顯意氣風發，首先是因為跟教授相處甚歡，另外還找到一份夢想中的暑假兼差：為一位現任美國參議員的首席顧問律師工作。

然而，儘管生活充滿了喜悅與新奇事物，我卻對於自己能否在耶魯找到歸屬感產生一絲懷疑。我從未想過能夠擁有此地的一切。我在家鄉時一個常春藤名校的畢業生都不認識，是核心家庭中的第一個大學生，甚至是家族中第一位進入專業學院就讀的人。我是在二〇一〇年八月入學，當時最高法院的三位新任大法官中有兩位來自耶魯，最近的六任總統中也有兩任從耶魯畢業，就連當時的國務卿（希拉蕊・柯林頓）也不例外。耶魯有些奇特的社交儀式，為了累積專業人脈及認識朋友，這裡會舉辦許多雞尾酒派對及晚宴。我於是跟著同儕「受洗」成為家鄉那些人戲稱的「菁英」，而且我是個身材高䠷的異性戀白人，外表看起來就是他們的一分子。我這輩子第一次感到如此格格不入。

其中一部分原因是社會階級。一項學生研究發現，耶魯法學院的學生中有超過百分之九十五來自上中產階級以上，其中大部分就是所謂有錢人，而我顯然不屬於上中產階級，當然也不有錢。耶魯法學院中幾乎沒有跟我背景類似的人。他們或許外表與我沒什麼差距，但無論這些常春藤名校多麼執迷於所謂的「多元文化」，事實是，不管黑人、白人、猶太人、穆斯林或任何一種人，總之都來自從不用擔心沒錢用的健全家庭。在耶魯的第一學年剛開始沒多久，我和同學一起喝酒到深夜，決定再去一間紐黑文的烤雞店大吃，最後留下一大堆亂七八糟的垃圾：髒盤子、雞骨、田園沙拉醬和汽水濺得到處都是……，我不忍心讓可憐的店員獨自清理，所以決定幫忙，十幾位同學中只有一位留下來幫我：也是出身貧窮的好友賈莫。之後我告訴賈莫，在這間學校內，大概只有我們做過這種要替別人收拾殘局的工作。他沉默點頭表示同意。

雖然我的經驗跟中央鎮的其他人不同，但那裡還是讓我有歸屬感。大部分家長都沒上過大學，我最好的朋友都經歷過或大或小的家族動盪：離婚、再婚、法定分居，或是有個坐牢的父親。大概只有少數幾人的家長是律師、工程師或老師。對姥姥而言，那些人是「有錢人」，但程度有限，我還是覺得我們本質上相同。他們大多住在步行可及的距離，孩子跟我上同樣高中，生活方式也大致相同。就算去那些家裡有錢的朋友家，我也從未覺得跟他們生活在不同世界。

進入耶魯法學院後，我就像駕駛著太空船墜毀在奇幻的奧茲國。這裡的人們會一本正經地說擁有一個外科醫生母親和工程師父親的孩子出身於中產家庭。如果在中央鎮，年薪十六萬美金根本是遙不可及的夢想，但耶魯法學院的學生都計畫在畢業第一年達成這項目標，有些人甚至還擔心這點錢不夠用。

我談的不只是錢的問題，也不是想強調我不夠有錢，我想談的是觀念上的落差。就讀耶魯讓我生平第一次發現我的背景「引人入勝」，無論教授或同學，似乎都真心對我那看似無聊的人生故事深感興趣。我讀的就是間平庸無奇的公立高中，父母沒上大學，童年在俄亥俄州度過，而且認識的所有人幾乎都跟我擁有同樣背景，但在耶魯卻找不到這樣的人。如果回到俄亥俄州，我在海軍陸戰隊的服役經驗並不特別，但我在耶魯的許多朋友卻從未見過參加過美國近期戰爭的人。換句話說，我是這個地方的怪人。

那不完全是件壞事。在耶魯這間菁英法學院的第一年，我還挺享受自己作為一口南方腔調的海陸退役大兵的身分。但逐漸跟同學成為好友後，我開始對自己有所欺瞞的過往身世感到不安。「我媽是名護士，」我告訴他們，但其實她早就不是了。我其實也不太清楚列在出生證明上的法定父親的職業，他對我來說就是個陌生人。除了那些在中央鎮看過我入學短文的密友之外，沒有人清楚那些塑造我個性的真正人生歷程。但在耶魯，我決定有所改變。

我不太確定想這麼做的動力為何，但我想一部分原因是我不再以過去為恥：我父母犯的錯不是我的問題，我沒有必要躲躲藏藏。但最在意的是如果不說，大家就無法理解外祖父母對我的意義有多大。就連身邊最親近的朋友都不見得明白我的人生少了他們會有多絕望。所以或許，我只是想讓他們得到應有的重視。

但還有其他原因。在意識到自己跟耶魯同學的巨大差異後，我也開始懂得欣賞自己跟家鄉人們共享的特質。最重要的是，雖然表面上一帆風順，我卻開始強烈感覺到一種內在矛盾。開學後沒多久，我返鄉探親，停在小阿姨家附近的一間加油站加油，離我最近的一名女性工作人員身上穿了件耶魯T恤，「你讀耶魯嗎？」我問。「不是，」她回答，「但我外甥讀耶魯，你也是嗎？」我突然不知道該怎麼回答。我的老天，她的外甥竟然讀耶魯？雖然愚蠢，但我就是無法坦率承認。就在她表示外甥就讀耶魯的那一刻開始，我面臨了抉擇：我究竟是名耶魯學生呢？還是擁有鄉巴佬外祖父母的中央鎮孩子？如果是前者，我們可以相談甚歡，聊聊紐黑文有多美；如果是後者，她和我之間想必會出現一道無形隔閡，我也無法再信任她。我想像在雞尾酒招待會及時髦晚宴上，她會和外甥一起嘲笑那些粗野的俄亥俄州人，說他們死抓著槍枝和宗教信仰不放*。我就是不想跟她站在同一邊。於是在那一刻，我嘗試進行一種可悲的文化抵抗：「不，我不讀耶魯，但我女朋友是那邊的學生。」接著上車離開。

我並不認為那是個光明磊落的選擇，但在通往成功的快速道路上，那一刻確實反映了我的內在衝突：我對一個陌生人說謊，只為了不讓自己感覺像個叛徒。我其實早就注意到這個事件帶來的其中一項教訓：與外界長期隔絕的後果之一，就是不只覺得自己無法獲得一般認定的成功人生，還將其視為另外一種人所獨享。姥姥一直想推翻我的這種心態，某部分而言，她也確實成功了。

另外一項教訓是，不只我們社群內的人不停在強化這種心態，試圖幫助我們向上流動的場所與其中人們可能也有影響，就像我的教授暗示耶魯法學院不該收不是來自名校的學生。我們無法量化這些態度對工人階級造成的影響。不過我們確實知道，美國工人階級不只更難在經濟方面向上流動，就算成功也比較容易落下來。我猜想這種必須將認同拋在身後的不安一定造成了部分影響。社會中的上層階級如果真想鼓勵人們向上流動，就不該只是推動立意良好的政策，而是要真正敞開心胸，去接納那些有點格格不入的新成員。

我們總是稱頌這個社會充滿階級流動的可能，但其中也有缺點。所謂階級流動代表一個人的生活有所改變，大部分情況是改善，但也有可能變得更糟。你也勢必會離過往的生活愈來愈遠。過去幾年來，我去了巴拿馬和英格蘭度假、在高檔的全食超市（Whole Foods）購物，也會去聽弦樂團演奏會，甚至在努力戒掉自己對「精緻醣類」的癮頭（那個詞彙所包含的項目可多了）。我也開始擔心親友的種族歧視問題。

這些事情本身都沒什麼不好，其實大部分都很不錯，比如造訪英格蘭就是我的兒時夢想，少攝取醣類也有益身體健康，但同時也代表社會流動不只跟錢與經濟情況有關，還包括了整體生活風格的改變。那些有錢有勢的人不只是有錢有勢，生活遵循的也是一整套不同的邏輯。當一個人從工人階級流動到專業階級，過往生活風格顯得粗俗也就罷了，往往還非常不健康。最讓我明顯意識到這件事的一次，是我帶一位耶魯的朋友到餅乾桶鄉村餐廳（Cracker Barrel）用餐，在我小時候，這餐廳簡直高檔到不行，也是姥姥和我最愛的餐廳。但和耶魯的朋友一起去時，我只覺得經歷了一場油膩的公共衛生危機。

---

*譯註：這句話是在諷刺歐巴馬在二〇〇八大選中的失言。該年四月十一日在加州的一場造勢活動中，歐巴馬批評白人勞工階級「他們愈來愈充滿仇恨，所以他們緊握槍枝或宗教信仰，厭惡非我族類，反非法移民及反貿易情緒高漲，藉此表達心中的挫折感」（They get bitter, they cling to guns or religion or antipathy to people who aren't like them or anti-immigrant sentiment or anti-trade sentiment as a way to explain their frustrations.）。此話一出，立刻被各方批評他的菁英主義，而歐巴馬也反指他的話遭到曲解。此發言至今仍被反覆引用來說明美國菁英與庶民大眾之間存在的認知差異。

這些其實都不算大問題。就算再給我一次選擇的機會，我仍會為了這份全新人生忍受這些社交上的尷尬與不安。但意識到自己是這個新世界的文化異類後，我開始認真思考一些從青少年時期就無法擺脫的疑問：為什麼我的高中同學都上不了常春藤名校？為什麼跟我類似的人這麼少在美國的菁英組織中出現？為什麼我們的家庭這麼容易出現爭端與危機？為什麼我總覺得耶魯和哈佛之類的學校如此遙不可及？為什麼成功的人就是感覺如此不同？

第十三章

幸福的人擁有什麼？

成功的人參加的完全是另一場比賽。他們不會在就業市場到處丟履歷表，就為了等待某名雇主施捨他一次面試機會。他們會使用人脈。

就在開始深入思考認同問題時，我突然迷戀上一位名叫雅莎的女孩。或許是命運，我們被指定為一組進行第一次重要的寫作作業。所以在耶魯的第一年，我們有很多時間足以認識彼此。大概是因為某種基因變異之類的，她身上集結了人類所有正面特質：活潑、勤奮、高䠷又美麗。我常跟一個好兄弟開玩笑地說，如果她身上能有一種糟糕特質的話，一定很適合當安·蘭德（Ayn Rand）小說裡的女主角，但她擁有絕佳的幽默感及無比直接的說話方式。有些話換作別人可能會說「也是，但或許你可以換個說法看看？」或者「你有從這個角度想過嗎？」但雅莎的講法永遠是「我認為這個句子需要改進」或者「這個觀點太糟了。」某次在酒吧，她看著我們的一位共同朋友說：「你的頭真小。」語氣中沒有絲毫諷刺的意思。

我以前也跟其他女孩約會過，面對關係時不一定每次都很認真，不過雅莎帶給我的卻是完全不同的情緒體驗。我心中老是想著她，某個朋友說我根本是得了「心病」，另一個朋友也說從沒看過我這副失魂落魄的模樣。第一年接近尾聲時，我得知雅莎目前仍然單身，立刻就約她出去。經過幾週相處與單單一次約會後，我就跟她告白我已經愛上她了。這樣做完全違反所有年輕男性應遵守的當代約會規則，但我不在乎。

雅莎就像我在耶魯的精神嚮導。她大學就讀耶魯，非常清楚附近最棒的咖啡店和餐廳在哪裡。她的知識底子也比我深厚，光靠直覺就能理解我甚至不知該如何正確提出的問題，也永遠鼓勵我去追求那些從不知道存在的機會。「在辦公室開放的時間去找老師，」她告訴我，「這裡的教授喜歡和學生交流，也是在這裡讀書的重要經驗之一。」在這個總讓我感到有點茫然的地方，雅莎像是我的燈塔。

我原本上耶魯是為了取得法學院的學位，但頭一年的經驗主要是讓我理解世界真正運作的方式。每年八月，知名法律事務所的招聘人員會降臨紐黑文，飢渴地搜尋新一批才華洋溢的法律人才。學生都稱此為ＦＩＰ，也就是秋季面試計畫（Fall Interview Program），在為期一星期的馬拉松式活動中，你得參與各種晚宴、雞尾酒派對、酒店套房拜訪行程以及面談。第二年課程開始之前，我在ＦＩＰ的第一天就得到六場面試機會，其中包括我最渴望加入的吉布森事務所（Gibson, Dunn and Crutcher, LLP，簡稱 Gibson Dunn），他們在華盛頓特區也有分公司。

我和吉布森律師事務所的面試很順利，於是受邀參加他們辦在紐黑文頂尖餐廳的出名晚宴。根據傳言指出，這場晚宴其實就是面試的第二階段，我們必須表現得風趣、迷人、積極，否則無法得到去紐約或華盛頓特區進行最後面試的機會。因此當我抵達餐廳時內心有點遺憾，畢竟好不容易可以吃到人生最奢華的一餐，面對的卻是這種一不小心全盤皆輸的場面。

晚宴開始之前，我們全部聚集到一間私人宴會廳喝酒聊天。數名大約比我大上十歲的女性手拿包著美麗餐巾的酒瓶，每隔幾分鐘就詢問我們是否要來一杯新的酒？還是要把原本的酒杯加滿？一開始我緊張得不敢喝酒，最後總算鼓起勇氣，表示我想要來些酒，對方問我要哪一種，「我要白酒」，本來以為這樣回答就夠了，結果對方又問，「白蘇維翁還是夏多內？」

我還以為她在惡整我，但靠著簡單推理，我想那應該指的是兩種不同的白酒。我選了夏多內，不是因為不知道白蘇維翁的意思（雖然我確實也不知道），而是因為夏多內比較好發音。我成功避開了向我射來的第一顆子彈，但今晚才剛剛揭開序幕。

參加這類活動時，你得小心在過度害羞及過度積極之間取得平衡。你不會想惹那些合夥人心煩，但又得讓他們留下好印象。我試著保持本色，也自認是個善於社交但不讓人感到壓迫的傢伙，但因為整體環境太新奇，導致所謂的保持本色淪為目瞪口呆地盯著餐廳的精美裝潢，一邊還心想這一切到底有多貴。

這些酒杯看起來像是被穩潔清理過。那傢伙穿的西裝絕對不是從買三送一的 Jos A. Bank 購入，看起來整件材質都是絲緞。桌布看起來跟我的床單一樣軟，我觸摸時絕對不能不小心露出怪表情……長話短說，我需要除了「保持本色」以外的新計畫。等我們落座準備開始用餐時，我已經決心把焦點放在眼前的任務上：找工作。畢竟今晚的重點不是班級出遊。

但我才冷靜不到兩分鐘。侍者在大家坐下後問我需要白開水或「亮晶晶水」，我翻了個白眼，雖然這間餐廳看起來很棒，但「亮晶晶水」這種說法也太**做作**了吧，簡直像是在說「亮晶晶的」水晶或「亮晶晶的」鑽石一樣，但我還是點了她口中的亮晶晶水。說不定這種水比較好，汙染物質比較少之類的。

我喝了一小口後直接吐出來，生平真沒嘗過這麼噁心的味道。我記得曾在地鐵站喝過一次低卡可樂，當時不知道飲水機裡的低卡可樂糖漿已經不夠了，而那味道就跟我在這間時髦餐廳裡嘗到的「亮晶晶水」一樣糟。「這水不太對勁，」我抗議，侍者道歉後表示會再為我拿來一罐聖沛蘇洛（Pellegrino）的礦泉水。此時我才意識到，所謂的「亮晶晶水」（sparkling water）其實就是碳酸氣泡水。我尷尬透了，幸好只有一位同班同學目睹剛剛發生的事。危機解除。我發誓絕對不再犯錯了。

但之後我低頭，立刻看到桌上的餐具數量多到荒謬的程度。九把餐具？為什麼？我好疑惑，我需要用到三支湯匙嗎？為什麼就連奶油刀都不只一支？然後我回想起一個電影場景，突然意識到有些關於餐具如何使用的社交習俗。我立刻離席跑去廁所，打電話給我的精神嚮導：「我該怎麼應付那些該死的叉子？我不想看起來像個蠢貨呀。」雅莎告訴我，「從外面用到裡面，絕不要用同一支餐具吃不同盤內的食物；噢，對了，用最大那支湯匙來喝湯。」得到答案後，我回到餐桌上，準備好讓我的未來雇主留下深刻印象。

接下來沒發生什麼特別的事。我禮貌地與大家聊天，並謹遵琳西的教誨閉著嘴巴咀嚼食物。桌上其他人大談法律、法學院和公司文化，甚至還稍微聊到政治。跟我們一起用餐的招募人員非常友善，那桌所有人後來都得到了工作機會，就連那位把亮晶晶水吐出來的人也不例外。

之後我又進行了四天折磨人的面試，不過是在吃這頓飯時，我才了解社會系統的真實運作方式，而那是我的同類人完全不清楚的世界。我們的生涯發展辦公室一直要我們保持自然，要讓面試官覺得就算在飛機上和你坐在隔壁也沒問題。乍聽之下很有道理，畢竟沒有人會想跟怪咖一起工作，但對於一個面對人生重大時刻的年輕求職者而言，這個建議又很怪。我們得到的資訊是，這些面試官最在意的不是成績或資歷，主要是託耶魯法學院這塊招牌的福，我們其實早就贏在出發點。因此，面試官給我們的是社交測驗，目的是看我們是否跟大家合得來、我們在會議室的可能表現為何，以及與潛在客戶建立關係的能力。

我根本不用應付找工作中最困難的部分：得到面試官的青睞。我在那整個禮拜都好驚訝，因為可以輕易和全國知名的律師建立關係。我的朋友隨便就能得到十幾個面試機會，最後也都能得到工作機會。活動才開始，我就得到十六個面試機會，到最後累到不行，甚至還奢侈地推掉了幾場面試。還記得兩年前，大學畢業的我想找一份薪水不錯的工作卻到處碰壁，現在才在耶魯讀了一年，我和同學就已經得到年薪六位數的工作機會，而且邀請我們的全是曾在美國最高法院上大展長才的律師。

於是我生平第一次意識到，社會背後顯然有些神秘的力量在運作。我以前一直以為找工作就是上網搜尋，寄出大量履歷表，然後期待有人找你去面試。要是運氣好，或許會有某個朋友替你說幾句好話。如果能擁有比較吸引人的專業技能，例如會計，或許這段過程會容易一點，但基本規則都大同小異。

問題是，幾乎所有按照這些規則走的人都失敗了。那個禮拜的面試經驗讓我理解，成功的人參加的完全是另一場比賽。他們不會在就業市場到處丟履歷表，就為了等待某名雇主施捨他一次面試機會。他們會使用人脈。他們會寫電郵給一位朋友的朋友，以確保他們的名字能得到必要的關注。他們會找叔伯或舅舅打電話給大學時期的好友說情，他們會要求生涯規劃辦公室以學校名義提早幾個月就排定面試機會。他們會有父母告訴他們該如何正確著裝，甚至傳授珍貴經驗，但我們沒有這些資源的人只能靠自己。

我不是說履歷與面試表現不重要。他們很重要。但經濟學家所謂的「社會資本」（**social**

capital）更有著巨大的價值。雖然這是學術用語，但它的意義相當簡單：我們身邊的親友伙伴或機關制度有著實質的經濟效益。它們協助我們認識對的人，確保我們有適當的機會，並灌輸我們重要資訊。沒有它們，我們像是少了左右手。

我是在FIP那週的馬拉松式面試中理解到這件事，而且是在其中一場慘不忍睹的最終面試。當時對我來說，所謂面試不過是如同跳針般重複著同樣內容，大家會問我有什麼興趣、最喜歡哪一門課，我打算未來走哪一個領域。然後他們問我是否有任何疑問。經過之前十幾次歷練後，我已經駕輕就熟，提出的問題就像一名深入理解法律事務所各項知識的老鳥。不過事實是，我根本不知道自己未來想做什麼，也不確定自己想走哪個領域。我甚至不太確定我提問中的「公司文化」和「工作與生活之間的平衡」是什麼意思。整段過程比較像一場仔細排練過的花俏表演秀。但總之我表現得不像個笨蛋，所以自覺進展順利。

但這招卻在某次失效了。最後一位面試官問了一個我沒準備好的問題：為什麼我想到法律事務所工作？這問題並不算太尖銳，但我已經習慣先談我剛開始對反托拉斯訴訟產生的興趣（這說法其實半真半假），但其實我對反托拉斯訴訟的理解低得可笑。我其實應該說自己想跟最頂尖的人才學習，或者想嘗試高難度的訴訟案，但開口說出的竟然是：「我其實不太清楚，但反正薪水不差，哈哈！」面試官的表情彷彿我長了三隻眼睛，此後現場氣氛降到冰點。

我非常確定自己完了。我用最糟的方式搞砸了這場面試。不過在這場戲的幕後，我的其中一名推薦人已經在透過電話補救。她告訴那名招募人員，我是一個聰明的好孩子，以後一定會成為很棒的律師。所以當對方打電話來約定下一輪面試時間時，我也包含在內，雖然自覺悲慘地毀掉面試中最重要的一部分，最後卻仍得到了那份工作。俗話說運氣比才能重要，但顯然擁有良好的人脈比什麼都重要。

我發現在耶魯讀書，建立人脈簡直就跟呼吸一樣容易，值得結交的人多到一不小心就會錯過的地步。就在第一年接近尾聲時，我們大多在為了《耶魯法律論叢》（*The Yale Law Journal*）的寫作比賽做準備。這份刊物刊登的是以學術讀者為目標的法學分析長文，內容讀起來就像暖爐使用手冊：枯燥、公式化，還有一部分根本不是英文。（舉一個例子：評分系統雖看似可靠，但我們發現在其監管設計、實施與實踐方面都有重大缺失：不同司法管轄區之差異甚大。）好了，先把玩笑放一邊，總之，能成為期刊編輯是一件大事。對於法律事務所的雇主而言，這是唯一值得參考的課外活動，有些雇主甚至只雇用這份期刊的編輯。

有些人來讀耶魯就是為了加入這份期刊的編輯團隊。寫作比賽於四月展開，但三月時，你就能看到有人已經準備了好幾個禮拜。因為許多畢業校友（彼此都是密友）的建議，我有一位好友早在聖誕節之前就開始準備了。之前就讀名校的畢業校友聚在一起切磋編輯技巧。還有一名二年級的學生為了他之前就讀哈佛的室友（一年級學生），設計出測驗前一個月的最後衝刺攻略。總而言之，你隨處都能看到人們努力窮盡朋友及校友資源，就是勢在必得。

我完全搞不清楚發生了什麼事。這裡沒有俄亥俄州立大學的校友會，至少我剛入學的時候沒有。畢竟就算連我在內，耶魯法學院只有兩名學生來自俄亥俄州立大學。我隱約知道《耶魯法律論叢》很重要，畢竟聯邦最高法院大法官索尼婭・索托馬約爾（Sonia Sotomayor）也曾是編輯之一，但我仍不知道確切原因為何。我甚至不知道這份期刊在做什麼。整件事就像個黑盒子，而我所認識的人都不知道打開的鑰匙在哪裡。

你當然可以從官方管道得到資訊，但那些資訊通常彼此衝突。耶魯最自豪的就是提供不強調彼此競爭的低壓環境，不幸的是，他們所宣稱的這項風氣常落實為令人困惑的形式。似乎沒有人知道這本知名期刊背後的價值為何。我們聽說《耶魯法律論叢》對我們的生涯大有幫助，但其實刊物本身不那麼重要，我們也不該強調這件事，但如果想得到某些工作，加入期刊團隊就是必備資格。這種說法確實沒錯：抱持某些興趣或生涯選項的人如果想盡辦法投入期刊，結果就只是浪費時間。但我還不清楚想走哪一條路，甚至不知如何做出抉擇。

大約在這個時期，我的其中一位教授蔡美兒（Amy Chua）告訴我該如何衡量情勢：

「如果你想替法官工作或當學者，加入《耶魯法律論叢》的編輯團隊很有幫助，不然就是浪費時間。但要是還不確定未來的道路，不如就去試試看。」這真是千金難買的好建議。考量到當時的我也不確定想做什麼，所以決定去試試看，雖然第一年沒有通過，但第二年仍成功加入了編輯團隊。不過我是否有加入並非重點，重點是，靠著教授的建議，我才終於解決判斷資訊不足的問題，簡直像是終於看得見的盲人。

此後蔡美兒仍多次幫我在不熟悉的領域尋找方向。三年的法學院生活充滿各種挫折，也必須做出各種攸關生涯方向的決定。一方面而言，能夠擁有這麼多機會確實不錯，但另一方面，我完全不知道該拿這些機會怎麼辦，也不清楚每個機會與長期目標之間的關聯。老天，我連個長期目標都沒有。我只想順利畢業後找份好工作。雖然內心隱約知道，把就讀法學院的債還完之後，我想做一些回饋社會的事，但不知道什麼工作能達成目標。

一旦把法律事務所設定為目標，人們立刻開始告訴我畢業後該申請書記官工作。書記官與聯邦法官一起工作，時間為期一年，對於年輕律師來說是絕佳的學習機會：書記官必須閱讀開庭檔案，為法官進行各式法律議題研究，甚至幫忙起草意見書。所有當過書記官的人都能累積大量法律相關經驗。私人機構也常掏出上萬美金作為這些新科書記官的簽約紅利。

我對書記官的認識僅止於此，完全符合事實，但都是些膚淺的表面資訊，事實上內容複雜多了。首先你得決定要去哪種法院工作：進行事實審理的法院還是處理上訴案件的法院，然後還得決定申請國內哪個區域的法院。如果你想申請最高法院，某些「餵食者」法官會比較願意給學生機會，但競爭也相對激烈。因此，試圖向這類「餵食者」法官申請工作的風險也不低——如果上了，你幾乎等於一腳踏入國家的最高法律殿堂；但如果沒上，就連個書記官的工作也拿不到。另外稍微需要考量的是這些法官實際相處起來的狀況，畢竟沒有人想浪費一年被穿著黑袍的渾蛋痛罵。

但沒有任何資料庫會自動吐出這些資訊，也不會有什麼資源中心會告訴你哪名法官人很好、哪名法官會幫助你進入最高法院，又或者你想做的工作究竟屬於初審還是上訴領域。現實是，你幾乎不可能開口問這些事，畢竟當一名教授推薦你去為某名法官工作時，你怎麼可能問「那她人怎麼樣？」需要考量的眉角比想像中複雜很多。

為了得到必要資訊，你得仰賴社交網絡——學生團體、當過書記的朋友，以及願意直言給你建議的教授。根據我到當時為止的經驗，唯一能夠使用這項網絡資源的方式就是「問」，所以我到處去問。蔡美兒說我不需要考慮申請成為知名飼主型法官的書記，因為考量我對未來的想法，那項資歷其實不是很有用。但我還是一直要求，她最後終於同意將我推薦給一位頗有權勢的聯邦法官，對方與許多最高法官交情甚篤。

我交上所有資料，包括履歷、鞭辟入裡的寫作作業，以及一封表達迫切想要這份工作的信件。我其實不知道為何選擇申請，或許是因為我對於來自南方有自卑感，家族又沒有背景，所以想證明自己真的是耶魯的一分子。又或許我只是從善如流。無論如何，我就是需要這份工作確認自己夠格。

資料交上去幾天後，蔡美兒把我叫進辦公室，說我通過了初選。我聽了心跳立刻加速，知道只要再通過面試就能得到那份工作，也知道只要她多使一點力，我就一定有面試機會。

那是我第一次真正理解社會資本的價值。不過她並沒有打電話為我爭取面試，因為在這麼做之前，她要求我坐下來好好談一談，而且非常直接地表示：「我不認為你這麼做的理由正當。你想要讓自己的資歷好看，這倒無妨，但這項資歷跟你的生涯規劃毫無關係。如果你不想當一名位高權重的最高法院訴訟律師，就不該這麼在意這份工作。」

她接著告訴我，擔任這位法官的書記非常辛苦，他對屬下要求極為嚴苛，為他工作整年都無法放假。接著她分析了我的私人處境，她知道我交了新女友，而且為她瘋狂。「這份書記工作會摧毀所有人際關係。如果你願意聽我的建議，你該把和雅莎的關係當成目前人生第一要務，再去思考真正適合你未來的動向。」

沒有比這更棒的建議了，我立刻決定接受，也請她把我的申請撤回。誰也無法預知我能否真正得到那份工作，或許我之前是過度自信了，畢竟我的成績和履歷雖然不差，但也不到頂尖的程度。不過蔡美兒的決定確實改變了我的人生，幸好有她，我才沒跑去距離我未來妻子一千英里遠的地方工作。最重要的是，我得以在不熟悉的體制中掌握自己的處境——我可以規劃自己的人生，也可以把一個女孩的優先順序放在無法長遠發展的野心之前。我的教授允許我做自己。

你很難去衡量這項建議的立即價值，但一切都慢慢地有所回饋。不過別誤會了，這項建議仍然有它的實質效益。所謂社會資本不僅限於透過朋友認識了某人，或者幫你把履歷交給某位前任上司，其實或許最重要的，是在這段過程中，你透過朋友、同事和精神導師學到了多少。我不知如何決定人生選擇的優先順序，也不清楚哪裡有更好、更適合我的未來道路，最後是透過人際網絡才解決這項問題——更精確的說，是透過一位非常仁慈大方的教授。

這趟有關社會資本的學習歷程仍未結束。曾有一段時間，我為大衛．福魯姆（**David Frum**）的網站撰文，他現在是《大西洋月刊》（*The Atlantic*）雜誌的記者，也是知名意見領袖。當我決心要進華盛頓特區一間法律事務所時，他建議我去另一間有兩位好友擔任資深合夥人的事務所，而且那兩位都曾在小布希的政府團隊中擔任要職。其中一位朋友是我的面試官，在我加入公司後成為我的良師益友。我後來在某場耶魯會議中與他偶遇，他介紹我跟一位在布希政府任職的老友（也是我心目中的政治英雄）認識：印第安納州長米區．丹尼爾（Mitch Daniels）。當初如果不是聽從了大衛的建議，我無法在這間公司站穩腳步，也不會有機會跟最敬愛的政治人物說上話（雖然只是短短一段交談）。

我還是打算申請書記工作，但不再盲目嘗試，而是決定想清楚我要從中獲得什麼：我要為一名敬愛的人工作、盡量從中學習經驗，而且這份工作不能距離雅莎太遠。因此我和雅莎決定一起申請書記工作，最後落腳北肯塔基州，距離我出生長大的地方並不遠。這是再好不過的結果。我們跟上司相處得非常好，最後還請他擔任婚禮的主婚人。

這只是成功人士運作世界的版本之一。其實社會資本遍布在我們周遭，有些人懂得取用以獲得成功，不用的人總是像少了隻腳般不良於行。對於像我這樣的孩子而言，這問題很嚴重。以下是我進入耶魯法學院時不知道該做的事項列表（我還可以無窮無盡地列下去）：

- 面試時必須穿西裝。
- 如果你的西裝大到可以裝入一隻銀背猩猩，絕對不適合穿出去。
- 奶油刀不是裝飾品。（雖然所有奶油刀可以做的事都能用湯匙或食指做得更好。）
- 人造皮跟真皮不一樣。

- 你的鞋子得跟皮帶搭配。
- 有些城市或州能提供更棒的長遠工作規劃。
- 就讀好大學的好處不只是能拿來吹噓而已。
- 所謂「理財」是一群人在工作的產業。

姥姥總是討厭別人對鄉巴佬有刻板印象，彷彿我們只是一群好吃懶做的低能兒。但我確實對於如何爭取更好的人生極其無知。這些資訊的匱乏常導致嚴重的經濟損失，甚至還讓我在大學時錯過一份工作機會（顯然戰鬥靴跟卡其褲不適合穿去面試）。如果沒有人一路上的幫忙，或許我在法學院還會損失更多機會。

第十四章

與內心的怪物戰鬥

我甚至深信，無論如何與過往的心魔對抗都不可能找到出路，這些障礙寫在基因裡，如同我所遺傳的藍眼與棕髮。即便在狀況最佳的時候，我也只是一顆延後爆發的炸彈。

在耶魯法學院的第二年，我一開始就覺得穩操勝算。當時剛結束在美國參議院的暑期工作，回到紐黑文的我不但交了許多新朋友，也累積了豐厚的經驗。我有一位美麗的女友，一份薪水不錯的法律事務所工作也即將到手。我知道像我這樣的孩子很難走到這一步，對自己克服了諸多阻礙也深感欣慰。我表現得比家中所有人來得好，比我那有藥癮的媽媽好，也比那些總是把我拋棄的父親角色來得好，只遺憾姥姥和姥爺沒來得及目睹我的成就。

但有些徵兆讓我知道事情不太對勁，尤其是我和雅莎之間的關係。我們才約會幾個月，雅莎就無意找到了一個用來形容我的完美比喻。根據她表示，我就像一隻烏龜。「每次發生不好的事，就算只是我們之間稍微有點意見不同，你都會立刻封閉自己。就像躲進自己的殼裡一樣。」

她說得沒錯。我不知如何處理關係中的爭執，所以採取逃避策略。我可以在她做出我不喜歡的事的時候大吼大叫，但那樣似乎只是雪上加霜，又或者我可以選擇一言不發後逃避問題。我所知的選項就是這兩種，沒有其他可能性。畢竟光是想像跟她吵架，心底就會浮現我以為沒有從上一代遺傳到的負面特質：壓力、悲傷、恐懼、焦慮。所有情緒都出現了，而且非常**強烈**。

所以我試圖逃避，但雅莎可不願意。我好幾次想要拋下一切逃之夭夭，但雅莎告訴我，除非我已經完全不在乎她了，不然這樣做只是純粹的愚蠢。所以我開始尖叫、開始大吼，做出我媽曾有過的所有可惡行為，但事後又感覺無比懊悔、極端害怕。之前我總是把媽視為一名大惡人，但現在的我跟她根本沒兩樣，而人生最恐怖的事情，就是成為那隻總是蹲伏在你衣櫃中的野獸。

在耶魯法學院的第二年，雅莎和我到華盛頓特區參加幾場律師事務所的後續面試，回到旅館時，我因為在其中一場面試表現不佳而懊惱不已，畢竟我很想去那間公司工作。雅莎試圖安慰我，說我表現得可能比想像中好，就算真的失敗了，反正也還有很多其他選項。我卻在此時情緒失控，「不要說我表現得很好，」我大吼，「你只是在為我的軟弱找藉口而已。我之所以能走到今天這一步，就是因為不會為失敗找藉口。」

我大步走出房間，在華盛頓特區的商業區閒晃了好幾個小時。我想起某次媽在跟鮑勃瘋狂爭吵一陣子後，帶著我和玩具貴賓犬到中央鎮的舒適旅店過夜。我們在那裡待了幾天，最後是姥姥說服她得回去像個成年人一樣面對婚姻問題。然後我想到媽小時候，為了躲開酗酒的瘋狂父親，會在晚上跟她的媽媽及妹妹從後門逃家。而我正是第三代的逃亡者。

我慢慢走近林肯總統被約翰．布思（John Wilkes Booth）射殺的歷史建築福特劇院（Ford's Theater），大約半個街區外，有間街角小店在賣林肯的紀念品。其中有一隻大型的林肯充氣娃娃滿臉微笑盯著路過行人。我覺得這隻充氣林肯彷彿在嘲笑我。**他天殺的到底在笑什麼鬼？**我心想。首先，林肯個性陰鬱，就算真有什麼事讓他露出微笑，大概也不會在這個距離他被爆頭槍殺只有一小段距離的地方。

我轉過那個街角，沒走幾步就看到雅莎坐在福特劇院的階梯上，她擔心我一個人會出事所以一直追在我身後。此時我才意識到自己出了問題，無論那問題是什麼，我都得想辦法好好解決，畢竟這個問題已經連續幾代讓我們傷害身邊所愛的人。我慎重地對雅莎道歉，本來以為她會詛咒我，而我得再花上幾天彌補自己的過錯，畢竟我是一個這麼糟糕的人。在我看來，當一個人誠懇道歉就代表投降，而只要有人投降，另一方就該起而追殺，但雅莎沒這麼幼稚。她只是雙眼含淚但冷靜地告訴我，下次不可以再這樣跑掉，她會擔心，而我得學習在這種時刻與她對話。接著她擁抱我，接受我的道歉，說她很高興我沒事，一切就此落幕。

雅莎不像我是在痛苦的鄉巴佬家庭中學習吵架技能。第一次在感恩節拜訪她家時，我很驚訝一個家庭可以如此祥和平靜。雅莎的母親從未私下抱怨丈夫，家中沒有人暗示某位家族朋友是騙子或胳膊往外彎的傢伙，更沒有男人憤怒抱怨彼此的妻子或某人的姐妹。雅莎的父母似乎真心愛著她的祖母，而且談到手足時也充滿關愛之情。當我向她父親問及某位比較沒有聯絡的親戚時，本以為他會開始抱怨對方的人格缺陷，但他的回答充滿同情、帶有一絲感傷，但主要是傳達出一種人生教訓：「我還是會定期關心，看他過得如何。你不能因為親戚和你處不來就放棄他們，總是得努力去做，畢竟是一家人嘛。」

我本來想去看諮商，但感覺就是不對勁，跟陌生人談論內心深處的感受讓我想吐。但我確實去了圖書館，發現我本來以為尋常的經驗其實是早已被大量研究過的學術議題。心理學家將我和琳西的兒時生活稱為「負面童年經驗」（adverse childhood experiences，簡稱ACE），這些經驗都是創傷性的童年事件，直到成年仍會造成影響，而且不必然是身體上的創傷。以下事件或感受是最常見的「負面童年經驗」：

- 被家長咒罵、汙辱或羞辱。
- 被推、抓或丟擲物品
- 感覺你的家人不願意支援彼此
- 家長分居或離婚
- 跟酒癮者或藥癮者同住
- 跟憂鬱症或想要自殺的人同住
- 目睹深愛的人在身體上被虐待

ACE到處都是，無論在哪個群體都會發生，但研究顯示，這類事件更常在世界上我所生存的這個角落。威斯康辛兒童信託基金（Wisconsin Children's Trust Fund）的一份報告顯示，在那些擁有大學（或更高）學歷的非工人階級中，只有不到一半的人經歷過ACE，但在工人階級中，超過一半的人至少經歷過一次ACE，而且百分之四十的人經歷過多次ACE。這項數據非常驚人，代表每十人中就有四人經歷多次童年創傷。但在非工人階級中，這項數據只有百分之二十九。

我對小阿姨、丹恩姨丈、琳西和雅莎做了一個小測驗，心理學家就是用這個測驗來檢測一個人曾有多少負面童年經驗。小阿姨的分數是七，比我和琳西的六分還要高。至於家庭好得幾乎有點古怪的丹恩和雅莎都拿到零分。原來讓我覺得奇怪的那些人從未經歷任何童年創傷。

曾有多次負面童年經驗的人更容易焦慮、沮喪，比較容易出現心臟疾病或肥胖毛病，也更容易得到特定種類的癌症。他們在學校的表現通常比較差，成年之後也很難與他人維持穩定關係。就連太常被吼也可能傷害孩子的安全感，並在未來導致精神健康及行為上的問題。

針對童年創傷對心智造成的影響，哈佛小兒科醫生做了研究，除了後續可能導致在健康上產生負面問題，醫生發現持續不斷的壓力也可能改變孩童的大腦化學反應。畢竟壓力是一種心理反應造成的結果，代表腎上腺素和其他荷爾蒙正因為某種刺激湧入你的系統。這是我們在小學時學過的典型「戰鬥或逃跑反應」（fight or flight response）。這種反應有時會為一般人帶來出奇大的力量與勇氣，所以有些母親能在危急時抬起壓住孩子的重物。

不幸的是，持續出現的「戰鬥或逃跑反應」會對人產生負面影響。娜汀・柏克・哈里斯醫生（Nadine Burke Harris）表示，「如果你在森林遇到一隻熊，」這個反應可以救命，「但要是那隻熊每天晚上都會從酒吧回家，那麻煩就大了。」這項哈佛所做的研究顯示，一旦這種情況發生，大腦中處理高壓的部位就會被啟動，「童年早期經歷巨大壓力，」他們在報告中寫道，「……會導致過度的心理壓力反應，或者產生慢性心理壓力，此外也會增加恐懼與焦慮感受產生的機率。」對於像我一樣的孩子而言，大腦中處理壓力與衝突的部位永遠處於活化狀態，彷彿一個始終沒關掉的開關。因為熊不會消失，無論家裡有的是酗酒的爸或心理有毛病的媽，總之我們永遠在準備戰鬥或逃跑。我們預設自己得不停處理衝突，就算之後已經擁有平靜生活，我們還是擺脫不了這種模式。

我們面對的不只是吵架問題。無論用任何標準來衡量，你幾乎很難在世界上找到比美國工人階級更不穩定的家庭。舉例來說，像我媽不停帶男人回來的這種情況，在其他國家不可能如此嚴重。比如在法國，孩童母親伴侶超過三位（或以上）的比例只有百分之零點五，大概兩百人中只有一人，比例第二高在瑞典，百分之二點六，大約四十人中有一人。不過在美國，數據卻是驚人的百分之八點二，大約十二人中就有一人，這項比例在工人階級中甚至更高。其中最令人沮喪的是人們無法維持穩定關係，比如家庭中的混亂，最後導致無止境的惡性循環。社會學家寶拉．佛恩比（Paula Formby）和安德魯．徹林（Andrew Cherlin）發現，「愈來愈多文獻資料顯示，孩童若經歷過多次家庭結構轉換，發展上的表現會比在穩定雙親家庭內來得差，甚至也比在穩定單親家庭內來得差。」

對許多孩子而言，一開始的直覺當然是逃跑，但這些試圖逃亡的人卻往往誤闖虎穴。正因如此，我的小阿姨在十六歲就跟一位會家暴的丈夫結婚，而我那位在高中時代表畢業生致詞的母親，仍未成年就有了一個孩子、離婚，後來一張大學文憑也沒拿到。才出油鍋又入火坑，混亂導致混亂，動盪滋生動盪。這就是美國鄉巴佬的家庭生活。

就我而言，因為理解過去，也知道自己並非無藥可救，才能懷抱著希望與勇氣面對藏在內心的惡魔。最好的解決方式就是跟理解你的人聊聊，雖然是老調重彈，但確實有用。我問小阿姨是否在關係中面臨類似問題，她幾乎想也不想地回答，「當然，我之前面對丹恩時老是處於備戰狀態，」她告訴我，「有時候我會準備好一大套說法，就像實際上就要上戰場，就為了講到他閉嘴為止。」我好驚訝。小阿姨和丹恩擁有我見過最成功的婚姻，即便結婚二十年，他們的互動還是像去年才剛開始約會一樣。她告訴我，是在她發現不用永遠防備對方之後，婚姻關係才變得更好。

琳西的答案也差不多。「每次和凱文吵架，我都會羞辱他，然後叫他滾，反正我知道他也想離開。他總會問我：『你是怎麼回事？為什麼吵架時要把我當成敵人一樣？』」其實原因很簡單：在我們家族中，敵友之間的界線非常模糊。不過經過十六年，琳西仍然維繫她的婚姻。

住在家裡的那十八年，我不自覺地建立了一套情緒開關系統。我想了很多，發現自己不信任他人的道歉，因為以前只要有人向我道歉，通常只是為了在當下安撫我，讓我放下戒心。十多年前，就是那句「我很抱歉」讓我搭上媽的車後差點被殺掉。我也開始發現自己習慣用文字當武器的原因：既然身邊的人都這麼做，我為了生存也不能輸。意見不同就代表戰爭開打，一旦開打就要不擇手段求勝。

我並不是一夜擺脫這些舊有的習慣，而是持續艱困地處理各種衝突，努力突破那些數據上看似無法超越的限制。這些數據有時令人欣慰，畢竟根據統計，我現在應該正在坐牢，或者有了第四個私生子；但這些數據有時又令人沮喪，因為無止境的衝突及家庭崩解似乎是無從擺脫的命運。情緒最低落的時候，我甚至深信，無論如何與過往的心魔對抗都不可能找到出路。這些障礙寫在基因裡，如同我所遺傳的藍眼與棕髮。令人傷心的現實是，如果沒有雅莎，我根本無法成功，因為即便在狀況最佳的時候，我也只是一顆延後爆發的炸彈，雖然可被解除，但必須透過極為精準的技巧。不只是我得學會控制自己，雅莎也得學會照顧我。要是一個家庭裡有兩個我，那就一定會產生核彈等級的爆炸。因此，我家族中每個擁有成功婚姻的人，無論是小阿姨、琳西還是表姨蓋兒，結婚對象都不是跟我們一樣的人。

這項體悟粉碎了我對自己人生進行的詮釋。我一直以為自己超越過去後變得更強壯，畢竟我早早離開家鄉，去軍中為國家效命，就讀俄亥俄州立大學時名列前茅，還進入全國最棒的法學院。我早已沒有心魔、個性缺陷或任何其他毛病了。但現實並非如此。在這個世界上，我最渴望的莫過於擁有快樂的伴侶和幸福家庭，但想達成目標，任何人都必須花費大把心思維持。我知道自己本質尖酸刻薄，只是以高傲作為偽裝。就讀耶魯法學院第二年剛開始幾週，我已經幾個月沒跟媽說話，時間前所未有的長。我意識到，雖然曾對媽產生過許多情緒，包括愛、遺憾、諒解、憤怒、恨及其他種種，但我從未嘗試同情她。我從未試圖了解我媽。即便在最有同情心的時候，我也只願意相信她有些基因上無法改變的缺陷，同時希望沒有遺傳給我。不過在發現自己的行為跟媽愈來愈像之後，我開始嘗試了解她。

吉米舅舅曾告訴我，他多年前撞見姥姥和姥爺在討論我媽的事，她惹上麻煩，他們得去把她保出來，這類事常發生。他們總會為此開出一些理論上的條件，比如設計出一些計畫，希望她據此做出財務規劃，以償還他們保她出來的費用。就在他們坐在那裡討論的時候，姥爺突然把臉埋進雙手中，做出吉米舅舅從未看過的舉動：他啜泣起來。「是我害了她，」他一邊哭一邊不停說，「我害了她、我害了她，是我害了我的寶貝小女兒。」

姥爺少見的崩潰正好提出許多鄉巴佬心底最深的疑問：無論好壞，我們的生活究竟有多少比例由我們的選擇所決定，又有多少比例受我們的文化、家族或家長對孩子的虧待所影響？媽的人生究竟有多少比例是她自己的錯？要到什麼地步，我們才有辦法停止責怪，真正確認對方值得同情？

大家對此各有想法。吉米舅舅就覺得，媽的人生是自己選的，完全不該把錯怪到姥爺身上。「他沒有錯。無論她有什麼毛病，都是自己搞出來的。」小阿姨的看法基本上差不多，且誰有資格怪她？她只比我媽小十九個月，看過姥姥和姥爺最糟的一面，該犯的錯都犯過了，才好不容易擺脫了這種生活。如果她能成功，為何我媽不行？琳西的態度稍微寬容一點，既然我們因為生活有了一些心魔，媽勢必也有自己的心魔，但人總有一天得學會擺脫藉口，為人生負起應有的責任。

我的看法比較複雜。無論媽在我的生命中扮演的家長角色為何，長期以來的吵架與酗酒問題想必對她產生非常嚴重的負面效應。就連年紀還小時，她和小阿姨面對家中爭吵的反應完全不同。小阿姨會懇求她的父母冷靜下來，或是蓄意激怒父親，好分擔母親受到的攻擊，但媽不是躲起來、逃跑，就是摀住耳朵崩潰地跌坐在地。相對哥哥和妹妹，她確實比較無法應付這類處境。某種程度而言，她就是凡斯家族中沒有戰勝數據結果的那個孩子。真要說的話，家族中只有一人輸掉這場比賽已經算幸運了。

我當然知道媽不是什麼惡棍，她仍深愛琳西與我。她非常想當個好母親，只是有時候成功，有時候就是失敗了。她想在戀情與職場中找到幸福，但聆聽內心聲音時，卻總是選擇追尋錯誤的指示。不過媽確實必須為自己混亂的人生負起大半責任，就算悲慘的童年值得同情，也不能以此為由每次規避坐牢的責任，琳西不可以，小阿姨不可以，我不可以，媽當然也不可以。

這輩子只有媽能激起我如此強烈的情緒，就連姥姥都沒辦法。小時候的我真的好愛她，就連幼稚園同學嘲笑她的雨傘，我都會直接揮拳揍對方的臉。當目睹她一次次屈服於藥物的誘惑時，我曾暗自希望她不小心服用太多止痛劑，永遠放過我和琳西。每次她因為戀情失敗躺在床上哭，我都氣到想要殺人。

法學院快畢業時，琳西打電話告訴我，媽開始對另一種藥上癮了：海洛因。她決定再試著戒毒一次。媽已經戒毒過幾百次了，之前也一天到晚因為某種藥物神智不清地躺在醫院，所以這次本來我也不用太訝異。不過海洛因不太一樣，彷彿藥物界的冠軍馬。因此，我在聽說媽最新的藥物選擇後低潮了好幾星期。或許我無法再對她抱持任何希望了。

當時媽在我心底掀起的情緒不是憎恨、愛或憤怒，而是恐懼。我擔心她的安危，也擔心因為自己住在幾百英里遠的地方，琳西得被迫獨自處理媽的問題。更擔心我是否見鬼的完全沒有逃離過去。我再過幾個月就要從耶魯法學院畢業，可謂勝券在望，但內心盤旋的全是過去一年揮之不去的疑問：我們這種人是否永遠不可能扭轉人生。

在雅莎和我的畢業典禮上，前來觀禮的總共有十八人，其中包括我的表姨迪妮絲和蓋兒，分別是我的舅公大衛和佩特的女兒。雅莎的家長與叔叔也有前來參加，人都很好，但跟我們這邊的人比起來安靜不少。這是她的家人首次跟我的家人見面，我們都努力表現良好。（不過迪妮絲對我們去博物館參觀的當代「藝術」還是頗有「微詞」。）

媽這次的毒癮再次落幕，跟以前一樣算是姑且戒毒了。她沒辦法來看我畢業，但當下至少沒在用藥，我覺得也還過得去了。大法官索尼婭·索托馬約爾在我們的畢業典禮上致詞，她給畢業生的建議是「面對未來即使徬徨不安也要怡然自得。」我想她指的是生涯規劃，但對我來說指涉的意義更廣泛。我在耶魯學到很多法律相關知識，但也明白我在這個新世界總會有點格格不入，而且身為鄉巴佬，我們有時就是分不清楚相愛與相殺之間的差異。當我畢業時，最讓我不安的其實是這些。

第十五章

什麼才能拯救鄉巴佬？

對許多孩子而言，真正的問題在於家中發生的事。

我印象最深刻的是那些該死的蜘蛛，真的很大的那種，大概是狼蛛吧。我站在路邊那種低俗汽車旅館窗邊，眼前隔著一片厚玻璃跟一名女性（顯然沒有修過旅店待客的學分）乾瞪眼。藉由她辦公室射出的燈光，我看見幾張蜘蛛網，就懸掛在旅館建物與臨時搭建的遮陽棚頂之間，而且那棚頂好像隨時會倒塌在我頭上。每張網上都至少有一隻巨型蜘蛛，我總覺得要是沒好好盯住牠們，其中一隻駭人的昆蟲就會跳上我的臉把血吸乾。我其實根本不怕蜘蛛，但那些昆蟲真的有夠**大**。

我其實不該淪落至此。我之所以努力開創新人生，就是為了避免落腳在這種地方。每當我想到要離開家鄉，要「出走」時，就是想逃離這種地方。時間已經過了午夜，透過街燈可以看見一名男子坐在卡車上的輪廓，他把車門開著，雙腳盪在車外，從形狀你就能看出有一根皮下注射器插在他的手臂上。我該感到震驚的，但這裡畢竟是中央鎮，就在幾個禮拜前，警方才發現一個女人昏迷在洗車場中的車內，副駕駛座擱著一袋海洛因及湯匙，手臂上還插著注射筒。

那天晚上負責旅館櫃台的女人是我看過最悲慘的場面。她可能四十歲了，但無論是油膩的灰長髮、沒牙的嘴，還是臉上彷彿長年深鎖的眉頭，都讓她看起來老到不行。這名女性顯然過得很辛苦。她的聲音很像蹣跚學步的幼童，微弱到幾乎很難聽見，而且充滿憂傷。

她顯然沒預料到我會掏出信用卡，「通常大家都付現，」她解釋。我告訴她，「對，但就像我在電話上說的，我打算用信用卡付款。不過如果有需要，我可以去附近的提款機領錢。」「噢，我很抱歉。我大概是忘了。不過沒關係，我們應該有那種機器。」她翻出一台古早的刷卡機，那種會把卡片資訊印在黃色薄紙上的機器。當我把卡片遞過去時，她看著我的眼神中有乞求，彷彿是一名困在自己人生中的囚犯。「入住愉快，」這話說得實在古怪，畢竟不到一小時前，我才在電話中跟她說這房間不是我要住，是為了我那無家可歸的母親訂的。「好，」我說，「謝謝。」

我剛從耶魯法學院畢業，曾擔任知名的《耶魯法律論叢》的編輯成員，在法律界也占有不錯的一席之地。才在兩個月前一個美好的日子，雅莎和我在東肯塔基結婚，全家族的人都前來出席。我們兩人都把姓氏換成凡斯，我終於和所愛的家人擁有同樣姓氏。我有一份不錯的工作，一間最近買的房子，一段美好的關係，也在所愛的城市辛辛那提過著快樂生活。在為期一年的書記工作結束後，我和雅莎搬回此地定居一年，建立了有兩隻狗的幸福家庭。我從底層一路向上，終於成功，實現了所謂的美國夢。

在外人看來或許確實是如此。但向上流動不代表與底層一刀兩斷，我所留在身後的世界總有方法把我重新捲回去。我不確定究竟是哪一串連鎖效應把我帶回那間旅館，但我知道媽又開始用藥了，她從第五任丈夫家裡偷了些傳家寶後拿來買藥（印象中是藥用鴉片吧），所以他把她轟出家門。兩人正在辦離婚，而她無處可去。

我曾發誓再也不幫她的忙，但曾如此立誓的那個人已經變了。雖然困難，我正在努力重拾曾在多年前丟棄的基督信仰。生平第一次，我開始理解媽所受過的童年創傷程度之巨大，也明白那些傷口不可能真正痊癒，就連我自己也一樣。因此，當我發現媽急需幫忙時，我沒有低聲咒罵後掛上電話，而是決定伸出援手。

我打電話給中央鎮的旅館，跟他們報上信用卡資訊，一個禮拜的住宿費用是一百五十美金，我想這段時間足以讓我們想出因應的計畫。但他們不願意接受電話刷卡，所以在週二晚間十一點，我從辛辛那提開車到中央鎮（來回各需約一小時車程），就為了確保媽不至於流落街頭。

我想出的計畫似乎很好執行。我會給媽足以幫助她站穩腳步的錢，讓她去找房子、存錢、把護理師執照拿回來，之後再一步步想辦法。在此同時，我負責管理她的財務狀況，確保她妥善理財且不再用藥。這讓我聯想到之前姥姥和姥爺為她做的「計畫」，但我說服自己：說不定這次她真的會改。

我很想告訴你一切進行順利，想告訴你我終於和過去達成某種程度的和解，並解決打從小學就開始困擾我的問題，甚至靠著理解媽的童年創傷的同情心，我終於有辦法耐心處理媽的藥癮問題。不過面對那間低俗旅館仍非易事。主動介入處理她的財務狀況所花費的耐心與時間也超出我的負荷範圍。

靠著上帝的恩典，我不再躲著媽，但也無法解決所有問題。現在的我有辦法一邊對媽的人生選擇感到憤怒，一邊對她無從選擇的童年抱持同情，也可以在情緒及財務能力所及的範圍內針對她的需求伸出援手。不過我也清楚自己的侷限，若幫助她導致沒有錢支付自己的帳單，或是沒有耐心對待我所珍愛的人，那我就得跟她劃清界線。這麼做其實很困難，但目前還算行得通。

人們有時候會問，我們究竟可以做什麼來「解決」這個社群的問題。我知道他們想得到什麼答案：一個神奇的公共政策或一項創新的政府計畫。但這些信仰與文化的問題並不是魔術方塊，我不認為有大家心目中期待的那種靈藥存在。我有一位曾在白宮工作過的好友非常在意工人階級的困境，他有一次告訴我：「看待這件事最好的方法，或許就是認清你不可能真正解決問題。這些問題永遠會存在，但當有人快撐不住時，或許你能想辦法拉他一把。」

許多人都曾拉了我一把。當我回顧過往，發現是許多機緣巧合才給了我向上突破的機會。我的外祖父母始終不離不棄，就算媽和繼父為了遠離他們而搬家也一樣。雖然身邊總有父親角色來來去去，但大多是體貼善良的好人。就連總是犯錯連連的母親，也曾灌輸我對教育與學習方面的熱情。姐姐是我的守護天使，就算我長得比她高壯後，她也始終保護著我。丹恩和小阿姨在我不好意思開口時歡迎我到他們家暫住，甚至早在那之前，他們就是我心中第一對幸福快樂的婚姻典範。他們是我的老師、我的親戚，也是朋友。

過程中只要少了任何一個人，我大概就毀了。其他超越困境的人也說過類似的話。珍恩・雷克斯（Jane Rex）是阿帕拉契州立大學轉學生辦公室的負責人，和我一樣成長於工人家庭，也是他們家中第一個上大學的人。她結婚將近四十年，還養大三個了不起的孩子。當被問及人生得以改善的原因，她也提到穩定的家庭給了她足以掌控未來的安全感。她也會說愈了解世界的運作方式，就愈能勇於作夢：「我覺得好的學習楷模很重要，我有個好友的爸爸是銀行總裁，所以我能接觸到不同的世界，知道可能擁有不同種類的生活，一旦有了這種認識，你比較知道可以夢想些什麼。」

表姨蓋兒一直是我非常喜歡的人，她跟我媽同一代，是布蘭頓家族的孫輩。她的人生就是完整實現的美國夢：一棟美麗的房子、三個優秀的孩子、一段幸福的婚姻，舉止更是合宜有禮。布蘭頓姥姥在她的孫輩及曾孫輩眼中是完美女神，我們都說她是「世界上最棒的人」，而除了她之外，大概只有蓋兒表姨扛得起這個頭銜。

我一直以為蓋兒表姨宛如童話的完美人生一定是家族遺傳。**沒有人能光靠自己變得那麼棒**，我心想，經歷真正困境的人更沒有可能。但蓋兒畢竟屬於布蘭頓家族，本質上也是個鄉巴佬，既然是鄉巴佬，成長過程中一定曾大大搞砸過幾次。蓋兒表姨也有自己的家族包袱。她七歲時爸爸就跑掉了，十七歲時高中畢業，正打算進邁阿密大學就讀，但卻遭遇兩難：「媽說，如果我想上大學，就得跟男友分手。所以我在畢業隔天搬離老家，八月就懷孕了。」

她的人生幾乎立刻開始崩毀。當她宣布將為家族增添一位黑皮膚寶寶時，原本隱而不顯的種族歧視立刻浮上檯面，此後更是跟家人爭吵不斷，然後有一天，蓋兒發現自己成為沒有家的人，「親戚再也不跟我聯絡，」蓋兒告訴我，「連我媽都說再也不想聽見我的名字。」

由於她的年紀還很輕，又沒有家人支援，那段婚姻自然很快就結束了。蓋兒的生活因此變得更為複雜：她不但失去了家人，還多了一個完全仰賴自己存活的女兒。「生活完全只剩下『母親』這個身分。我以前或許是個嬉皮，但現在卻為自己設下一堆限制：不碰藥、不碰酒，不做任何可能導致社福機構把孩子帶走的事。」

於是蓋兒成為一名幾乎毫無奧援的單親母親。換作其他人或許被擊敗，但她決定發揮鄉巴佬的精神。「爸本來就不在我身邊，」蓋兒回想，「而且很多年都不在。我也幾乎沒什麼在跟媽往來。但我記得從他們身上學到的教訓：努力就會成功。我想要保住那個孩子，我想要好好過日子，所以我朝這個方向去努力。」她在當地電話公司找到一份工作，一路努力往上爬，甚至成功回到大學讀書。再婚時的她早已大大改善了生活，與第二任丈夫的幸福婚姻不過是蛋糕上的裝飾糖霜。

在我成長的家鄉，不是每個像蓋兒的故事都會成功。你常會看到青少年陷入極端困境，有時是他們自己的問題，有時候不是。數據顯示他們扭轉人生的機會很低，很多人也屈服於此命運。有些人成為罪犯，有些人無法活到成年，情況比較好的則困在無止境的家庭紛爭中，或者必須靠福利金度日。但還是有人成功扭轉了人生，比如珍恩·雷克斯。又比如琳西成功撐過姥姥的死亡帶來的陰影，以及小阿姨在甩掉有家暴紀錄的丈夫後也成功將人生拉回正軌。這些人成功的原因都類似，他們擁有值得依賴的家人，而且在家族朋友、親戚或職場貴人身上看到不同人生的可能性。

就在我開始思考該如何幫助美國工人階級改善生活沒多久，一群包括拉傑·杰帝（Raj Chetty）的經濟學團隊發表了一篇研究，其中針對美國人改善生活的機會大小有突破性的發現。其中有些部分不令人意外，比如貧困孩童真正向上流動的機率比我們大部分人預期的更低。根據他們的計算，在許多歐洲國家反而更容易實現美國夢。更重要的是，他們發現整個國家擁有的機會分布並不平均。在猶他州、奧克拉荷馬州及麻薩諸塞州，美國夢的實現機率還行，大概比世界的平均值稍微偏高。不過在南方、鐵鏽地帶，及阿帕拉契山區，貧困孩子的處境極為艱辛。他們的研究結果令許多人大感意外，但不包括我，也不包括在這些地方真正待過的人。

根據其中一段分析資料，切提和共同作者指出地理上機會分布不均的兩個主要因素：普遍的單親家庭及所得分化（income segregation）現象。如果成長於一個有大量單親家庭的地區，鄰居又普遍貧窮，你拓展未來的可能性確實會大大降低，意思是，除非剛好擁有阻止你誤入歧途的姥姥和姥爺，你很難脫離這個環境，身邊也沒有例子幫助你了解努力工作及讀書後能爭取到什麼人生。基本上來說，所有幫助我、琳西、蓋兒、珍恩・雷克斯和小阿姨爭取到幸福人生的條件都不存在。因此，信仰摩門教的猶他州的數據當然會大勝俄亥俄州的鐵鏽地帶，畢竟那裡的教會功能高、社群互助緊密，大部分的家庭也完整。

我覺得可以從我的人生汲取一些與政策規劃相關的教訓，也就是那些真正能幫助到人的方式。首先可以調整社會福利系統處理我們這類家庭的方式。還記得十二歲時，我目睹媽被警車帶走，雖然之前也曾看過她被逮捕的場面，但我知道那次不一樣。從那一刻開始，我們進入了社會服務系統，不但有社工定期來訪，還得接受家庭諮商，即將到來的開庭日更像斷頭台的刀片一樣懸在我的脖子上。

弔詭的是，這些社服系統中的人應該要保護我們，但沒過多久反而成為必須克服的阻礙。當我解釋自己大多跟外祖父母住在一起，他們表示法庭不傾向批准此種安排。以法律觀點而言，我的外祖母沒受過訓練，無法提供好的寄養環境。因此，假如法庭對我母親的判決不利，我很可能淪落到另一個不會比姥姥家好多少的寄養家庭。光是想到必須跟所愛的人事物分開就令我驚恐不已，所以我決定堅不吐實，只說一切都好，一心希望不會在開庭時失去家人。

這項計畫成功了，媽後來沒去坐牢，我也能繼續跟姥姥待在一起。那是檯面下的安排：我可以跟媽住在一起，但姥姥家的大門隨時為我敞開。確保執行順利的也是一項檯面下機制：誰敢把我帶走，姥姥就要殺了對方。這項機制之所以有用，是因為我姥姥夠瘋狂，而我們全家也真心怕她。

但不是每個人身邊都有值得信賴的瘋狂鄉巴佬。對許多孩子而言，兒童服務系統是最後一道安全網，但承接他們的效果極為有限。

其中一個問題是政府用來定義家庭的法條。以我為例（也包括許多黑人或西班牙裔家庭），無論是祖輩、舅公叔婆，還是表姨姑嬸，都在家庭中扮演非常重要的角色。有些州政府要求寄養家長必須擁有職業證照，例如護理師或醫生執照，就算候選人是孩童的祖父母或親近家人也不例外。換句話說，國家的社會服務系統並沒有考量鄉巴佬的家庭狀況，因此常把問題搞得更糟。

我希望能告訴你這只是個小問題，但沒辦法。每年有六十四萬孩童至少待過一間寄養家庭，其中大部分都是窮人家的小孩。如果再加上那些受虐但沒有被社服系統偵測到的黑數，你就知道我們面對的是全面性的大問題，而且還因為現行政策更為惡化。

當然還有其他能做的事。政府可以更了解跟我類似的孩子處境，並據此研擬政策。如果我對過往人生有了什麼體悟，就是社會並沒有剝奪我改善人生的機會。我就讀的小學和中學都有克盡職責，其中的教職員也盡其所能幫助我。我讀的高中在俄亥俄州中排名墊底，但主因是學生，而非教職員。我靠佩爾獎學金和政府資助的低息學生貸款讀完大學，也仰賴助學獎學金讀完法學院。我之所以從未挨餓，多少也是靠著姥姥慷慨與我分享的老人津貼。這些制度稱不上完美，但足以使我不致匱乏。也因為如此，當我差點做出放棄人生的糟糕決定時（真的只差一點點），所有責任都不在政府身上。

最近我和中央鎮母校的一群老師進行了一場談話。他們都用不同方式表達了類似憂慮：政府總是太晚投入大筆資源。「政治人物好像都覺得大學是孩子唯一的出路，」一位老師告訴我，「對許多人而言，上大學很好，但我們很多孩子根本不可能拿到大學學位。」另一位老師說，「這些孩子太小就開始目睹那些暴力與爭吵的場面。我有一個學生的孩子不見了，但感覺就像掉了車鑰匙一樣尋常，而且連掉到哪裡去都搞不清楚。兩個禮拜後，才有人發現孩子跟著藥頭父親及一些親戚出現在紐約。」如果沒有奇蹟發生，我們都知道這個可憐的孩子即將面臨什麼樣的人生。現在介入對那名學生或許有幫助，但已經很難真正產生效果。

所以我認為，所謂成功的政策應該認清這些高中老師每天目睹的現實：對許多孩子而言，真正的問題在於家中發生（或沒發生）的事。舉例來說，第八住屋補助的執行結果不該把窮人都丟在同一區。正如同另一位中央鎮老師布萊恩・坎貝爾（Brian Cammpell）所說，「這裡有一大群靠第八住屋補助生活的家庭，但支援他們的稅收卻來自少數中產階級家庭，這樣的經濟結構是倒三角形。當鄰里住民都是低收入戶時，經濟與情緒資源少得可憐。你不能把這群人聚在一起，因為只會造就更絕望的氛圍。」相反地，他也表示，「當低收入戶的孩子身邊有不同生活態度的人作為效法的典範，他們向上流動的機率會增加。」但當中央鎮最近試圖限縮在特定區域第八住屋補助數目，卻遭聯邦政府駁回。我猜他們心想：最好讓這些孩子離中產階級遠一點。

當然也有政府政策無力解決的問題。從小我就覺得學業好的人就是「娘炮」。男子氣概代表的是強壯、勇氣、不怯戰，而且會是把妹高手。能夠拿到好成績的男孩是「娘娘腔」或

「死玻璃」。我不知道自己為何會這麼想，但絕對不是跟希望我拿好成績的姥姥學的，當然也不是姥爺教的，但我就是這麼想。而現在也有研究顯示，像我這樣的工人階級家庭男孩因為覺得功課都是女生在做的事，所以表現普遍糟糕。你能夠靠新的法條或計畫解決這個問題嗎？恐怕不行吧。不是所有問題都能借助公共的力量解決。

我後來理解，以前幫助我生存下來的特質卻在我成年後成為阻礙。每次見到衝突，我不是逃跑就是準備戰鬥，把這模式放在目前的關係內完全不合理，但如果不是靠著這種心態，我的意志早就被原生家庭消磨殆盡了。我很早就學會把錢分開藏起來，比如有些藏在床墊下、有些藏在內衣褲抽屜、有些又藏去姥姥家，就怕媽或某人找到後「借走」。之後我跟雅莎財務合併後，她非常震驚地發現我有好幾個銀行帳戶，還有一些逾期未繳的信用卡費用。此外，雅莎偶爾還得提醒我，並不是每次小小的不愉快都得搞到血債血還，畢竟可能只是有台摩托車剛好擦身而過，或者鄰居稍微批評了一下我們的狗。而我總是不情願地承認，雖然內心情緒澎湃，但她說的其實沒錯。

幾年前，我和雅莎在辛辛那提的路上開著車，某台車突然搶道插進我前方。我按喇叭，那傢伙對我比中指，等到兩人停紅燈時，我解開安全帶，打開車門，打算要求對方道歉（如果有必要的話打上一頓也無妨）。但此時腦中理性發揮作用，我及時在踏出車外前關上車門。雅莎看到我改變心意後非常高興，因為她不用靠吼叫阻止我像個瘋子一樣失控（之前確實發生過類似的事），也對我能夠抵抗心底直覺感到驕傲。另一名駕駛的罪是傷害我的名譽，而我童年的一切幸福快樂都靠著保護名譽而來：因為我奮力保護名譽，學校的惡霸才不敢找我麻煩，當某個男人或他的小孩汙辱我媽時（雖然我也同意汙辱的內容），我也是因此跟媽在情感上產生連結；保護名譽是我人生中極少數能完全掌控的事。人生中的前十八年，我只要怯戰就會被罵「娘娘腔」、「軟腳蝦」或「跟女生沒兩樣」。客觀上而言，我人生中大部分的經歷告訴我不該向另一個年輕男人讓步。所以就在做出正確決定後幾個小時，我默默忍不住批判自己，但無論如何，我已經進步了，對吧？總比為了讓一個渾蛋了解什麼叫「駕駛防守技能」而坐牢來得好吧？

結論

不再惡夢

去年聖誕節前沒多久，我站在華盛頓特區某間沃爾瑪百貨的孩童專區前，手上拿著購物清單，一邊盯著玩具一邊說服自己不要亂買。就在那年，我主動表示要「領養」一個需要幫助的孩子，並從「救世軍」（Salvation Army）團體那裡拿到一張禮物清單，必須購物後送去一袋沒有包裝的聖誕禮物。

聽起來很簡單，但我對清單上的每項建議都不太滿意。睡衣？窮人家的孩子才不穿睡衣，我們穿著內衣跟藍色牛仔褲就睡了。直到今天，我都覺得睡衣是無謂的菁英玩意兒，就跟魚子醬和電動製冰機一樣。我本來看上一支電動吉他，覺得似乎好玩又能豐富孩子的生活，但又回想起之前外祖父母曾送過我一台電子琴，結果被媽的其中一位男友惡毒地大罵「把那該死的鬼東西給我關掉。」我也沒買教學輔具，怕顯得姿態太高，最後還是決定買一些衣服、一台模型手機，以及一台玩具消防車。

在我的成長階段，身邊所有人都沒有錢好好過聖誕節，但現在的我身處在有錢有勢的世界，還可以慷慨地為貧窮人家的孩子買禮物。許多知名法律事務所都會贊助加入「天使計畫」，其中每名律師都會被分配到一個孩子和一張禮物清單。雅莎之前工作的法院鼓勵他們在節慶時認養孩童，每個都是之前家長曾受審或入獄的孩子。計畫推行人希望讓這些孩子收到來自他人的禮物，他們的家長或許就比較不會為了買禮物而犯罪。此外海軍陸戰隊也會辦

「送玩具給孩子」（Toys for Tots）的活動。於是過去幾年聖誕前夕，我都會在大型百貨公司為從未見過的孩子買玩具。

每當購物時，我總會重新意識到，無論孩提時的我屬於美國哪一社經階級，總有人情況比我更糟，他們或許無法從慷慨的祖父母手中收到聖誕禮物，或許父母因為財務艱困而被迫犯罪（而非仰賴發薪日貸款），才有辦法在聖誕樹下為孩子準備好當紅玩具。這對我來說是非常有用的練習，畢竟匱乏的日子已經結束，現在的我過得猶有餘裕，這些購物時的反思能夠再次提醒我有多幸運。

不過，這種購物行程也會讓我回想起，在我小時候，聖誕禮物很可能引爆家務糾紛的地雷。每年接近聖誕節時，跟我現在逐漸習慣的舒適物質世界不同，那些住在我童年街區附近的父母依慣例開始擔心要怎麼讓孩子過上一個「不錯的聖誕節」，而所謂的「不錯」必須靠聖誕樹底下的禮物豐盛程度決定。如果你的朋友在聖誕節前一週來家裡，發現聖誕樹底下一片荒蕪，你通常會忍不住辯解，「媽只是還沒去購物」或者「爸有一張年終的大筆薪資支票，只是還沒拿到。之後他就會買來一堆禮物。」這些藉口全是為了掩蓋眾所周知的事實：我們都很窮，再多忍者龜紀念品都改變不了這項現實。

我們的財務狀況不算好，但仍想辦法在聖誕購物時投入稍微超出負擔的金額。我們辦不了信用卡，但沒錢有沒錢的買法。你可以在支票填上未來日期（所謂「填遲日期」），這樣賣家必須等你戶頭內有足夠金額時才能兌現，你也可以去借發薪日貸款。如果這些都沒用，你還可以去找孩子的祖父母輩借錢。我就記得之前好幾年的冬天，媽不停懇求姥姥和姥爺能借她一點錢，好讓他們的外孫與外孫女過上一個「好聖誕節」。他們總覺得媽對於「好聖誕節」的理解有問題，但最後還是會妥協。這場面通常會發生在聖誕節前一天，然後到了聖誕節當天，我們的樹下會高高堆滿時下最流行的禮物，同時我們家的存款也從微不足道逐漸歸零，甚至開始負債。

在我還是嬰兒時，媽和琳西曾發狂似地想買到泰迪熊華斯比（Teddy Ruxpin），但因為太受歡迎，當時鎮上每間店都沒貨了。那隻熊實在很貴，而且我才兩歲，沒買到其實也沒差。不過琳西仍記得自己為了這隻玩偶浪費了一整天。媽不知從哪聽來消息，有個男人願意分售手中其中一隻熊，但價位比市價高出很多，於是她特地開車去那個男人家拿回那份禮物。有了這份禮物，家中那個還不會走路的小男孩才能擁有「夢想中的聖誕節」。不過我只記得多年後，我在一個盒子內發現那隻老舊的泰迪熊，它身上的毛衣破爛，臉上都是乾掉的鼻涕。

我是在聖誕季節才知道有「退稅」這回事，但以為這是政府無條件送給窮人的錢，為了讓我們在新的一年不必為了去年亂花錢的過錯而痛苦。所得稅退稅是我們的終極救星，幾乎所有人的聖誕假期座右銘都是：「買這些一定沒問題的，之後再用退稅支票就能支付。」不過政府的計算方式很難預料。每年一月初，當媽從稅務機關回來，我就得面臨人生中最焦慮的時刻之一。有時候退稅金額會超出預期，但有些時候，媽會發現因為自己的「信用」不如想像中來得好，山姆大叔送回來的錢不夠解決前一年聖誕假期揮霍後的負債，這下我的整個月就差不多毀了。俄亥俄州的一月總能令人無比沮喪。

我一直以為有錢人跟我們慶祝聖誕節的方式差不多，只是比較不用擔心錢的問題，買的禮物也酷很多。不過小阿姨生下邦妮蘿絲後，我突然發現他們家的聖誕節氣氛有一點與我認知的截然不同。跟我兒時所養成的期待不同，他們送給孩子的禮物相對普通，沒有一定要送兩、三百美金的禮物給每個孩子的執念，也不會因為孩子沒有收到當下流行的電子玩物而擔心。雅莎常在聖誕節時收到書，我十一歲的表妹邦妮蘿絲甚至要求家長把買禮物的錢捐給中央鎮有需要的人。令我震驚的是，她的家長也同意了。他們沒有用禮物的價值來定義全家一起過聖誕節的價值。

你想怎麼定義這兩群人的本質及送禮方式都行——貧富差距？教育程度？中上階級還是工人階級？不過確實，這兩群人的世界確實漸行漸遠。身為一位經歷兩種群體生活的文化移民，我非常清楚意識到其間的差別。有些時候，我會幾乎出自本能地輕蔑那些菁英，比如最近一位友人就在句子中用了「虛談錯構」（confabulate）這種做作的詞彙，我聽了只想尖叫。但我也得承認，他們的孩子確實過得比較快樂、健康，他們的離婚率較低，上教堂的頻率較高，整體壽命也較長。我們老在奮力追求高價禮物，這些傢伙卻隨手就能打敗我們。

但我終究得以擺脫家鄉文化中最糟的那些部分，儘管對新生活仍有點不自在，但也實在沒什麼好抱怨，畢竟這正是我兒時所夢想的生活。太多人幫助打造出我的夢幻生活。無論在哪一個人生階段或環境，我總能找到願意支持或栽培我的家人、精神導師或摯友。

但我總忍不住會想，要是我沒有遇見他們呢？我回想起高一生活那年，我差點讀到被退學，也想起媽走進姥姥家要求借一泡尿的那天早上。又或者在更久以前，我是個多麼寂寞的孩子，擁有兩個爸爸，但幾乎都見不到面，於是姥爺決定挺身而出，在有生之年盡力以父親的身分好好照顧我。又或者是當媽住在勒戒中心時，我和琳西住了好幾個月，她還是個青少女，但仍像個母親一樣全心看顧我。甚至在我不知道的時候，姥爺在我的玩具櫃底下裝了一支秘密電話，好讓琳西可以在媽失控時打電話給姥姥和姥爺求救。我真的曾好幾次瀕臨墮落深淵，現在回想起來都背脊發涼。我還真是個幸運到不行的渾球。

不久之前，我跟一位名叫布萊恩的年輕男子一起吃了頓午餐，他讓我聯想到十五歲的

JD。他媽媽跟我媽一樣有藥癮，他則跟我一樣和父親關係複雜。他是個個性很好的孩子，善良又安靜，這輩子目前為止幾乎都待在肯塔基州的阿帕拉契山區。我們一起到當地一間速食餐廳用餐，畢竟這地方也沒什麼其他好去。用餐過程中，我發現他有一些少見的奇特習慣，比如不願意跟別人分享奶昔。明明是個每句話都會以「請」、「謝謝」作結的禮貌孩子，擁有這個習慣似乎不太合理。他很快就把食物吃完，然後開始緊張地觀察周遭所有人，我看得出來他有個問題想問，所以我把手搭上他的肩膀，問他是否還需要吃些什麼？「嗯……對……」他不願對上我的眼神，最後才很小聲地說：「不知道可不可以再點一些薯條？」他還餓。當時是二〇一四年，我住在世界上最富有的國家，眼前卻有個想多吃一點但不好意思開口的孩子。願上帝拯救我們。

就在我們見面後幾個月，布萊恩的媽媽就意外過世。兩人已經多年沒住在一起，外人大概會以為這件事對他影響不大，但他們錯了。像我和布萊恩這類孩子之所以和母親失聯，純粹是為了生存下去，但絕非不在乎。我們從未放棄對家人的愛，也總是希望所愛的人有一天能改變。只是理性考慮之後，或者受限於法律，我們選擇自保。

布萊恩後來怎麼了呢？他沒有姥姥和姥爺，就算有，行事風格也跟我的姥姥和姥爺不同。他有支持他的家人，所以不用進入寄養家庭，但就算曾有過所謂的「正常生活」，繼續擁有那種生活的可能也早已消失。我們見面時，他的母親就已經永久失去他的監護權。明明才過了十五年人生，他已有過多次童年創傷經驗。而再過沒幾年，他就得針對就業與教育作出重要決定，而且是有錢人家的孩子都不見得知道如何處理的決定。

他擁有的機會全部取決於身邊的人：他的家人、我、我的親友、我的同類人，以及整個鄉巴佬族群。因此，如果要確保他真正擁有機會，我們整個鄉巴佬族群都天殺的必須活得清醒一點。布萊恩本來就已經拿了一手爛牌，母親過世只不過像是多拿了一張爛牌。不過他還有拿到其他好牌的機會，而那機會仰賴的正是我們社群是否能給予他力量，讓他覺得能夠掌握命運，或幫助他在面對無能改變的可恨處境時有個庇護之處；另外仰賴的是他能否得到教會資源，並懂得基督對於愛、家庭及人生目標的教誨。最後，假設真的有人挺身而出帶給布萊恩正面的影響，我們也得確保這些人能從鄰里身上得到情緒及精神上的支持。

天殺的，我相信我們鄉巴佬是地球上最強悍的一群人。我們會拿電鋸去找那些膽敢汙辱我們母親的人。我們會為了保護妹妹的名譽逼人吞下棉內褲。但我們知道該如何為了保護像布萊恩這樣的孩子而硬起來嗎？我們有辦法意志堅定地打造出幫助孩子進入世界（而非更加退縮）的教堂嗎？既然我們這麼強悍，能不能看著鏡中的自己，承認自己的作為根本就是在傷害下一代？

公共政策能提供幫助，但政府終究無法為我們解決這些問題。

回想過去，我們有一棟擁有超過一百年的祖宅，但表舅麥克無法信任鄰里，知道他們一定會入侵毀損房屋，所以被迫賣掉那棟房子。姥姥不願意為外孫買腳踏車，也是因為就算擱在前廊，也確實有上鎖，腳踏車卻還是會被偷走。晚年的她常常門鈴響了也不敢去應，我們後來才知道，因為隔壁有個身體強健的女人總是吵著找她要錢去買藥。這些問題不是政府、公司或其他人的錯，是我們的錯，當然也只能靠我們自己解決。

我們不用像加州、紐約或華盛頓特區的菁英過著一樣的生活，不用在法律事務所或投資銀行每週工作一百小時，也不用在雞尾酒派對上社交，但確實需要為所有類似ＪＤ或布萊恩的孩子創造一些得以翻身的機會。我無法告訴你正確答案是什麼，但我知道必須停止責怪歐巴馬、小布希或任何面目不清的公司，並開始問自己：我們究竟可以如何改善現況？

我想問布萊恩是否和我一樣會做惡夢。將近二十年來，我總是不停作類似的惡夢。第一次是在七歲，我當時在布蘭頓姥姥的床上一下就睡著了，卻夢到自己困在一間樹屋內的大會議室裡，彷彿一群奇伯樂妖精（Keebler elves）開完大型野餐派對後留下幾十張桌椅。我身邊還有琳西和姥姥，此時媽突然衝進來，沿路把桌椅抓起來亂丟，一邊還不停大叫，但聲音聽起來機械化又扭曲，好像受到收音機靜電干擾。姥姥和琳西往一個地面上的洞狂奔，底下應該是離開樹屋的階梯，我卻落在後面，等終於快到洞口時，媽已經追到我身後。就在她快抓到我時，我醒來，意識到剛剛不只差點被怪物抓到，還被姥姥和琳西遺棄了。

這個夢有不同版本，有時候怪物是海軍陸戰隊的教官、一條狂吠的狗、某部電影裡的壞蛋，或者是某個惡劣的老師。姥姥和琳西一定會出場，而且總比我快成功逃脫。這個夢每次都能成功引發我的恐懼。第一次作夢時，我嚇醒後立刻跑去找熬夜看電視的姥姥，向她講了夢的內容，然後拜託她永遠不要離開我。她保證絕對不會，不停輕撫我的頭髮，我才終於再次睡著。

此後我的潛意識平靜多年，直到法學院畢業後幾星期，這個夢又突然再次現身，不過這次出現非常關鍵的差異：被怪物追趕的不再是我，而是我養的狗，卡斯柏，那天晚上我才剛對牠發過脾氣。夢裡沒有琳西或姥姥，而怪物是我。

我在那棟樹屋裡到處追趕那隻可憐的狗，一心只想抓到後掐死牠，但因為感受到卡斯柏的恐懼，我也因為自己的情緒失控感到愧疚。最後我終於追上牠，但沒有從夢中醒來，此時卡斯柏轉頭看我，用那種專屬於狗的憂傷眼神直直刺穿我的心。所以我沒有掐死牠，反而抱了抱牠，最後因為能夠控制脾氣感到鬆了一口氣。

我起床，喝了一杯冰水後回到床上。卡斯柏盯著我看，大概在想這傢伙為何在這麼奇怪的時間醒來？當時是凌晨兩點，大概跟我二十多年前第一次被惡夢嚇醒的時間差不多。現在沒有姥姥可以安撫我了，但地上躺了兩隻狗，身邊還躺著我這輩子的摯愛。明天我會去工作、帶狗去公園、和雅莎去購買家裡需要的東西，然後回家煮一頓美好的晚餐。我的人生已別無所求。所以我拍拍卡斯柏的頭，再一次沉入夢鄉。

謝辭

這本書是我人生最具挑戰性、也最有成就感的經驗。藉由書寫，我進一步理解了身邊的文化、鄰里及家族，也重新思考原本遺忘的一切。我虧欠許多人甚多。以下感謝名單並未依照重要性排序：

了不起的經紀人提娜·班奈特在我開始書寫之前就對我充滿信心，也總在必要時鼓勵我。出版過程一開始嚇壞我了，但幸好始終有她引導我。她擁有鄉巴佬的精神和詩人的智慧，我很榮幸能擁有這個朋友。

除了提娜之外，另一位催生此書的推手是我在耶魯的教授蔡美兒，正是她說服我將過去生活及人生體悟寫下來，並表示這些紀錄很有價值。她是令人敬佩的學術研究者，也是了不起的「虎媽」，所擁有的智慧與自信言談都曾在關鍵時刻幫助過我。

另外對此書大有貢獻的就是哈潑出版社的團隊。編輯強納森・趙幫助我批判性地思考本書目標，並耐心陪伴我完成。索菲亞・古魯普曼在我迫切需要幫助時提供了新觀點。喬安娜、蒂娜和凱提熟練又溫和地指導我進行宣傳工作。提姆・杜根在這本書不被看好的情況下仍決定一試。我非常感謝他們及他們為工作投入的心力。

許多人在讀過不同版本的草稿後給予許多重要意見，有些人對句中用字提出質疑，有些人懷疑刪掉某個章節並不聰明，總之各種意見都有。查爾斯・泰勒讀過非常早期的初稿，要求我針對幾個核心主題再做發展。凱爾・邦姆加納和山姆・羅德曼也在書寫初期給了不少有用的建議。基爾・布萊南—馬奎斯無論檯面上下都是我多年的寫作導師，他讀過好幾個版本的草稿，也給出許多修改意見。我對他們的付出深表感激。

我也感謝許多人向我分享他們的人生與工作經驗，包括珍恩・雷克斯、莎莉・威廉森、珍妮佛・麥高菲、明蒂・法默、布萊恩・坎貝爾、史蒂夫・凡・高登、雪莉・蓋森、卡崔娜・李德、伊莉莎白・威金斯、J・J・史奈朵和吉姆・威廉森。我從他們身上得到許多點子與故事，對本書實在大有幫助。

我很幸運能在生命中擁有許多比朋友還親密的好兄弟，他們分別是戴瑞爾・史塔克、奈特・埃利斯、比爾・薩伯斯基、克雷格・鮑德溫、賈莫・齊瓦尼、伊森・（道格・）佛蘭、凱爾・華許及艾倫・卡許。我也幸運地擁有許多能力絕佳的朋友與精神導師，因為有他們，我才能接觸到許多原本不配擁有的機會。這些人包括朗恩・薛爾比、麥克・史崔頓、夏農・亞力吉、蕭恩・黑尼、布萊德・尼爾森、大衛・福魯姆、麥特・強森、大衛・邦寧法官、瑞漢・薩朗、亞傑・羅楊、弗雷德・莫爾和彼得・提爾。其中許多人都在讀過書稿後給予各種意見。

這本書的完成有賴於整個家族的大力幫忙，許多家人無畏困難及痛苦地對我敞開心胸分享回憶。我得特別感謝姐姐琳西・芮特里夫和小阿姨（蘿莉・梅柏斯），她們不只幫我完成這本書，也為我的人生提供諸多幫助。我也得感謝吉米・凡斯、丹恩・梅柏斯、凱文・芮特里夫、媽、邦妮蘿絲・梅柏斯、漢娜・梅柏斯、卡麥隆・芮特里夫、梅根・芮特里夫、艾瑪・芮特里夫、海提・杭謝爾・布蘭頓、唐恩・包曼（我爸）、拉克什密・奇魯庫利、克李施・奇魯庫利、薛雅・奇魯庫利、唐娜・凡斯、瑞秋・凡斯、奈特・凡斯、莉莉・哈德森・凡斯、戴西・哈德森・凡斯、蓋兒・胡伯、艾倫・胡伯、麥克・胡伯、尼克・胡伯、迪妮絲・布蘭頓、亞契・史戴西、羅絲・史戴西、瑞克・史戴西、安珀・史戴西、亞當・史戴西、塔席頓・史戴西、貝蒂・賽巴斯汀、大衛・布蘭頓、蓋瑞・布蘭頓、汪達・布蘭頓、佩特・布蘭頓、冬青・布蘭頓，以及我有幸在家族中擁有的全部瘋狂鄉巴佬。

當然，最重要的是我親愛的妻子雅莎。她真的把每一版的草稿都讀過十幾次，不但常給我建議（有時候我根本沒要她給！）、在我想放棄時給予支持，還在每次有所進展時與我一同慶祝。因為有她，我才能寫完此書，也才能擁有如此幸福的人生。無法讓姥姥和姥爺認識她是我人生最大的遺憾，但擁有她仍是我此生最快樂的事。

註釋

1. Razib Khan, "The Scots-Irish as Indigenous People,"*Discover* (July 22, 2012), http://blogs.discovermagazine.com/gnxp/2012/07/the-scots-irish-as-indigenous-people/#.VY8zEBNViko.
2. "Kentucky Feudist Is Killed," *The New York Times* (November 3, 1909).
3. Ibid.
4. Phillip J. Obermiller, Thomas E. Wagner, and E. Bruce Tucker, *Appalachian Odyssey: Historical Perspectives on the Great Migration*, (Westport, CT: Praeger, 2000), Chapter 1.
5. Ibid.; Khan, "The Scots-Irish as Indigenous People."
6. Jack Temple Kirby, "The Southern Exodus, 1910–1960: A Primer for Historians," *The Journal of Southern History* 49, no. 4 (November 1983), 585–600.
7. Ibid.

8. Ibid., 598.
9. Carl E. Feather, *Mountain People in a Flat Land: A Popular History of Appalachian Migration to Northeast Ohio, 1940–1965* (Athens: Ohio University Press, 1998), 4.
10. Obermiller, *Appalachian Odyssey*, 145.
11. Kirby, “The Southern Exodus,” 598.
12. Elizabeth Kneebone, Carey Nadeau, and Alan Berube, “The Re-Emergence of Concentrated Poverty: Metropolitan Trends in the 2000s,” Brookings Institution (November 2011), http://www.brookings.edu/research/papers/2011/11/03-poverty -kneebone -nadeau-berube.
13. “Nice Work if You Can Get Out,” *The Economist* (April 2014), http://www.economist .com/news/finance-and-economics/21600989-why-rich-now-have-less-leisure-poor-nice-work-if-you-can-get-out.
14. Robert P. Jones and Daniel Cox, “Beyond Guns and God.” Public Religion Institute (2012), http://publicreligion.org/site/wp-content/uploads/2012/09/WWC-Report-For-Web-Final.pdf.
15. *American Hollow* (documentary), directed by Rory Kennedy (USA, 1999).
16. Linda Gorman, “Is Religion Good for You?,” The National Bureau of Economic Research,

http://www.nber.org/digest/oct05/w11377.html.

17. Raj Chetty, et al., "Equality of Opportunity Project." Equality of Opportunity." 2014. http://www.equality-of-opportunity.org. (The authors' "Rel. Tot. variable" measures religiosity in a given region. The South and Rust Belt score much lower than many regions of the country.)
18. Ibid.
19. Carol Howard Merritt, "Why Evangelicalism Is Failing a New Generation," The Huffington Post: Religion (May 2010), http://www.huffingtonpost.com/carol-howard-merritt/why-evangelicalism-is-fai_b_503971.html.
20. Rick Perlstein, *Nixonland: The Rise of a President and the Fracturing of America*(New York: Scribner, 2008).
21. "Only 6% Rate News Media as Very Trustworthy," Rasmussen Report. February 28, 2013, http://www.rasmussenreports.com/public_content/politics/general_politics/february_2013/only_6_rate_news_media_as_very_trustworthy (accessed November 17, 2015).

譯後記

鄉巴佬的自救之路

葉佳怡
本書譯者

川普是《絕望者之歌》背後的魅影。

二〇一六年美國總統大選，凡斯的《絕望者之歌》以驚人態勢長居暢銷排行榜。明明整本書都找不到川普一詞，但因為書寫的是讓川普勝選的阿帕拉契山區貧窮州郡，被許多人認定為了解這群支持者的葵花寶典。部分左派論者也認為，與其將這些住在製造產業沒落地區的「鄉巴佬」（hillbillies）打為「種族主義者」，本書至少提供更具同理心的視角。

至於凡斯本人對川普又怎麼想？他在某次接受電視專訪時說：「我不同意他說的所有話，但我覺得許多人之所以反對他，不是因為他說話的內容，而是他說話的方式。」*

* 請見NBC News節目「梅根．凱利的週日夜」（Sunday Night with Megyn Kelly）的專訪：Going Home: Best-Selling Author J.D Vance Opens Up About His Painful Childhood and the Future Ahead

確實，凡斯也曾在《絕望者之歌》中坦承，「有些時候，我會幾乎出自本能地輕蔑那些菁英，比如最近一位友人在句子中用了『虛談錯構』這種做作的詞彙，我聽了只想尖叫。」

凡斯自稱文化移民。他從工人階級走進菁英階級，一路克服家族中的暴力、用藥、貧困等比台灣鄉土劇還誇張的問題後，終於靠著海軍陸戰隊的意志力衝入耶魯法學院，但始終不忍背棄根源。讀者總能在字裡行間時時感受到他的拉扯，比如他逐漸相信許多「進步」價值，包括性別與種族平等，但面對從未有過相關養成的親友，卻又疼惜他們如同世界高速運轉後隨意篩去的渣滓。

為了不遠離這群人，他盡量將整本書寫得平實、直率，語氣偶爾瑣碎，如同躺在床上塗寫日記的少年，讀者彷彿能見到一頭初識的壯年大狗突然在身旁翻出肚皮。就連現在的凡斯出書成名，一派挺拔菁英模樣，上電視專訪時談到過往還是不禁哽咽。那是一種拒絕世故的，卻又是善於示弱的優點，也是他唯一能百分之百掌握的自我。

於是，儘管許多人批評他光是訴諸家庭價值，只懂呼籲鄉巴佬團結振作，對國家政策的想法過於天真，卻又很難忽略他從內心深處挖出的赤裸苦痛。那是一個人面對另一個人近乎最直率的訴說，也是凡斯想捍衛的「文化」，甚至是他所謂「川普說話的方式」。當然，直率不見得代表真實，也不一定接近幸福。這點凡斯深有所感。他從破碎家族中學不到健康的親密關係，光靠本能只是反覆傷害另一半，只好翻讀各類心理書籍，把從前支持他不被困境擊敗的防護機制打碎重練。**對許多人而言，溫柔是一種恩賜的天分，卻是他一生的練習。**

他擁抱的是曾仰望美國太空船升空的民族驕傲，對當今政府的福利制度則充滿疑慮與挫敗，於是出書成名後，他創立非營利組織「復興我們的俄亥俄」（Our Ohio Renewal），期望與地方機構與公司合作，一方面對抗藥物濫用問題，一方面挹注資金幫助衰退的工業區進行產業轉型，進一步讓底層白人有社群歸屬感。他在意的始終是心的傷口與健全，是跳過無謂的程序與偽裝，是一種失落的親密感。

是否過於天真呢？這點終究只有時間可以證明。他曾被美國夢拋棄，卻又是美國夢最忠貞的信徒。對他來說，菁英政治的語彙不只缺乏實效，更是一頭披著美國夢羊皮的負心狼：那些人享受美國夢的成果，卻不給別人實現美國夢的機會。他們的洗鍊與美國無關，川普的莽撞卻反而更與美國血脈相連。「我就是『東北走廊』居民會嘲笑的那種美國人，只要一聽到李．格林伍德（Lee Greenwood）唱那首屬於我們的煽情國歌〈以身為美國人為傲〉（*Proud to Be an American*）就會熱淚盈眶。」

但我仍相信，《絕望者之歌》之所以成功，並不是凡斯點出許多無人知曉的真相，畢竟也有與他背景相似的論者提出不同觀察，相關辯論仍在持續。但他確實提供了一個刺點數量驚人的痛苦圖譜。他翻開沉澱在老家鄉土器物間、如同灰塵般厚重生黴的痛苦，把那些在心靈角落早已結成硬塊的黑暗緩慢揉開，不錯過任何肌理。書中有一段提及他跟女友亂發脾氣後奪門而出，之後賠罪時心懷恐懼，「在我看來，所謂的誠懇道歉就代表投降，而只要有一方投降，另一方就該起而追殺。」沒想到女友輕易諒解。一個社群的敵人或許是政府、是菁英、是無從逆轉的產業蕭條，但一個人最大的敵人，終究是內心那些不願除去的魔。社群困境或許能被量化，而痛苦不能。川普或許是這些人寄託挫敗的魅影，但凡斯卻以他的書寫實踐了完整自我：**政府拯救數據，你卻得自己拯救你的靈魂。**

評論

了解川普支持者必讀的一本書

胡培菱
美國羅格斯大學英美文學博士、專業書評家

（本文已於二〇一七年一月刊登於博客來OKAPI閱讀生活誌）

今年一月二十日，川普走馬上任成為美國第四十五任總統。從二〇一五年六月他宣布參選，二〇一六年七月正式獲得共和黨提名，在兩個月後打敗民主黨強棒候選人希拉蕊，當選美國總統，這兩年半以來川普戲劇性的崛起，以及最後讓媒體、專家甚至共和黨本身完全意料之外的勝利，至今仍是美國人與全世界想要解開也急需分析的謎團。

最根本的問題在於，川普的支持者到底是誰？他們又為什麼支持他？沒有一本書，比新手作家傑德．凡斯（J. D. Vance）的回憶錄兼社會評論《絕望者之歌》更具體且有深度地回答了這些問題。

英文原書名中的 hillbilly 近似中文中的「鄉巴佬」，指的是「住在山裡、貧窮、沒水準的白人老粗」，特別是美國東南方阿帕拉契山附近幾個貧窮內山州郡居民（比如西維吉尼亞州、肯塔基州等地的貧窮白人），這個族群正是此次選舉中川普的強力支持者。本書作者凡斯就來自這樣的白人藍領階級，他的家庭破碎，充滿爭吵與暴力，是典型的 hillbilly 家庭，而他卻打破階級疆界，成為耶魯大學法學院高材生，晉升最高學術及社會地位。在《絕望者之歌》中，凡斯對比了他失敗的童年與成功的成年，他想知道，**為什麼他可以在毫無希望的貧窮白人社區中，實現了他那些工人階級同溫層已不再有人相信的美國夢？**他想知道，**為什麼耶魯大學法學院沒有更多像他一樣低下背景的人？**他從各方面分析他的原鄉，探討他們的貧窮、暴力、無知、犬儒與恐懼，乃至最後，他們對主流美國社會的報復：**把票投給川普**。

《絕望者之歌》在二〇一六年六月上市，剛好就在川普正式獲得提名前夕，出版至今一直高居暢銷書排行榜，並讓凡斯成為上遍所有新聞政論節目、到處接受專訪的大明星。《紐約時報》專欄作家大衛．布魯克斯（David Brooks）說這是一本「必讀」（essential reading）的書，《紐約時報》書評更精準指出，這本書「為這場不文明的選舉提供了一個文明的參考指南」。

凡斯就像是白人版的柯茨（Ta-Nehisi Coates，《在世界與我之間》作者，成長於黑人貧民區），他為不容易（也不願意）接近底層白人的知識分子提供了在地人的常識惡補。他的書不只呈現從世代的無望及暴力中破繭而出的奇蹟，更重要的是，他具體描繪出內山老粗的心理圖像，**從凡斯的故事清楚可見一個長期被政府忽略的族群，是如何在世代傳承下無法翻身，乃至被菁英階級帶領的美國狠狠拋在社會最底端後，不再相信政府，也不再相信自己。**

阿帕拉契山脈的鄉巴佬社會，多半是蘇格蘭、愛爾蘭白人移民，他們從東岸平地來到山裡謀生，最後定居在此。過往這裡曾因伐木業及礦業發展出繁華小城，二十世紀初政府開始保護阿帕拉契山林木，加上煤礦業沒落，山中小城的廣大居民失去工作機會，經濟及社區發展一蹶不振，而**貧窮、教育程度低落、家庭破碎、暴力及毒品是這些社區的共通特色**。二十世紀中期，阿帕拉契山區外幾個州（如印第安納州、俄亥俄州）的大城開始蓋起現代化鋼鐵廠，它們急需勞力，積極向山區老粗們招手，有能力有夢想的內山老粗相繼離開積弱不振的山城，大舉移居至臨近的工業城討生活。

搬到工業城的鄉巴佬們，一開始確實改善了經濟狀況，許多人（比如凡斯的祖父母）都得以勤奮工作成為中產階級。但好景不常，工業化曾經摧毀山中煤礦小城，現代化與全球化又再一次摧毀了這些以鋼鐵業為重心的城市。鋼鐵與汽車工業在全球化的推波助瀾下逐漸走下坡，或是出走美國，於是，這些曾在工業城中找到滿足與希望的內山老粗的下一代，又因工業沒落面臨同樣的考驗。**新一代因為沒有能力與決心出走而困於貧窮**——沒有能力，是因為小城的貧窮導致學區頹敗，缺乏良好教育教導他們新世界所需的能力；沒有決心，是因為多年來在經濟貧窮、教育低落、家庭破碎、社會暴力、毒品上癮等惡性循環的失敗，讓他們眼巴巴看著菁英主導的美國走向繁華，自己卻像個美國夢的局外人，疏離感及憤世嫉俗使其產生一種「我再怎麼努力也沒用」的心態，更加自取滅亡。

凡斯的祖父母在二次大戰結束後跟許多內山人一樣，移居到俄亥俄州的鋼鐵小城尋找機會。他的祖父工作認真，不久就搭上鋼鐵業興盛的便車，搖身變成中產階級。不過，財富上的成功並沒有為他們的家庭生活帶來太大改變，這是書中一再強調的論點，凡斯認為，**「hillbilly」是一種文化，一種生活方式，不會因為社區外移而被留在阿帕拉契山，也不會因為經濟改善而消失。它會跟著內山老粗遷移，並在大部分狀況下，世代相傳。**

在凡斯祖父母移居的俄亥俄州小城中，絕大多數都跟他們一樣是從阿帕拉契山城移居而來的鄉巴佬。這是一個血氣方剛、火爆衝突的社區文化。對外，他們誓死保衛家庭（因此持槍文化在此永不衰敗），舉止粗俗，暴力是解決問題最容易的方式。但對內，他們同樣用暴力對待家人孩子。凡斯的祖母曾經威脅酗酒的祖父，若再酒醉回家就要給他好看，果真，下回祖父酗酒回來，祖母當場在孩子面前放火燒人。凡斯的母親就在爭吵毆打為家常便飯的家庭中，長成了另一個被詛咒的內山老粗，並延續下一個混亂的家庭。

凡斯的生母年少輟學生子，在凡斯的成長過程中，母親至少換了十六個男友，他至少有過五個繼父。母親工作不穩定，這助長了她承襲自父母的火爆性格，最終更開始吸毒。凡斯和同母異父的姐姐跟著母親從一個男朋友家飄盪到下一個，目睹一場又一場家暴，以及警察和社工的介入。不安穩的家庭生活讓凡斯無心向學，他在十四歲國中時期開始接觸毒品，他的未來在這時候看起來就只會是另一個落沒小城裡失意、憤怒、自暴自棄的底層白人，一個他母親的翻版。

就在這關鍵時刻，曾經帶給她母親悲劇童年的祖父母挺身而出，收容了流離失所的凡斯。年輕時血氣方剛的他們，或許不是完美的父母，但是年邁平和的他們絕對是最成功的祖父母，給了凡斯穩定的家庭生活，並教導他第一代外移內山人那份努力追求更好生活的決心。經由他們，凡斯學到了內山老粗的韌性與能動力（agency），卻沒有助長那份韌性所鼓勵的暴力與衝撞。凡斯高中畢業後，先加入海軍陸戰隊四年，繼而進入俄亥俄州大學就讀，接著一躍進入耶魯大學法學院。內山老粗自此晉升上流社會，在矽谷一家投資公司位居高位。他的人生不可同日而語，一帆風順。

所以，重點是，我們如何從凡斯的故事中，看到工人階級整體逆轉勝的出路？

凡斯在書中指出，民主黨（或自由派菁英分子）的問題在於，他們總是把經濟、教育看成結構的問題，這些是「硬體」元素，凡斯不否認這的確重要，但他認為更重要的是，任何想解決工人階級問題的人，都應該直視問題中的「軟體」元素，也就是個人的選擇及責任。《絕望者之歌》中引用的一句話完美詮釋了他強調的重點，當他訪問社區裡的老師時，老師說：「政府希望我們當這些孩子的牧羊人，但他們都忽略了，這些孩子的父母是虎豹豺狼。」即便政府在結構上增加補助拯救貧窮學區，但如果孩子連一個能身心安頓、專心學業的家庭生活都沒有，那麼結構的改變只是徒勞。說到底，**凡斯這本回憶錄最想強調的是家庭與個人的責任，需要改變的不只是制度，而是人心，制度的改變若不考慮人心，永遠不會帶來真正的改變，這是書中最令人動容的部分**。

他呼籲與他同一種出身的底層白人族群：別再耽溺於受害者心態而憤怒，或耽溺於自卑心態而報復，認為全美國都聯合起來排擠他們（這也是川普的陰謀論能打動他們的原因），或認為美國夢將他們排除在外。凡斯也用自己的生命故事一再指出：內山老粗式的混亂家庭生活、家庭暴力與毒品氾濫，永遠不可能給下一代往上爬的環境。白人勞工階級確實面臨著社會、文化與經濟上的焦慮，但若不內省激勵自己發憤向上（父母與孩子皆然），而是訴諸犬儒思想，或報復性地選出一個能幫他們打主流社會一巴掌的領導者，這只會讓我們世世代代在混亂和貧窮中無盡循環。**這個族群需要的不是更多的粗俗與不屑，不是空頭支票，而是腳踏實地的希望。**

這是一本向外人也向自己人喊話的回憶錄，凡斯想處理的是一個複雜的族群，他爬梳了世代以來的多層糾結，牽涉的層面之廣、可以讓讀者思考的面向之多，都再再彰顯了這部作品的深度。在這個選舉年，及其後的四年，本書會是了解美國白人藍領階級的重要著作。

這個階級先於川普，也獨立於川普。**川普的成功在於他比主流美國先看到、也願意看到這群原本默默沉淪的人，然後利用了他們的焦慮與憤怒。**在知識分子的同溫層裡，我們看不到這群只讀極右派媒體「Breitbart News」的他者。但現在，**唯有了解憤怒的他者，理解其憤怒，才能知道下一步該如何前進。這本書可以帶讀者抵達了解的開始。**

川普的吸引力何在？

凡斯在《絕望者之歌》中雖未提及川普，但他想透過本書談白人勞工階級與美國兩大政黨之間愛恨關係的意圖十分明顯，他曾在訪談中多方分析川普對於他的族群的吸引力何在。在書之外，這些訪談也無比精采，為這場選舉提供了絕佳註解，補註分析在此：

凡斯在書中指出，「阿帕拉契山的工人選民從原本是忠實的民主黨支持者，在一個世代之內轉為支持共和黨，這個大轉彎，重新定義了美國自尼克森總統以來的政治勢力。」一九三〇年代，民主黨小羅斯福的「新政」（New Deal）保障了工人基本權益，比如制定最高工時、最低工資等，還同時建立了美國的福利制度，發放補助金給窮人，這時候的民主黨普遍被認為是工人階級的代表黨，也是凡斯祖父母最支持的黨派。但七〇年代起，共和黨的尼克森總統就開始提出福利制度改革，其後共和黨的雷根總統也高分貝批評所謂「福利女王」（welfare queen）問題（即濫用福利制度的「窮人」）。凡斯認為，福利制度的不公與濫用，是內山老粗族群在七〇、八〇年代開始向共和黨靠攏的原因之一。

再者，近幾十年來，政府高層走向極度菁英化，這樣的菁英主義無法討好工人階層。凡斯說他外祖父一生中只有一次把票投給共和黨，就是投給雷根總統，不是因為他喜歡雷根，而是那次民主黨的總統候選人孟岱爾（Walter Mondale）是個自由派知識分子，姿態高高在上，連外祖父都無法認同。的確，當年老布希總統連任失敗，許多政論家就歸因於他的常春藤名校和油業大亨光環，使他與工人支持者的生活經驗脫節。小布希選總統時，他的競選團隊，特別是他的最高競選顧問卡爾・羅夫（Karl Rove）深知**菁英形象難以討好工人階層**，就非常積極且成功地把小布希定位成「來自西德州的老頑童」（an old boy from West

Texas），這個政治形象塑造策略的成功，至今還令許多政論家津津樂道。

所以雖然川普貴為房地產大亨，也是常春藤名校生（賓大華頓商學院），並且態度高傲，他卻極度強調自己反菁英、反體制的路線。**即使自由派人士普遍把川普的成功歸咎於種族歧視與性別歧視，但凡斯在訪談中一再強調，這些分析都忽略了川普對這個族群來說最重要的吸引力：反知識分子。**也就是說，重點不是川普歧視黑人（歐巴馬）、歧視女人（希拉蕊），而是川普歧視並有能力霸凌、箝制、對抗這些長期看不起鄉巴佬的菁英，重點在於川普是唯一敢說整個國家機器都被菁英分子操控的人，重點在於川普敢開出「讓工業重回美國」的空頭支票，這些都是親身感受到被全美國排擠的工人階級想聽的。

當二〇〇八年歐巴馬說工人階級只會依賴他們的宗教與槍枝，二〇一六年希拉蕊說要終結美國的煤礦工業，這些不知民間疾苦，甚至聽起來看輕工人階級的言論，只是將這群人更推離民主黨和菁英政治。川普用直白的語言，左批歐巴馬右酸希拉蕊，幫這些沮喪的底層白人討回面子，扳回一城，報了一仇。而這就足夠讓許多義憤填膺的藍領白人投他一票，無論他的政見是否真能解決他們的問題。

凡斯也指出，川普直白的語言，粗話連連，叫罵連天，正是工人階級慣用的溝通與生活方式，因此川普如此與菁英政客大相逕庭的言行，更能收買這群人的心。當媒體與自由派嘲笑川普的語言低劣，等於是在嘲笑工人階級的文化水平，更讓他們與川普站在同一個陣線上。凡斯雖是共和黨員，但他並沒有把票投給川普。他認為川普只會助長工人階級的憤世嫉俗，加深「一切都是制度的錯，不是個人問題」的失敗主義心態，而這並無法解決工人階級在文化上及社會上的焦慮。有媒體報導，凡斯正積極計畫從加州矽谷搬回俄亥俄州，去更貼近與了解他的族群所面臨的難局和解套的可能，從《絕望者之歌》的成功，他在媒體的高曝光率，我們儼然可以預見一顆政治新星的崛起。

美國學04

絕望者之歌

一個美國白人家族的悲劇與重生（二版）

Hillbilly Elegy: A Memoir of a Family and Culture in Crisis

作　　者　傑德・凡斯（J. D. Vance）
譯　　者　葉佳怡
編　　輯　王家軒、邱建智
校　　對　陳佩伶、魏秋綢
封面設計　許晉維
地圖繪製　鍾語桐

副總編輯　邱建智
行銷總監　蔡慧華
出　　版　八旗文化／遠足文化事業股份有限公司
發　　行　遠足文化事業股份有限公司（讀書共和國出版集團）
地　　址　新北市新店區民權路108-2號9樓
電　　話　02-22181417
傳　　真　02-22188057
客服專線　0800-221029
信　　箱　gusa0601@gmail.com
Facebook　facebook.com/gusapublishing
Blog　gusapublishing.blogspot.com
法律顧問　華洋法律事務所／蘇文生律師

印　　刷　前進彩藝有限公司
定　　價　420元
初版一刷　2017年10月
二版一刷　2024年10月
二版四刷　2025年02月
ISBN　978-626-7509-07-4（紙本）、978-626-7509-03-6（PDF）、
978-626-7509-04-3（EPUB）

國家圖書館出版品預行編目（CIP）資料

絕望者之歌：一個美國白人家族的悲劇與重生／傑德・凡斯（J. D. Vance）作；
葉佳怡翻譯. – 二版. -- 新北市：八旗文化, 遠足文化, 2024.10
面；　公分. --（美國學；4）
譯自：Hillbilly Elegy : a memoir of a family and culture in crisis
ISBN 978-626-7509-07-4（平裝）

1. 凡斯家族　2. 傳記　3. 族群問題　4. 社會階層

785.27　　106016500